高职高专
国际商务应用
系列教材

国际贸易实务

（第三版）

赵轶 主编

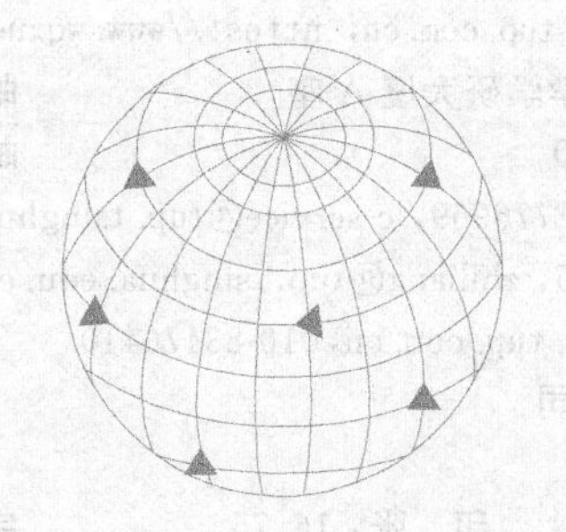

清華大學出版社
北京

内容简介

本书是高等职业教育质量工程项目建设成果，依据教育部《高等职业教育创新发展行动计划(2015—2018年)》《国家职业教育改革实施方案》，配合职业教育专业教学资源库建设，与实训基地企业合作进行课程开发，以国际贸易典型职业活动为线索进行内容编排，借鉴德国"学习领域"课程理论，搭建起以"工作过程导向"为特征的"理实一体化"素材框架，对经管类专业课程"工学结合"的实施进行了探索。

全书共设计了11个职业工作学习任务，包括国际贸易活动认知、国际贸易市场分析、合同标的条款的制定、国际贸易术语选择、国际货物运输条款的制定、国际货物运输保险条款的制定、国际货物价格条款的制定、货款收付条款的制定、争议预防条款的制定、国际贸易合同的签订和国际贸易合同的履行。

本书比较完整地叙述了国际贸易职业工作过程，适合应用型本科、高职院校国际贸易专业以及经济管理类专业教学使用，也可作为在职人员参加外贸职业资格考试或工作实践的指导用书。

图书在版编目(CIP)数据

国际贸易实务/赵铁主编. —3版. —北京：清华大学出版社，2020.1（2024.9重印）
高职高专国际商务应用系列教材
ISBN 978-7-302-53759-5

Ⅰ. ①国… Ⅱ. ①赵… Ⅲ. ①国际贸易－贸易实务－高等职业教育－教材 Ⅳ. ①F740.4

中国版本图书馆CIP数据核字(2019)第195729号

责任编辑：吴梦佳
封面设计：傅瑞学
责任校对：刘　静
责任印制：杨　艳

出版发行：清华大学出版社
网　　址：https://www.tup.com.cn，https://www.wqxuetang.com
地　　址：北京清华大学学研大厦A座　　**邮　　编**：100084
社 总 机：010-83470000　　**邮　　购**：010-62786544
投稿与读者服务：010-62776969，c-service@tup.tsinghua.edu.cn
质量反馈：010-62772015，zhiliang@tup.tsinghua.edu.cn
课件下载：https://www.tup.com.cn，010-83470410
印 装 者：天津鑫丰华印务有限公司
经　　销：全国新华书店
开　　本：185mm×260mm　　**印　　张**：16.75　　**字　　数**：383千字
版　　次：2008年9月第1版　2020年1月第3版　　**印　　次**：2024年9月第4次印刷
定　　价：48.00元

产品编号：082798-02

第三版前言

高等职业教育培养的学生是中小企业一线的业务人员或基层管理者，国际贸易实务类课程重心必须下移，将强化能力作为培养目标。课程开发不能机械地照搬本科，也不能将随意性强、缺乏科学界定的所谓“必需、够用”作为课程建设的坐标，必须从职业实际出发，分析高职毕业生对应的职业工作岗位任务，有针对性地进行内容选择。我们不能把贸易经理的职业工作内容一股脑儿地塞给高职学生，也不能将国际贸易业务基础知识零散地提供给高职学生。我们应该既能清晰地界定高职学生对应职业岗位的技能要求，还应该为学生提供一个职业工作内容整合的框架，使其能够看到适合自身的“完整意义上的职业工作整体”。这样，学习难度会降低，目的性、积极性会更强。我们必须遵循职业教育规律，寻找课程来源；遵循职业成长规律与学习规律，编排课程内容；运用职业教育技术，进行课程的设计与实施，在课程的开发中实现“工学结合”，这样才能形成一个系统化的课程开发与教学活动过程。

《国际贸易实务（第二版）》作为全国首批28所示范性高职院校建设项目的阶段性成果，于2015年11月出版，受到国内外高职高专课程研发专家、院校师生以及企业界的广泛好评。作为专业课教材，能够获得广泛认可，使我们深受鼓舞，也充分说明了我国职业教育界、广大高职高专教师对教学改革的热情和决心。三年间，在全国多个课程开发研讨会议中，许多使用本书的同行认真与我交流，在充分肯定教材理念、架构和内容的同时，也诚恳地提出了许多修改和补充的建议。为此，在《国际贸易实务（第三版）》的编写中，我们遵循了以下原则。

（1）进一步明确教材定位。本书立足于国际贸易职业活动入门，而非学科知识的基础，重心在于培养职业认同感；

（2）进一步吸纳高等职业教育课程研究最新理念，并将其转化为课程内容框架与演进顺序的设计；

（3）进一步固化国际贸易活动职业分析成果，提炼出概括性任务；

（4）进一步方便国际贸易及财经管理类专业课程实施中“工学结合”的开展。

基于以上原则，对第二版内容中作了以下较大幅度的修订。

（1）依据职业分析成果，对应高职毕业生成长规律，将教材框架、编写切入口径做了微调，提升了教材的普适性，以方便全国多个院校教师选用。

（2）将第二版中为各子任务设置的“实训”栏目整合成为“同步实训”，统一后置；每个子任务后增设了“课堂测评”栏目，在方便教师进行教学设计的同时，也及时提醒学生进行学习的过程性评价。

（3）在任务1国际贸易活动认知中，根据国家有关政策变化，对一些国际贸易职业岗位、资格考试主体的调整做出了补充说明，并新增了跨境电子商务的内容；删除了原任务2国际贸易活动准备。

（4）对书中所有具有时效性或时代感的数据资料都做了更新。

《国际贸易实务（第三版）》由郝美彦审定，赵轶担任主编。在编写过程中，广泛吸纳了国内同行们的建议，也参阅了国内外一些专家学者的研究成果及相关文献，多家校外实训基地和广东省商会馈赠了一些国内外专业贸易公司的宝贵资料。德国亚琛技术大学、荷兰南方高等职业技术学院林堡商学院、新加坡南洋理工学院和香港职业训练局一些国际贸易专家对教材的设计提出了许多宝贵的建议。在课程开发调研期间，北京、上海和广州一些国际贸易公司给予了无私的帮助。在此一并表示衷心的感谢。

作为一种探索，尽管我们力求完美，但由于在对高职高专学生职业成长规律的把握，对国际贸易职业活动的认识、理解和分析等方面难免存在偏差，敬请读者不吝赐教。

编　者

2019年3月

本书分享

尊敬的老师：

感谢您的认同！

诚邀您和我们一起踏上职业教育课程探索的旅程！我们愿与大家一起分享我们的思想，也欢迎大家批评指正。

国际贸易职业学习活动主要作业流程

本书基本栏目说明如下。

任务 课程内容以“任务”命名，试图先入为主，将国际贸易职业活动内容归纳成一个抽象的进出口业务管理活动实际工作任务。同时，为学生建立起“学习就是完成任务”的概念，为课程实施的“工学结合”奠定基础。

学习目标 说明完成这一情境任务要求的达成目标、分知识目标和能力表现，也为工作任务完成后的评价与检测提供依据。

情境导入 具体设计这项职业任务情境，以诱发学生的学习动机，增强学习的目的性。

学习任务 根据职业分析成果，将任务作进一步的细分，体现“完成分解的任务就完成了整项工作”的目标，也为整个任务提供了较为精准而不致太泛的知识承载与逻辑线索。

课前故事 主要是进出口业务管理类日常生活故事、寓言，目的是使刚进入大学的学生增强人文素质、职业认同感的同时，又不会感到“科技的疏远和生硬”。

每一任务中，相关模块的说明如下。

重要概念 说明这项任务中涉及的重要概念,体现对理论知识的重组，对应课后“教学做一体化检测”中的“重要概念”。

重要信息 说明这项任务中涉及的相关知识或操作的技巧与要领，主要体现对理论知识的重组，使其出现在最该出现的地方。

课堂讨论 根据学习重点，列举课程学习过程中需要及时反思或辨析的原理、技能，以便为整个学习任务、实训项目的完成奠定基础。

实务借鉴 列举一些古今中外的管理业务活动案例，通过分析，使学生从中吸取一些经验和教训，为课后案例分析提供借鉴。

同步实训 根据工作任务要求，对应每一个工作任务，设计了“任务实训”。希望通过活动开展，使学生能够获得初步的职业认知，进而具备简单的单向职业能力。

本书使用建议。

本书内容以实践操作为线索，以理论知识为支撑。使用前，请一定要理解教材的框架、各要素之间的关系，以及所有内容信息的作用。主要模式可以是任务导向，教、学、做相结合。

首先，教师应对任务描述及任务做解释；其次，归纳并精讲每一个任务完成的过程、方法和应用；最后，依据任务要求，结合当地实际，开展实训活动。

本书作为一种探索，希望能够从尊重职业教育规律、尊重课程观的角度进行教材编写，建立一种“工学结合”的氛围。在课程实施中，教师应积极创设条件，鼓励学生高效地参与学习与工作活动，更好地帮助学生实现学习目标。

编　者

2019 年 3 月

目录

任务1 国际贸易活动认知

学习目标

1. 知识目标

- 能认识国际贸易的含义。
- 能认识国际贸易的分类。
- 能认识国际贸易的作用。

2. 能力目标

- 能分析国际贸易的发展状况。
- 能初步认识国际贸易工作内容。
- 能初步认识国际贸易职业概况。

情境导入

三年前,刚从一所高职院校商务英语专业毕业的小林回到家乡。儿时的几个同学已经成为小有规模的制鞋厂的老板了。和他们聊了聊,发现他们普遍存在产品销路问题。于是,小林成立了一家外贸公司,他的工作是为这些同学老板们寻找国外买家。三年下来,生意越做越大,他的公司也发展成一家专门从事出口的外贸公司,已经拥有数个稳定的国际客户。

如何理解国际贸易?国际贸易职业怎样?通过完成本任务,你是否能够找到答案呢?

学习任务

根据国际贸易活动认知工作顺序,“国际贸易活动认知”可以分解为以下子任务。

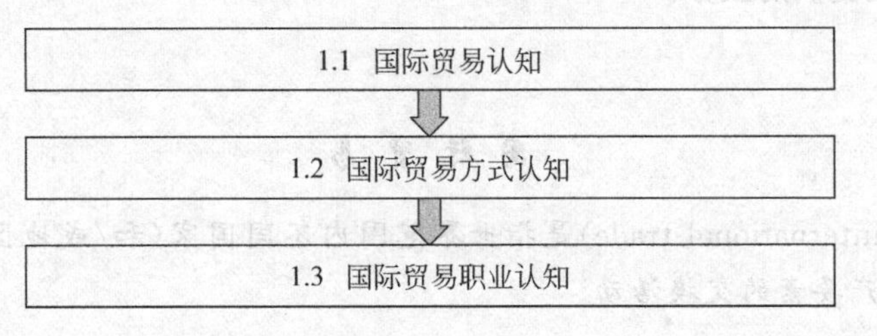

课前故事

我们的第一个故事来自于著名经济学家格里高利·曼昆的《经济学原理》。一天,一位爱索兰国的发明家发明了一种极低成本炼钢的方法,其生产过程极为神秘,不需要多投入任何工人或者铁矿石炼钢,唯一需要的是本国的小麦。

由于钢铁在爱索兰的应用很广,这项发明降低了许多物品的成本,使爱索兰民众的生活水平大大提高。与此同时,原来在钢铁厂工作的工人失业了。但他们通过各种方法找到了新的工作。一些人成了农民,专门种植发明家需要的小麦;另一些人则进入由于生活水平提高而出现的新行业。每一个人似乎都能理解,这些工人被代替是社会或经济进步不可避免的一部分。

可是好景不长,一位女记者决定调查这个神秘的炼钢过程。她偷偷潜入发明家的工厂,终于发现发明家根本没有炼钢,他只是暗地里把小麦出口到其他国家而后再进口钢铁。实际上,发明家所做的唯一的事情就是从国际贸易中谋取私利。

真相被披露后,政府停止了发明家的经营。钢铁价格开始上升,工人又回到了原来的钢铁厂工作。爱索兰国的生活水平退回到以前。发明家被投入狱中并遭到大家的嘲笑。

毕竟他不是发明家,他仅仅是一个经济学家!

1.1 国际贸易认知

提示:完成本任务,你将形成对国际贸易活动的初步认知。

职业行动:如果你希望了解国际贸易活动,想从事对外贸易活动,请按照任务及实训安排,首先认识国际贸易的基本含义及类别,并在此基础上,对国际贸易的产生与发展,以及在现实生活中的作用作出自己的判断。

国际贸易的产生与发展是世界各国在国际分工基础上进行广泛联系的重要特征之一,也是经济全球化和贸易自由化范围不断扩大的标志。

1.1.1 国际贸易的含义

日常生活中,我们常常提及的国际贸易是指狭义的国际贸易,即有形商品贸易(货物贸易),主要表现为国家(或地区)之间货物的进口和出口;广义的国际贸易是指除了实物商品的国际交换外,还包括无形贸易,即在国际运输、保险、金融、旅游、通信、技术、劳务输出等方面相互提供的服务。

重要概念 1-1

国际贸易

国际贸易(international trade)是指世界范围内不同国家(和/或地区)之间所进行的商品、服务和生产要素的交换活动。

我们可以通过以下三种称谓来进一步理解国际贸易的含义。

1. 对外贸易

从一个国家或地区的角度来看商品、服务和生产要素的交换活动，又可将其称作对外贸易(foreign trade)。某些海岛国家和地区，如日本、英国、新西兰和我国台湾省等，常用海外贸易(overseas trade)来表示对外贸易。

2. 国际贸易

从世界角度看，国际贸易是由世界上大多数国家(地区)所参与的一项世界性的交换活动，因此也可将其称作国际贸易(international trade)、世界贸易(world trade)或全球贸易(global trade)。

3. 进出口贸易

对外贸易包括进口贸易(import trade)和出口贸易(export trade)。一国(地区)从他国输入商品用于国内生产和消费的全部贸易活动称为进口(import)，而一国向他国输出本国商品的全部贸易活动称为出口(export)。因此，对外贸易也被称为进出口贸易(import and export trade)。

重要信息 1-1

国际贸易的产生与发展

原始社会末期，由于社会生产力的发展，出现了以畜牧部落从其他部落分离出来为标志的人类社会的第一次大分工，产生了部落与部落之间的交换。人们把这看作初级对外贸易。人类社会的第二次大分工是手工业从农业中分离出来，于是也就出现了以交换为目的的生产活动，也产生了货币。这样，产品交换就逐渐变成了以货币为媒介的商品生产和商品流通。伴随着商品流通的日益扩大，又产生了专门从事商品交换活动的商人和商业，这就是人类社会的第三次大分工，其发生在人类奴隶社会的末期。当这种商品流通的规模扩大到奴隶社会初期已形成的国家的界限以外时，就产生了国际贸易。

国际贸易是在一定的历史条件下产生和发展起来的。形成国际贸易的两个基本条件是：

(1) 社会生产力的发展导致可供交换的剩余产品的出现；

(2) 国家的形成。

社会生产力的发展产生出用于交换的剩余商品，这些剩余商品在国与国之间交换，就产生了国际贸易。

1.1.2 国际贸易的分类

1. 按照货物流向划分

国际贸易按照货物流向可分为出口贸易、进口贸易、过境贸易、复出口与复进口、净出口与净进口五类。

(1) 出口贸易。出口贸易是指一国本国生产和加工的货物输往国外市场销售。不属于外销的商品则不算。

例 1-1 一些特殊的商品，如运出国境供驻外使领馆使用的货物、旅客个人使用带出国境的货物均不列入出口贸易。

(2) 进口贸易。进口贸易是指一国从国外市场购进外国货物在本国国内市场销售。不属于内销的货物则不算。

例 1-2 一些特殊的商品，如外国使领馆运进供自用的货物、旅客带入供自用的货物均不列入进口贸易。

(3) 过境贸易(transit trade)。过境贸易是指从甲国经过丙国国境向乙国运送的货物，而货物所有权不属于丙国居民，对丙国来说，是过境贸易。这种贸易对丙国来说，既不是进口，也不是出口，仅仅是货物的过境而已。有些内陆国家同非邻国的贸易，其货物必须经过第三国国境。对过境国来说，必须加强对过境贸易货物的海关监管。

(4) 复出口(re-export trade)与复进口(re-import trade)。复出口是指输入本国的外国货物未经加工而再输出。出口商往往属于中间商，赚取进出口差价。复进口是指输出国外的本国货物未经加工而再输入。

例 1-3 国际贸易活动中，货物出口后遭退货、未售出的货物的退回等，都属于复进口。这些情形往往会给出口商带来经济损失。

(5) 净出口与净进口。一国在某种货物贸易上既有出口也有进口，如果出口值大于进口值，称为净出口(net export)；反之，如果进口值大于出口值，则称为净进口(net import)。某项商品出口值大于进口值的国家，称为该货物贸易的净出口国，表明该国在该种货物贸易中整体居于优势地位；反之，某项货品进口值大于出口值的国家，称为该项货物贸易的净进口国，表明该国在该项货物整体贸易中居于劣势地位。

2. 按照贸易统计标准划分

国际贸易按照贸易统计标准可分为总贸易和专门贸易。

(1) 总贸易(general trade)。总贸易是指以国境为标准划分和统计的进出口贸易。凡进入国境的外购商品一律列为进口，称为总进口；凡离开国境的外销商品一律列为出口，称为总出口。总进口值与总出口值相加就是一国的总贸易值。这种对外贸易统计标准被日、美、英、加等国采用，我国也采用这种统计方法。

(2) 专门贸易(special trade)。专门贸易是指以关境为标准划分和统计的进出口贸易。一般来说，国家的关境与国境是一致的。但实际上却有很多国家的关境与国境并不完全一致，因为建有自由贸易区或保税区。以关境为标准统计对外贸易的国家规定，当外国商品进入国境后，如果暂时存放在保税区，不进入关境，则这些商品一律不列入进口。只有从国外进入关境后的商品，以及从保税区提出后进入关境的商品，才列入进口，称为专门进口(special import)。相反，从国内运出关境的商品，即使没有运出国境，也被列入专门出口(special export)。专门出口值与专门进口值相加即为专门贸易值。这种对外贸易统计标准被意、法、德、瑞士等国所采用。

由于各国的统计标准不同，联合国发布的各国对外贸易值资料，一般都注明是总贸易值还是专门贸易值。目前，采用总贸易值统计标准的国家居多，大约有90多个国家(地区)。

3. 按照贸易内容划分

国际贸易按照贸易的内容可分为货物贸易、服务贸易和技术贸易。

(1) 货物贸易(goods trade)。货物贸易是指有形商品的国际交易，也称为有形贸易。

例 1-4 《联合国国际贸易标准分类》把国际货物分为10大类。这10大类货物分别为：0类为食品及主要供食用的活动物；1类为饮料及烟类；2类为燃料以外的非食用粗原料；3类为矿物燃料、润滑油及有关原料；4类为动植物油脂及油脂；5类为未列名化学品及有关产品；6类为主要按原料分类的制成品；7类为机械及运输设备；8类为杂项制品；9类为没有分类的其他商品。在国际贸易统计中，一般把0～4类商品称为初级产品，把5～8类商品称为制成品。海关统计的是有形贸易数字。

(2) 服务贸易(trade in service)。服务贸易是指无形商品的国际交易，也称为无形贸易。服务业包括12个部门，即商业、通信、建筑、销售、教育、环境、金融、卫生、旅游、娱乐、运输及其他。服务贸易值在各国国际收支表中只得到部分反映，不计入各国海关统计。

(3) 技术贸易(international technology trade)。技术贸易是指技术跨越国界进行有偿转让的交易。主要包括许可贸易、工业产权、非工业产权的转让、技术服务与技术咨询、合作生产与合作设计、工程承包、与设备买卖相结合的技术贸易。

4. 按照有无第三方参与划分

国际贸易按照有无第三方参与可分为直接贸易、间接贸易和转口贸易。

(1) 直接贸易(direct trade)。直接贸易是指商品生产国和商品消费国不通过第三国而直接买卖商品的行为。直接贸易的双方直接谈判、直接签约、直接结算、货物直接运输。此概念也泛指贸易活动的买卖双方的直接交易。

(2) 间接贸易(indirect trade)。间接贸易是指商品生产国和商品消费国通过第三国所进行的商品买卖行为。此类贸易因为各种原因，出口国与进口国之间不能直接进行洽谈、签约和结算，必须借助于第三国。

(3) 转口贸易(entrepot trade)。转口贸易是指商品生产国和商品消费国不是直接买卖商品，而是通过第三国进行买卖，对第三国来说，称为转口贸易。转口贸易的货物可以直接运输或转口运输。直接运输是指货物直接从生产国运往消费国；转口运输是指货物从生产国先运进转口国，但并未加工或只经简单改装(如唛头、重新包装等)，再运往消费国。

转口贸易不同于过境贸易。转口贸易的货物的所有权因转口商的买卖而发生转移，而过境贸易的货物的所有权没有发生转移。

例 1-5 转口贸易已有数百年历史，伦敦、鹿特丹、新加坡是著名的转口贸易港。第二次世界大战后转口贸易在中国香港、新加坡、日本等国家和地区发展甚为迅速，并成为这些地区对外贸易的一个重要组成部分。

5. 按照参与贸易国家的多少划分

国际贸易按照参与贸易国家的多少可划分为双边贸易和多边贸易。

(1) 双边贸易。双边贸易(bilateral trade)是指由两国参加,双方的贸易是以相互出口和相互进口为基础进行的,贸易支付在双边交易基础上进行结算,自行进行外汇平衡。这类方式多适用于外汇管制的国家。有时,双边贸易也泛指两国间的贸易关系。

(2) 多边贸易。多边贸易(multilateral trade)是指三个以上国家之间相互进行若干项目的商品交换、相互进行多边清算的贸易行为。此类方式有助于若干个国家相互贸易时,用对某些国家的出超支付对另一些国家的入超,从而寻求外汇平衡。当贸易项目的多边结算仍然不能使外汇平衡时,也可用非贸易项目的收支来进行多边结算。

例 1-6 甲、乙、丙三国,甲对乙出超 1000 万美元,乙对丙出超 1000 万美元,丙对甲出超 1000 万美元。从双边贸易角度看,任何一国都有 1000 万美元出超,也有 1000 万美元入超,但任何两国之间都不能保持贸易平衡。通过签订多边贸易协定,相互以其出超抵偿入超,则三国的贸易收支都能得到平衡。

6. 按照运输方式划分

国际贸易按照货物运输方式划分,可以分为陆路贸易、海路贸易、空运贸易和邮购贸易。

(1) 陆路贸易(trade by roadway)。陆路贸易是指采用汽车、火车和管道等陆路运输方式的贸易。陆地相邻国家的贸易通常采用陆路运送货物的方式。

(2) 海路贸易(trade by seaway)。海路贸易是指利用各种船舶通过海洋运输商品的贸易。由于海运具有运量大、运费低等优点,国际贸易中 80%以上的货物是通过海洋贸易完成的。

(3) 空运贸易(trade by airway)。空运贸易是指利用飞机运送商品的贸易。航空运输运费较高,一般适用于贵重物品、紧急药品、精密元件和保鲜商品等的贸易。

(4) 邮购贸易(trade by mail order)。邮购贸易是指采用邮政包裹的方式寄送货物的贸易。对数量不多而又急需的商品可采用邮购贸易。其速度比空运慢,但费用较之低廉。

重要信息 1-2

国际贸易的作用

对于一国和世界来讲,国际贸易具有以下作用。

(1) 国际贸易对国民的作用:①增加国民福利;②满足国民不同的需求偏好;③国际贸易提高国民生活水平;④国际贸易影响国民的文化和价值观;⑤提供就业岗位。

(2) 国际贸易对企业的作用:①强化品质管理,提高企业效益;②在产品品质竞争中立于不败之地;③有利于国际的经济合作和技术交流;④有利于企业自我改进能力的提高;⑤有效地避免产品责任。

(3) 国际贸易对单一国家的作用:①调节各国市场的供求关系;②延续社会再生产;

③促进生产要素的充分利用；④发挥比较优势，提高生产效率；⑤提高生产技术水平，优化国内产业结构；⑥增加财政收入；⑦加强各国经济联系，促进经济发展。

(4) 国际贸易对世界的作用：①国际贸易是世界各国参与国际分工，实现社会再生产顺利进行的重要手段；②国际贸易是世界各国间进行科学技术交流的重要途径；③国际贸易是世界各国进行政治、外交的重要工具；④国际贸易是世界各国对外经济关系的核心；⑤国际贸易是国际经济中"传递"的重要渠道。

课堂测评

测评要素	表现要求	已达要求	未达要求
知识点	能掌握国际贸易的概念		
技能点	能初步认识国际贸易活动		
任务内容整体认识程度	能概述国家贸易的作用		
与职业实践相联系的程度	能描述国际贸易活动的实践意义		
其他	能描述与其他课程、职业活动等的联系		

1.2 国际贸易方式认知

提示：完成本任务，你将形成对国际贸易活动方式与特点的初步认知。

职业行动：如果你希望进一步认知国际贸易活动，请按照任务及实训安排，首先认识国际贸易的基本方式及类别，并在此基础上，认识国际贸易与国内贸易的区别，从而对学习国际贸易活动有充足的心理准备。

1.2.1 国际贸易方式

在国际贸易活动中，由于买卖双方往往具有不同的贸易标的、贸易条件和利益诉求，由此选择的贸易方式也多种多样。除采用常见的逐笔售定方式外，还有经销、代理、寄售、拍卖、招标与投标、期货交易、对销贸易等。另外，随着互联网的发展，跨境电子商务也成为一种不可忽视的贸易方式。

重要概念 1-2

国际贸易方式

国际贸易方式(trade way)是指营业地分处不同国家与地区的当事人之间进行货物买卖所采用的具体做法和商品流通渠道。

1. 逐笔售定

逐笔售定是指买卖双方通过谈判，达成一致后签订合同，然后，各自根据规定开始履行合同义务，钱货两清后，双方买卖关系即告终结。逐笔售定也被称作一般贸易，是我们国际贸易实务学习的重点。

逐笔售定是最基本的国际贸易方式，其他贸易方式是在此基础上发展演变而来的。

2. 其他贸易方式

(1) 经销(distrbution)。经销是指出口方与国外经销商达成书面协议，就地销售某商品的方式。经销可以分为独家经销和一般经销两种。独家经销(exclusive distributorship)是指出口企业授予国外进口商在规定地区和期限内独家经销权，在我国又称为包销。一般经销是指出口企业不授予国外进口商独家经销权的经销方式。出口企业与国外进口商签订经销协议后，还可与该地区的其他进口商签订经销协议。经销方式下，经销商与出口企业之间的关系是买卖关系。

(2) 代理(agency)。代理是指代理人(agent)按照本人(principal)授权(authorization)代表本人同第三者订立合同或作出其他法律行为，由此而产生的权利与义务直接对本人发生效力。代理人与委托人之间的关系属于委托买卖关系，代理人未取得货物所有权，其报酬为佣金。

课堂讨论：经销与代理方式的主要区别有哪些？

(3) 寄售(consignment)。寄售是一种委托销售地代理商代为销售的贸易方式。它是指委托人(货主)先将货物运往寄售地，委托国外一个代销人(受托人)，按照寄售协议规定的条件，由代销人代替货主进行销售，在货物出售后由代销人向货主结算货款的一种贸易做法。

(4) 拍卖(auction)。拍卖是由专营拍卖业务的拍卖行接受货主的委托，在一定的地点和时间按照一定的章程和规则，以公开叫价竞购的方法，最后由拍卖人把货物卖给出价最高的买主的一种现货交易方式。通过拍卖进行交易的商品大都是一些品质不易标准化的，如茶叶、烟叶、兔毛、皮毛、木材等。

(5) 招标(invitation to tender)和投标(to submit tender)。招标是指招标人在规定时间、地点，发出招标公告或招标单，提出准备买进商品的品种、数量和有关买卖条件，邀请卖方投标的行为。投标是指投标人应招标人的邀请，根据招标公告或招标单的规定条件，在规定投标的时间内向招标人递盘的行为。实际上招标、投标是一种贸易方式的两个方面。

(6) 期货交易(futures transaction)。期货交易是众多的买主和卖主在商品交易所内按照一定的规则用喊价并借助手势进行讨价还价，通过激烈竞争达成交易的一种贸易方式。与现货交易不同，期货交易必须在特定期货市场上，即在商品交易所内，按照交易所预先制定的标准期货合同进行期货买卖。

(7) 对销贸易(counter trade)。在我国又译为反向贸易、互抵贸易、对等贸易等。它的形成经历了漫长的演化过程，可追溯至原始的交换方式贸易。它是以货物或劳务、工业产权和专有技术等无形财产的进口和出口相结合并互为条件的贸易方式。对销贸易的基本形式可以归纳为易货贸易、互购贸易、补偿贸易等多种贸易方式。

(8) 加工贸易(processing trade)。加工贸易是一国企业通过各种不同的方式，进口原料、材料或零件，利用自己的生产能力和技术，加工成成品后再出口，从而获得加工利润的贸易方式。其特点是"两头在外"，即原料来自国外，产品销往国外。

实务借鉴 1-1

加工贸易企业亟待转型

新华社广州2018年4月22日报道　手撕不烂的衣服、刀划不破的皮包、遇水即溶的塑料袋、全息影像……在刚刚结束的2018中国加工贸易产品博览会上，多个"黑科技"产品让观展的采购商与观众大开眼界。这其中，大多是拥有自主品牌和自主技术的"两自"产品。

2018中国加工贸易产品博览会组委会秘书处秘书长吴军介绍，本届博览会汇聚了全国24个省区市及港台地区的698家企业，展示的数万种商品中不乏科技含量较高的产品。拥有自主品牌和自主技术的"两自"产品已经基本实现全覆盖，参展企业基本都拥有自己的品牌或技术。

据统计，本届博览会共接待观众10.3万人次，其中专业采购商2.5万人次，包括5000多名来自海外的专业采购商。达成商贸合作项目(含合同、协议和意向)8150宗，意向成交金额突破1000亿元人民币。

【评析】　加工贸易曾经是我国东南沿海地区重要的贸易方式，也为当地经济发展、出口创汇作出重要贡献。但是，随着国际产业升级、生产成本的压力，原来的优势在慢慢丧失，东南沿海地区产业升级已经成为必然。

课堂讨论：我国加工贸易为什么应该转型升级？

3. 跨境电子商务

跨境电子商务是指分属不同关境的交易主体，通过电子商务平台达成交易、进行支付结算，并通过跨境物流送达商品、完成交易的一种国际商业活动。跨境电商分为出口跨境电子商务和进口跨境电子商务。

跨境电子商务是基于网络发展起来的，网络空间独特的价值标准和行为模式深刻地影响着跨境电子商务，使其不同于传统的交易方式而呈现出自己的特点。我国跨境电子商务主要分为企业对企业(B2B)和企业对消费者(B2C)的贸易模式。B2B模式下，企业运用电子商务以广告和信息发布为主，成交和通关流程基本在线下完成，本质上仍属于传统贸易，已纳入海关一般贸易统计。B2C模式下，我国企业直接面对国外消费者，以销售个人消费品为主，物流方面主要采用航空小包、邮寄、快递等方式，其报关主体是邮政或快递公司。

1.2.2　国际贸易的特点

从职业活动的角度看，作为贸易本身来讲，国际贸易和国内贸易有许多同属于流通领域的共同特征。但作为跨越国界的经济活动，国际贸易职业活动又有许多独特之处。

1. 国际贸易的文化环境差异大

(1) 语言不同。国际贸易中各国如果使用同一种语言，将不会有语言困难。但实际上各国语言差别很大。为了使交易顺利进行，必须采用一种共同的语言。当今国际贸易通行的商业语言是英语。但英语在有些地区使用还不普遍。如东欧、北欧通常使用的是德语，法国及中西非国家通行的是法语，西班牙及大部分中南美国家以西班牙语最为普遍。因此，除了通晓英语外，还要掌握其他一些语言。

(2) 社会制度、宗教、风俗习惯不同。在国际贸易中，宗教的影响显而易见。在国际上具有重大影响的宗教有基督教、伊斯兰教、印度教、佛教，而每一种又可细分为各种教派。这些宗教对人们的价值观、态度、风俗习惯和审美观产生了重大影响。比如，在商务谈判中，美国人常将不行动或者沉默理解为消极的迹象，而日本人却以沉默来促使商务伙伴改善交易条件。南欧人信奉天主教，喜欢户外活动，乐于建立个人关系网和社会联系；相反，北欧人信奉基督教，强调数字和技术上的细节。

2. 国际贸易受政策环境影响大

(1) 贸易政策与措施不尽相同。为了争夺市场，保护本国工业和市场，各国往往采取“奖出限入”的贸易政策与措施。在WTO规则的管理下，不利于国际贸易发展的政策与措施正在逐步取消，一些政策与措施正在逐步规范。在规范的前提下，仍然允许各国根据本国情况，保留一些过渡性的政策与措施。总之，世界各国贸易政策与措施在趋向一致的同时，仍然具有很大的差异性。

(2) 各国的货币与度量衡差别很大。国际贸易双方因国度不同，所使用的货币和度量衡制度会有所不同。在浮动汇率下，对外贸易以何种货币计价？两国货币如何兑换？各国度量衡不一致时如何换算？采用何种单位为准？等等问题，使得对外贸易比国内贸易更加复杂。

(3) 海关制度及贸易法规不同。各国都设有海关，对于货物进出口都有准许、管制或禁止等规定。货物出口不但要在输出国家的输出口岸履行报关手续，而且出口货物的种类、品质、规格、包装和商标也要符合输入国家的各种规定。通常货物进口报关手续比出口报关手续更为复杂、烦琐。

(4) 国际汇兑复杂。国际贸易货款的清偿多以外汇支付，而汇价依各国采取的汇率制度和外汇管理制度而定，这使国际汇兑相当复杂。

(5) 贸易环节众多。比如国际贸易运输，一要考虑运输工具；二要考虑运输合同的条款、运费、承运人与托运人的责任，还要办理装卸、提货手续。为了避免国际贸易货物运输中的损失，还要对运输货物进行投保。

3. 国际贸易风险更大

(1) 信用风险。在国际贸易中，自买卖双方接洽开始，要经过报价、还价、确认而后订约，直到履约。在此期间，买卖双方的财务状况可能发生变化，有时甚至危及履约，导致信用风险。

(2) 商业风险。在国际贸易中，因货样不符、交货期晚、单证不符等，进口商往往拒收货物，从而给出口商造成商业风险。

(3) 汇兑风险。在国际贸易中，交易双方必有一方以外币计价。如果外汇汇率不断变化，信息不灵，就会出现汇兑风险。

(4) 运输风险。国际贸易货物运输里程一般超过国内贸易，因此，在运输过程中发生的风险也随之增多。承担风险的人有卖方、买方及保险公司。有些风险可由保险公司承担，有些风险却无法由保险公司承担。比如货物及时完全地运到目的地，就能保证买方获得经济效益。但如因天灾人祸，货物运抵时市场已发生变化，或是误期使用，买方就要受损失。

(5) 价格风险。贸易双方签约后，货价可能上涨或下跌，对买卖双方造成风险。而对外贸易是大宗交易，故价格风险更大。

(6) 政治风险。一些国家政治变动，贸易政策法令不断修改，常常使经营贸易的厂商承担很多政治变动带来的风险。

课堂讨论：国际贸易活动中为什么会出现价格风险？

1.2.3 国际贸易适用的法律

1. 各国国内法

国际贸易合同的签订与履行首先必须符合国内法。但是，由于贸易当事人往往分处不同国家，为了解决这种法律冲突，通常采用在国内法中规定解决方法。例如，我国《合同法》规定："涉外合同的当事人可以选择处理合同争议所适用的法律，但法律另有规定的除外。涉外合同的当事人没有选择的，适用与合同有最密切联系的国家法律。"

2. 国际贸易惯例

国际贸易惯例是在国际贸易的长期实践中逐渐形成的一些有较为明确和固定内容的贸易习惯及一般做法，通常由国际性的组织或商业团体制订统一的通则、准则或规则。国际贸易惯例是国际贸易法的主要渊源之一，但与严格意义上的法律不同，它们对合同当事人并没有普遍的强制性，只有当事人在合同中明确约定采用时，才对当事人具有法律约束力。而且，当事人在采用某惯例时，有权在合同中作出与惯例不符的规定，如对其中的内容进行更改或补充，此时，双方当事人的义务以合同规定为准。

3. 国际条约

国际条约是两个或两个以上主权国家为确定彼此的政治、经济、贸易、文化、军事等方面的权利和义务而缔结的诸如公约、协定、议定书等各种协议的总称。《联合国国际货物销售合同公约》是目前为止关于国际货物买卖的最重要的国际公约。

课堂测评

测评要素	表现要求	已达要求	未达要求
知识点	能掌握国际贸易方式的分类		
技能点	能初步认识国际贸易的特点		
任务内容整体认识程度	能概述国际贸易方式的不同		
与职业实践相联系的程度	能描述国际贸易方式选择的实践意义		
其他	能描述与其他课程、职业活动等的联系		

1.3 国际贸易职业认知

提示：完成本任务，你将形成对国际贸易职业的初步认知。

职业行动：如果你希望认知国际贸易职业，请按照任务及实训安排，首先认识国际贸易的基本职业岗位，并在此基础上，认识企业对外贸易实际工作内容，从而进一步对学习国际贸易活动形成充足的心理准备。

1.3.1 国际贸易职业岗位

国际贸易业务活动中，主要有以下职业岗位。

1. 国际货运代理

国际货运代理(international freight forwarding agent)是指国际货运代理组织接受进出口货物收货人、发货人的委托，以委托人或自己的名义，为委托人办理国际货物运输及相关业务，并收取劳务报酬的经济活动。

从国际货运代理人的基本性质看，货运代理主要是接受委托方的委托，处理有关货物运输、转运、仓储、装卸等事宜。一方面它与货物托运人订立运输合同，同时他又与运输部门签订合同，对货物托运人来说，他又是货物的承运人。相当部分的货物代理人掌握各种运输工具和储存货物的库场，在经营其业务时办理包括海陆空在内的货物运输。

2. 国际商务单证员

国际商务单证员(international commercial vouching clerk)是指在对外贸易结算业务中，买卖双方凭借在进出口业务中应用的单据、证书来处理货物的交付、运输、保险、商检、结汇等工作的人员。单证员的主要工作有审证、制单、审单、交单与归档等一系列业务活动，具有工作量大、涉及面广、时间性强与要求高等特点。负责进出口相关单证的制作、管理及信用证审核；收集和整理各种单证；跟踪每票货物的送货情况，统计核对相关数据；及时准确地与货代公司联系装箱、送仓工作；在整个过程中，完成与业务员、跟单员以及客户、货代各方面的协调工作；协助参与收付汇，外汇核销以及退税的跟踪。

3. 外贸业务员

外贸业务员是指在进出口业务中，从事寻找客户、贸易磋商、签订合同、组织履约、核销退税、处理争议等进出口业务全过程操作和管理的综合性外贸从业人员。外贸业务员完成的是一个业务面的工作。

外贸业务员应具备市场营销能力、商务谈判能力、函电处理能力、业务操作能力、综合管理能力、信息处理能力、人际沟通能力、持续学习能力等职业能力。

4. 外贸跟单员

外贸跟单员是指在出口贸易业务环节，在外销员签订贸易合同后，承担各类单证运转，衔接合同、货物、单证、订船、报检、保险、报关等环节，协助外销员按贸易合同规定交货的业务助理。外贸跟单员是21世纪以来随着中国国际贸易发展、业务细分出现的一个新岗位。

跟单员分为业务跟单员、外贸跟单员和生产跟单员。

5. 报关员

报关员是指通过全国报关员水平测试，取得报关从业资格，并在海关备案登记，代表所属企业(单位)向海关办理进出口货物报关纳税等通关手续，并以此为职业的人员。报关员不是自由职业者，只能受雇于一个依法向海关注册登记的进出口货物收发货人或者企业，并代表该企业向海关办理业务。

报关员主要职责：按照规定如实申报出口货物的商品编码、商品名称、规格型号、实际成交价格、原产地及相应优惠贸易协定代码等报关单有关项目，并办理填制报关单、提交报关单证等与申报有关的事宜；申请办理缴纳税费和退税、补税事宜；申请办理加工贸易合同备案(变更)、深加工结转、外发加工、内销、放弃核准、余料结转、核销及保税监管等事宜；申请办理进出口货物减税、免税等事宜；协助海关办理进出口货物的查验、结关等事宜；应当由报关员办理的其他报关事宜。

6. 报检员

报检员是指通过全国报检员水平测试，由中国出入境检验检疫协会发放《报检从业水平卡》，并在国家市场监督管理总局设在各地的出入境检验检疫机构备案登记，办理出入境检验检疫报检业务的人员。检验检疫协会负责组织报检员水平测试考试、登记备案及日常管理、定期审核等工作。

实务借鉴 1-2

检疫——生态安全关

2015年7月，济南局机场办工作人员连续多次在入境旅客携带物中截获多肉植物，包括玉美人、桃美人、黄丽、乙女心等60多个品种，共计150余千克。自多肉植物裹带的土壤中检出小杆线虫、垫刃目线虫及粉蚧壳昆虫等有害生物，检验检疫工作人员依法实施退回处理。

【评析】 常见的多肉植物品种多属于景天科或仙人掌科，主要产于南非、墨西哥、美国、西欧、日本等国家和地区，近年来，因其外形呆萌、繁殖力强、易成活等特点，已迅速成为人们特别是年轻人的新一代“萌宠”。但其属于《中华人民共和国禁止携带、邮寄进境的动植物及其产品名录》的规定范畴。

1.3.2 企业对外贸易工作

企业对外贸易工作主要内容如下。

1. 询价与报价

企业对外贸易工作一般是由产品的询价、报价作为开始。其中，出口产品的报价主要包括：产品的质量等级、产品的规格型号、产品是否有特殊包装要求、所购产品量的多少、交货期的要求、产品的运输方式、产品的材质等内容。

2. 订货签约

贸易双方就报价达成意向后，买方企业正式订货并就一些相关事项与卖方企业进行协商，双方协商认可后，需要签订购货合同。在签订购货合同过程中，主要对商品名称、规格型号、数量、价格、包装、产地、装运期、付款条件、结算方式、索赔、仲裁等内容进行商谈，并将商谈后达成的协议写入购货合同。这标志着进出口业务的正式开始。通常情况下，签订购货合同一式两份由双方盖本公司公章生效，双方各保存一份。

3. 确定付款方式

贸易双方还必须确定好付款方式，并写入合同。比较常用的国际付款方式有三种，即信用证付款方式、电汇付款方式和直接付款方式。

4. 备货与包装

备货在整个贸易流程中起着举足轻重的作用，须按照合同逐一落实。备货的主要核对内容是：货物品质、规格，应按合同的要求核实。货物数量保证满足合同或信用证对数量的要求。备货时间应根据信用证规定，结合船期安排，以利于船、货衔接。

根据货物的不同，选择包装形式（如纸箱、木箱、编织袋等）。不同的包装形式其包装要求也有所不同。

5. 办理通关手续

通关手续极为烦琐又极其重要，如不能顺利通关则无法完成交易。须由专业持有报关证人员，持箱单、发票、报关委托书、出口结汇核销单、出口货物合同副本、出口商品检验证书等文本去海关办理通关手续。

6. 装船、运输与保险

在货物装船过程中，可以根据货物的多少来决定装船方式，并根据《购货合同》所定的险种来进行投保。通常双方在签订《购货合同》时已事先约定运输保险的相关事项。

7. 制单结汇

提单是出口商办理完出口通关手续、海关放行后，由外运公司签出、供进口商提货、结汇所用的单据。进口海运货物时，进口商必须持正本提单、箱单、发票来提取货物（须由出口商将正本提单、箱单、发票寄给进口商）。

出口货物装出之后，进出口公司即应按照信用证的规定，正确缮制箱单、发票、提单、出口产地证明、出口结汇等单据。在信用证规定的交单有效期内，递交银行办理议付结汇手续。

重要信息 1-3

国际贸易职业相关资格考试

（1）全国国际货运代理从业人员考试。由中国国际货运代理协会组织，具有高中以上学历，有一定的国际货运代理实践经验，或已接受过国际货运代理业务培训并有志于从事国际货运代理业务的人员可以报名。报名时间为每年4—7月份；考试时间为10月。

（2）国际商务单证员统一考试。由全国国际商务单证考试中心主办，具有一定的国际商务单证实践经验或已接受过国际商务单证业务培训的、从事国际商务单证业务的在职人员，具有高中以上学历并有志从事国际商务单证工作的求职人员或在校学生可以参加。报名时间为每年3—5月；考试时间为6月。

（3）全国外贸跟单员考试。由全国外贸跟单员考试中心主办。考试内容包括外贸跟单基础知识（含英语）、外贸跟单操作实务（含英语）。

（4）全国报检员水平测试。报考条件：年满18周岁，具有完全民事行为能力，且具有高中毕业或中等专业学校毕业及以上学历。考试内容：检验检疫有关法律、报检业务基础、基础英语知识。

（5）全国报关员水平测试。报考条件：年满18周岁，具有完全民事行为能力，且具有大专及以上学历。报名时间为每年7—8月，考试时间为12月。

课堂测评

测评要素	表现要求	已达要求	未达要求
知识点	能掌握国际贸易职业分布		
技能点	能初步认识国际贸易职业工作内容		
任务内容整体认识程度	能概述国际贸易职业岗位		
与职业实践相联系的程度	能描述企业对外贸易工作		
其他	能描述与其他课程、职业活动等的联系		

任务1小结

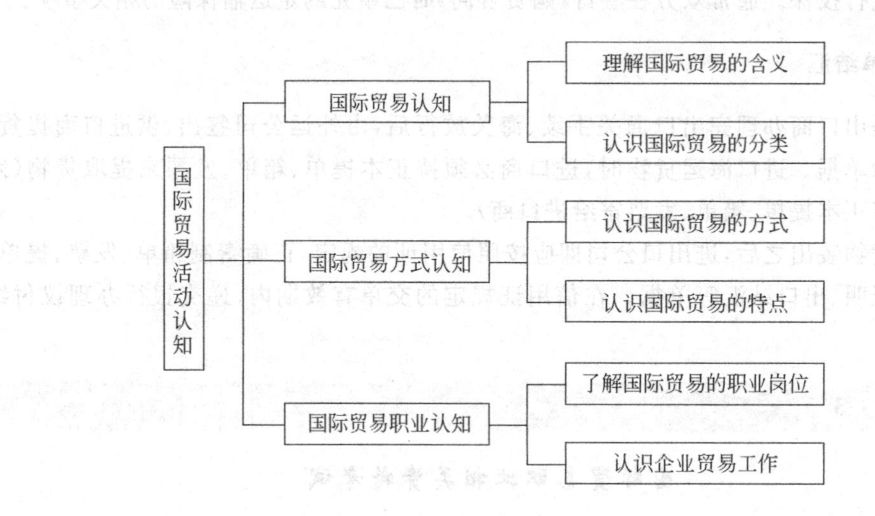

教学做一体化训练

一、重点概念

国际贸易　国际贸易方式

二、课后演练

（一）选择题

1. 国际贸易可以从(　)方面理解。

   A. 对外贸易　B. 海外贸易　C. 进出口贸易　D. 出超　E. 入超

2. 对外贸易按照货物流向可分为(　)。

   A. 进口贸易　B. 出口贸易
   C. 净出口与净进口　D. 复出口与复进口

3. 对外贸易按照交易内容可分为(　　)。

   A. 货物贸易　B. 服务贸易　C. 技术贸易　D. 有形贸易　E. 无形贸易

4. 对外贸易按照是否有第三方参加可分为(　　)。

   A. 直接贸易　B. 转口贸易　C. 间接贸易　D. 有形贸易

5. 跟单员分为(　　)。

   A. 业务跟单员　B. 外贸跟单员　C. 生产跟单员　D. 海关跟单员

6. 对外贸易风险主要有(　　)。

A. 信用风险　B. 汇兑风险　C. 运输风险　D. 商业风险　E. 价格风险

7. 国际贸易适用的法律有(　　)。

A. 国内法　B. 国际惯例　C. 国际公约　D. 经济法

(二) 判断题

1. 国际贸易和对外贸易实质上是一样的。(　　)
2. 狭义的国际贸易即指无形贸易。(　　)
3. 跨境电子商务与逐笔售定业务完全一致。(　　)
4. 加工贸易的重要特点是"两头在外"。(　　)
5. 逐笔售定是国际贸易的基本方式。(　　)
6. 企业对外贸易工作一般是以产品的询价、报价作为开始。(　　)
7. 通关手续极为烦琐又极其重要,须由持有报关证的专业人员进行。(　　)
8. 单证员的主要工作具有工作量大、涉及面广、时间性强与要求高等特点。(　　)

(三) 简答题

1. 国际贸易形成的原因有哪些?
2. 国际贸易的作用有哪些?
3. 国际贸易职业岗位有哪些?
4. 国际贸易职业资格考试有哪些?

(四) 案例分析

2019 年 1 月 14 日,中国海关总署公布的数据显示,按美元计,我国 2018 年外贸进出口总值 4.62 万亿美元,同比增长 12.6%,再创历史新高。其中,出口 2.48 万亿美元,同比增长 9.9%;进口 2.14 万亿美元,同比增长 15.8%,首次突破 2 万亿美元;贸易顺差 3517.6 亿美元,收窄 16.2%,为 2013 年以来最低。

按人民币计,中国 2018 年进出口总值 30.51 万亿元人民币,比 2017 年增长 9.7%。其中,出口同比增长 7.1%,进口同比增长 12.9%,全年贸易顺差 2.33 万亿元人民币,收窄 18.3%。

(1) 分国别/地区来看,详情如下。

中美贸易方面,2018 年中国对美国出口 4784 亿美元,同比增长 11.3%。

中欧贸易方面,按人民币计,中国 2018 年对欧盟出口同比增长 7%,进口增长 9.2%,欧盟继续保持我国最大贸易伙伴地位。

中俄贸易方面,2018 年我国对俄罗斯进出口 7075.5 亿元人民币,同比增长 24%,占同期我国进出口总值的 2.3%。其中,对俄出口 3166.5 亿元人民币,增长 9.1%,自俄进口 3909 亿元人民币,增长 39.4%。如果以美元计价,2018 年中俄双边贸易额达到 1070.6 亿美元,首次超过 1000 亿美元,创历史新高,增幅达到 27.1%,增速在我国前十大贸易伙伴中位列第一。对俄出口以机电产品为主,自俄进口主要集中在原油、煤、锯材等能源资源类产品。海关表示,今年是中俄建交七十周年,预计今年中俄经贸关系也会有新的发展。

中朝贸易方面，按人民币计，中国2018年自朝鲜进口同比下降88%，出口下降33.3%。海关总署新闻发言人、统计分析司司长李魁文称，中国严格遵守联合国对朝鲜的制裁决议。

2018年四季度数据方面，我国外贸进出口同比增长8.8%，较三季度同比增速有所回落。2018年1—4季度，我国进出口规模分别为6.76万亿元、7.36万亿元、8.18万亿元和8.21万亿元。

(2) 李魁文称，2018年进出口数据有以下几个方面的特点。

① 年度进出口总值再上新台阶。2005年，我国外贸进出口总值首次超过10万亿元人民币；2010年，超过20万亿元；2018年，再创新高，超过30万亿元，比2017年的历史高位多2.7万亿元。

② 一般贸易进出口快速增长，比重上升。2018年，我国一般贸易进出口17.64万亿元，同比增长12.5%，占我国进出口总值的57.8%，比2017年提升1.4个百分点，贸易方式结构有所优化。

③ 对主要贸易伙伴进出口全面增长，与"一带一路"沿线国家进出口增势良好。2018年，我国对前三大贸易伙伴欧盟、美国和东盟进出口分别增长7.9%、5.7%和11.2%，三者合计占我国进出口总值的41.2%。同期，我国对"一带一路"沿线国家合计进出口8.37万亿元，增长13.3%，高出全国整体增速3.6个百分点，我国与"一带一路"沿线国家的贸易合作潜力正在持续释放，成为拉动我国外贸发展的新动力。其中，对俄罗斯、沙特阿拉伯和希腊进出口分别增长24%、23.2%和33%。

(资料来源：青岛晚报，2016-02-03.)

阅读以上材料，回答以下问题。

(1) 请分析概括我国2018年对外贸易发展状况。

(2) 你能从哪几个方面说明中国2018年对外贸易所取得的成绩？

同步实训　国际贸易方式的认知

【实训目标】 加深学生对国际贸易方式的理解，体会国际贸易的复杂性。

【组织实施】

(1) 在网络上搜索"我国加工贸易""跨境电商"近几年的发展状况，并对比讨论其变化。

(2) 讨论加工贸易、跨境电商的优缺点以及对我国沿海地区经济发展的意义。

(3) 将实训成果做成PPT，分组展示。

【成果检测】

(1) 在网络上获取资料的时间与准确性。

(2) 小组活动中的参与程度。

(3) 书面文案的内容、形式与演示表现。

学生自我总结

通过完成“任务 1　国际贸易活动认知”，我能够作如下总结。

一、主要知识

概括本任务的主要知识点：

1.

2.

二、主要技能

概括本任务的主要技能：

1.

2.

三、主要原理

我认为，国际贸易工作复杂的主要原因：

1.

2.

四、相关知识与技能

1. 国际贸易适用的法律：
2. 国际贸易的主要方式：
3. 国际贸易职业岗位：

五、成果检验

1. 完成本任务的意义：
2. 学到的知识或技能：
3. 自悟的知识或技能：
4. 我对国际贸易自主创业的看法：

任务 2 国际贸易市场分析

学习目标

1. 知识目标

- 能认识进出口市场调研的方法与程序。
- 能认识业务联系的意义与做法。
- 能认识营销方案的内容与意义。

2. 能力目标

- 能熟练组织进出口市场调研。
- 能熟练书写业务联系函电。
- 能编写进出口营销方案。

情境导入

有一句话我们很熟悉:“没有调查就没有发言权!”从事进出口贸易活动也是如此。世界之大,商海茫茫!我们的市场究竟在哪里?哪里才能找到我们的客户?怎样才能使业务活动有条不紊地进行?这一连串的问题考问着每一个国际贸易实务的初学者。从大的角度讲,一个企业要想进入某一国际新市场,往往要求调研人员提供与此有关的一切信息——该国的政治局势、法律制度、文化属性、地理环境、市场特征、经济水平等。

学习任务

根据国际贸易职业活动顺序,“国际贸易市场分析”这一任务又可以分解为以下子任务。

2.1 组织进出口市场调研

↓

2.2 建立进出口业务联系

↓

2.3 制订进出口营销方案

课前故事

我们的第二个故事发生在我国北宋时期，有一个著名的画家名叫文与可，是当时画竹子的高手。他为了画好竹子，不管是春夏秋冬，也不管是刮风下雨，或是天晴天阴，都常年不断地在竹林里观察。三伏天气，日头像一团火，烤得地面发烫。可是文与可照样跑到竹林里对着太阳的那一面，站在烤人的阳光底下，全神贯注地观察竹子的变化。

由于文与可长年累月地对竹子进行细微的观察和研究，竹子在春夏秋冬的形状有什么变化；在阴晴雨雪天，竹子的颜色、姿势又有什么变化；在强烈的阳光照耀下和在明净的月光映照下，竹子又有什么不同；不同的竹子，又有哪些不同的样子，他都摸得一清二楚，所以画起竹子来，根本用不着画草图。

有个名叫晁补之的人，称赞文与可说："文与可画竹，早已胸有成竹了。"

昔日的故事已经演化成今天的成语，用来比喻人们在办什么事情以前，早就打好了主意，心里有个底稿了。市场调查与营销方案的制订就是要在进出口业务活动之前，做到"胸有成竹"！

2.1 组织进出口市场调研

提示：完成本任务，你将学会进出口市场调研。

职业行动：2019 年的出口计划中，浙江环球制衣有限公司拟将自己生产的某品牌衬衫出口到德国，如果你是该公司的市场研究人员，你将从哪些方面开始着手市场调研？

当你跃入游泳池之前，可能会用手先试试水的温度；当你迈入一个冰封的池塘想一展冰上芭蕾的舞姿时，可能会用脚先跺跺，看冰面的承重如何；当你在亚运村汽车市场选中一款心仪的汽车时，你可能会要求试驾一下；当你在购物中心看中一双新款运动鞋时，试穿是你最终决定是否购买的必经步骤……一口气举这么多例子就是要说明没有调查就没有发言权这样一个道理。

如果我们把以上日常生活中的一些例子放到企业经营活动中，我们就会非常感性地领悟到企业进行市场调研的必要性。2013 年，我国进出口贸易总额已经位居世界第一，2018 年我国进出口总值再创新高，超过 30 万亿元，比 2017 年的历史高位多 2.7 万亿元，继续保持全球货物贸易第一大国地位。从数量来看，我国已是世界贸易大国，大量的"中国制造"源源不断地流向世界各地市场，成为国际商务物流中一道亮丽的风景。然而，这是个迅速变化的时代，消费者需求日新月异，给我国进出口贸易带来许多困扰。作为企业、从事进出口业务活动的相关人员必须高度重视进出口市场调研，在满足国际国内目标客户需求的同时，进一步降低经营风险，提升自己的核心竞争力。

与国内市场调研一样，国际市场调研也包括以下程序，如图 2-1 所示。

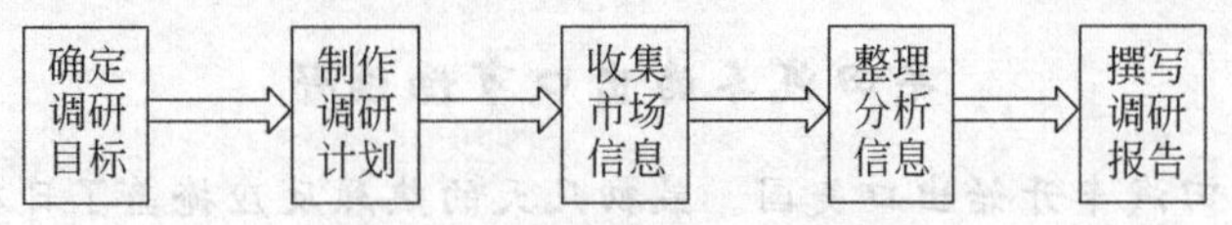

图 2-1 进出口市场调研程序

重要概念 2-1

进出口市场调研

进出口市场调研是指运用科学的调研方法与手段，系统地收集、记录、整理、分析国际市场的各种基本状况及其影响因素，以帮助企业制定有效的市场营销决策，实现企业经营目标。

2.1.1 确定进出口市场调研内容

结合业务，从微观的角度看，进出口市场调研主要包括：市场准入情况、商品要求、价格水平、分销渠道以及政策法规情况等。我们从出口与进口两个方面来说明。

1. 出口市场调研

出口市场调研主要包括以下几个方面。

(1) 市场准入。即这些国家市场的准许进入程度如何，是否是我方企业产品可以进入的领域？如药品的国际贸易门槛较高，出口美国市场必须通过美国 FDA(美国食品药品监督管理局)认证。

(2) 商品要求。即我方企业产品的性质、特点是否能够满足目标市场中顾客的需求？如我国的民用电器产品的电压是 220 伏，而电器产品出口某些民用电压为 110 伏的国家及地区时，必须符合这些国家及地区的规定。

(3) 价格水平。即了解拟出口商品在我国市场上的价格，对比出口国外之后是否有利可图？如我国山东省每年出口日本大量芋仔，由于出口商众多、相互压价，导致出口商利润微薄。

(4) 分销渠道。即进入这些国家目标市场各种销售网络的途径及其成本如何？如阿联酋迪拜是中东地区最重要的转口贸易中心，当以中东地区为目标市场时，必须考虑是借助迪拜建立转口销售渠道还是直接在终端市场建立销售渠道。渠道选择一般要结合产品特点、综合考虑运作成本等因素。

(5) 有关国家政策法规及贸易习惯。即如何在销售过程中符合有关国家的制度及惯例，如加拿大是说英语、法语的双语国家，任何在加拿大销售的产品在包装及说明书上都必须具备英语、法语双语标识，否则不许销售。

此外，还应了解所经营商品在国际市场的生产技术、经济信息、市场变化及其原因、产品市场生命周期、售前售后服务要求、目标市场潜力估计、目标市场供求情况及竞争形势、价格波动、销售季节及广告促销费用等内容。

实务借鉴 2-1

丰田汽车的出口市场调研

1957 年，丰田汽车开始出口美国。最初几天的热烈反应掩盖了日本人对美国市场的不适应。但是，随着时间的推移，这些丰田车越来越不适应美国市场。3年后，丰田公司被迫决定暂停向美国出口轿车。时隔不久，一位衣冠楚楚的日本人来到纽约，以学英语为名，住进了一个普通的美国家庭。在每天的生活中，他除了学习以外，都在做笔记观察美国人居家生活的种种细节。3个月后，日本人走了。没过多久，丰田公司就推出了针对当时美国家庭需求而设计的价廉物美的旅行车。该车在每一个细节上都考虑了美国人的需要。

直到该车在美国市场推出时，丰田公司才在报上刊登了他们对美国家庭的调查报告。正是通过这样细致的调研工作，丰田公司很快掌握了美国汽车市场的情况，5年后，丰田终于制造出适应美国需求的轿车——可乐娜。由于动力强劲、坚固耐用、造型新颖，而且价格低廉，获得了巨大的成功。1975年，丰田就成为美国最大的汽车进口品牌。

【评析】 精细化的国际市场调查，使得日本汽车顺利进入美国市场。

2. 进口市场调研

进口商品之前也需要进行详细的调研，调研主要包括以下内容。

(1) 市场准入。即市场的准许进入程度如何，是否是我方企业可以进入的领域，该商品的国际市场供应及本国市场的需求情况如何。如随着我国汽车社会的来临，汽油、柴油消费旺盛，原油及汽油、柴油进口有巨大的上升空间。但这些大宗贸易的门槛相对较高，一是国家对经营者有较高的要求；二是资金占用量巨大，一般进出口贸易企业很难进行。

(2) 商品要求。即该商品的质量、性能、技术等特点及本国国内的竞争情况如何，商品是否符合我国目标消费者需求。

(3) 价格水平。即了解目前该商品在我国进口价格高低，关税水平及国内售价如何，进口价格与国内售价之间的差价是否有利可图。如近几年来，在我国消费者中开始流行食用橄榄油，随即市场上出现了大量自南欧及北非国家进口的橄榄油产品。进口迅速扩大的原因是橄榄油在我国的市场价格与上述生产国家市场价格之间依然存在着巨大价差。

(4) 分销渠道。即进入我国市场后销售网络的建立、维护及其成本如何。便捷的销售网络、较低的运营成本是获取进口利益的重要保障。

(5) 我国政策法规。即进口产品本身、销售以及售后服务是否符合我国有关政策法规的规定。如我国要求进口产品配备中文说明书等。

此外，了解关税水平，相关进口政策、法规，出口国的出口政策、法规及该行业的习惯做法等，也是进口交易前的准备工作内容。

重要信息 2-1

国际市场行情调研

开展行情调研是为了获得与进出口贸易有关的各种信息。行情调研的范围和内容包括：经济调研、市场调研和客户调研。

(1) 经济调研。经济调研的目的在于了解一个国家或地区的总体经济状况、生产力发展水平、产业结构特点、国家的宏观经济政策、货币制度、经济法律和条约、消费水平和基本特点等。

(2) 市场调研。市场调研主要是针对某一具体选定的商品，调研其市场供需状况、国内生产能力、生产的技术水平和成本、产品性能、特点、消费阶层和高潮消费期、产品在生命周期中所处的阶段、该产品市场的竞争和垄断程度等内容。

(3) 客户调研。客户调研在于了解欲与之建立进出口贸易关系的国外厂商的基本情况。包括它的历史、资金规模、经营范围、组织情况、信誉等级等其自身总体状况，还包括它与世界各地其他客户和与我国客户开展对外经济贸易关系的历史和现状。只有对国外厂商有了一定的了解，才可以与之建立外贸联系。

2.1.2 选择进出口市场调研方法

进行进出口市场调研，按照先易后难的原则，可以选择二手资料调研、实地调研、网络和在线调研等方法。

1. 二手资料调研

二手资料调研是指查找并研究与调查项目有关资料的过程，这些资料是经他人收集、整理的，有些是已经发表过的。可以帮助调查人员排除不理想的市场而认准最有前途的市场，并为进一步的实地调查奠定基础。

国际市场调查中，二手资料是重要的信息来源，为某些营销决策的制定奠定基础。也可以为实地调查提供必要的背景资料，使实地调查的目标更加明确，从而节省时间和调查成本。

大多数情况下，在国际市场调查中，二手资料数据会大大节约调查活动费用，同时还能够简化假设命题，缩小问题范围。如江苏某公司打算向日本出口稀土，上网查一下2018年中国稀土出口配额管理情况，就可以了解目前我国稀土出口的政策环境。

2. 实地调研

有时由于国际市场调研目标的特殊要求或一些客观条件的限制，导致二手资料不够用、不好用、不全面、不系统，或者只有现行资料才能帮助调查活动继续进行时，就必须借助实地调查去收集原始资料。选择优秀的调研人员，精心组织调查活动，实地去国外调研，就可以获得较为真实、客观的直接数据。

课堂讨论：二手资料调研与实地调研的区别。

3. 网络和在线调研

随着互联网技术的发展，网络和在线调研法也成为收集国际市场信息的重要手段。与传统方式相比，网络和在线调研在组织实施、信息采集与处理、调研效果等方面具有明显优势。

按照调研者组织调研样本的行为，网络和在线调研可以分为主动调研法和被动调研法。主动调研法，即调研者主动组织调研样本，完成统计调研的方法。被动调研法，即调研者被动地等待调研样本造访，完成统计调研的方法。

按照采用的技术，网络和在线调研可以分为站点法、电子邮件法、随机 IP 法和视讯会议法等。

课堂测评

测评要素	表现要求	已达要求	未达要求
知识点	能掌握国际市场调研的含义		
技能点	能初步认识国际市场调研的内容		
任务内容整体认识程度	能概述国际市场调研的方法		
与职业实践相联系的程度	能描述企业国际市场调研工作		
其他	能描述与其他课程、职业活动等的联系		

2.2 建立进出口业务联系

提示：完成本任务，你将学会建立业务联系。

职业行动：通过市场调研活动，你已经知道欧洲市场对公司新产品有较大需求，特别是欧洲一些发达国家非常欢迎你的公司生产的含有保健成分的产品。作为一名业务人员，将如何在这一潜在市场上找到能够成交的客户呢？

2.2.1 寻找客户

在进出口业务活动中，我们经常会听到这样的说法：谁手上有客户，谁的业务就做得好。这充分说明了进出口贸易活动的关键就是要有贸易对象。尤其是在市场竞争激烈的今天，判断一个公司或企业的发展前景如何，看它是否拥有较多的优良顾客也是重要条件之一。寻找潜在客户可以从以下几种途径着手。

1. 直接发布购销信息

在寻找潜在客户时，我们直接发布购销信息，将主动权掌握在自己手里。同时，能够与专业的国外厂商进行专业的沟通，避免与不符合自己要求的企业进行解释说明，从而节约时间，提高效率。直接发布购销信息可以通过如下方式。

(1) 在自己的网站上发布购销信息。这需要我们在 Internet 上建立自己的 Web 站点，可以为这些信息建立自己的搜索引擎，也可以向一些有名的公共搜索引擎网站提供自己的网站信息。

(2) 在行业网站上发布购销信息。

(3) 在国内外贸易门户网站或平台上发布购销信息。

2. 多方推介

与国外客商建立联系，还可通过以下常用渠道。

(1) 自我介绍。通过查阅国内外出版的企业名录、报纸杂志的广告、互联网等以函电或发送资料的方式自我介绍，建立关系。

(2) 请国外银行介绍客商。

(3) 请国内外的贸易促进机构或友好协会介绍关系，如我国的对外贸易促进会也办理介绍客户的业务。

(4) 请我国驻外使馆商务处或外国驻华使馆介绍合作对象。一般来讲，我国驻外使馆对当地主要厂商的经营范围、能力和资信较为熟悉。

(5) 通过参加国内外展览会、交易会建立联系。这类活动的优点是能和客户直接见面，联系的范围广。如国际上具有领先地位的博览会约有 2/3 在德国举办，即德国每年承办 130 个国际国内专业博览会。德国举办博览会的城市有 20 多个，其中中国企业参展最多的有科隆展览会、汉诺威展览会、法兰克福展览会、杜塞尔多夫展览会、柏林展览会、纽伦堡展览会、莱比锡展览会等。其中，汉诺威展览会拥有世界上最大的展览场地，总占地 100 多万平方米，是世界展览会的发源地，已有 800 年举办展览的历史。由于地处德国东部，其面向东欧市场的独特优势更有利于中国企业参与。

在我国，有中国进出口商品交易会，又称广交会，创办于 1957 年春季，每年春秋两季在广州举办。

(6) 利用国内外的专业咨询公司介绍客商。国内外都有许多专业咨询公司接受委托代办介绍客户，它们的业务关系中有各种类型的、具有一定影响以及一定专业经验和能力的客户。

课堂讨论：你知道的著名国际展会有哪些？

3. 网络搜寻

在信息时代，网络成为信息传递、加工和处理的最好载体。互联网(Internet)为经济的全球化奠定了坚实的技术基础，它通过桌面访问的方式提供各种各样的免费或者低成本的信息。作为一名国际贸易行业从业者，要善于挖掘这一信息宝藏，利用网络寻找潜在的供应商或出口商。进口商通过网络寻找的潜在客户，一是生产商(可能生产我们需要进口的产品)；二是出口销售商。

(1) 通过网络寻找生产商。通过网络寻找生产商，主要可搜寻如下网站。

① 大型的搜索引擎。诸如：Google、Baidu、Yahoo!、Excite 等。一般用关键词搜索。

② 该行业的行业网站。每个行业几乎都有行业网站，可以用关键词搜索。一般会在这些网上看到会员列表和相关链接。

③ 通过大型的搜索引擎找出口国(或者全世界)的黄页网站(yellow page)和工商企业目录(directory)。

④ 大型的公司数据库。如美国的 Thompson 网等。

⑤ 名录网站。

(2) 通过网络寻找出口销售商。通过网络寻找出口销售商,主要可搜寻如下几类网站。

① 大型的搜索引擎。

② 国际型的大型商务网。

③ 名录网站。

④ 展会网站。在展会网站上有各个参展商的名单、联系方式及网址。

⑤ 工具网站。如 Alexa 工具网站。

2.2.2 建立业务联系

寻找到潜在客户的公司名称和联系方式后,就可以通过以下两种途径与之建立业务关系:其一,派出代表到客户所在国接洽交易对象,直接进行面对面的联系;其二,通过函电或发送资料的方式建立联系。

由于进出口贸易是跨越国境的交易活动,限于种种原因,并非每笔交易都要派人到国外客户处进行实地接洽。随着现代通信的不断发展,信函的概念不断延伸,从传统的书信、电报、电传发展到传真、电子邮件、EDI 等,在提高了通信速度的同时也降低了通信的成本,从而"缩短"了进出口贸易双方地理位置上的距离。因此,通过信函联系已成为进出口贸易中交易双方的主要联系方式。建立业务联系的基本步骤如图 2-2 所示。

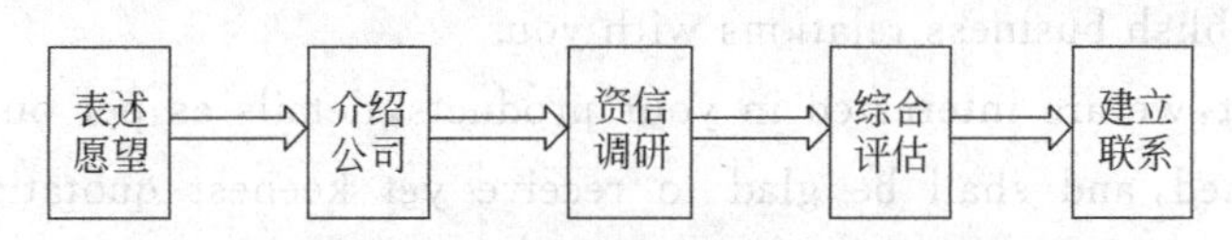

图 2-2 建立业务联系的基本步骤

1. 向客户表述建立业务联系的愿望

表述建立联系的愿望一般要说明信息来源、写信的目的,并且要表明希望早日得到答复。一般来说,这类信函的主要目的是引起对方进行业务联系的兴趣。通常,首先要告知收信人,它的名称是如何被知悉的,然后告知对方一些发信人公司的性质、业务范围等一般情况,说明其目的,如扩大商品来源的渠道,满足国内需求、建立长期的业务关系等,表达在未来业务中与之合作的真诚愿望,以及表明希望早日得到答复。发信人也可以向收信人提出一些要求,如要求其在回信中介绍自己的情况、写明一般交易条件等。

(1) 说明信息来源。在首次发函与国外客商进行联系时,一般有必要告知对方其信息来源的途径,即阐明是如何获得对方资料的,比如通过他人介绍、报纸杂志广告、互联网信息、展会认识等。通常的表达的方式如下。

例 2-1 Your name has been recommended to us by the Chamber of Commerce in Tokyo as a large exporter of lightweight batteries for vehicles. We are now writing to you to establish long-term trade relations。

例 2-2 Through your trade delegation who recently paid a visit to our country, we learned that you are well-established exporters of...and are writing to you in hope of...

课堂讨论：函电中为什么首先要说明信息来源？

(2) 说明写信的目的。写信的目的可以多种多样。如出售或购买某种商品、扩大商品销售渠道、寻找国外经销商或代理商而建立长期业务联系等。

例 2-3 With our business expanding in middle-east market, we are looking for some new factory, which is able to offer high-qualified and reasonable-priced products. We hope we can start a concrete transaction between us.

(3) 希望对方早日给予答复。

例 2-4 Thank you in advance for your close cooperation.

实务借鉴 2-2

小李的业务联系函

某工艺品进口公司的业务员小李在网上看到美国某公司的产品介绍，欲与该美国公司建立业务联系，于是写了电子邮件如下。

Gentlemen,

As one of the largest importers of Chinese Arts & Crafts in this city, we shall be pleased to establish business relations with you.

At present, we are interested in your products, details as per our inquiry Note No. 319 attached, and shall be glad to receive yet keenest quotation as soon as possible.

Yours truly

【评析】 小李的业务联系函译成中文如下。

"先生：

作为本市最大的工艺品进口商，我公司非常高兴与贵公司建立贸易关系。

目前，我们对你方的产品感兴趣，详细情况如随函第 319 号询价单所示，若能早日收到你方富有竞争力的报价将十分有幸。"

该信简明扼要，语言清晰而不失礼貌。不足之处：作为初次联系的信函，缺少了"信息来源"，很容易引起收信人的无端猜测，可能造成不必要的误会。

2. 介绍公司

建立业务关系的阶段是进出口贸易双方从陌生到互相熟悉、走向彼此信任的阶段。只有双方彼此信任，才有可能达成交易，从而真正地建立长期的业务关系。信任的基础是了解，因此，介绍自己、展示自身的优势、让对方尽可能地了解自己、树立在对方心目中良好的形象，对贸易双方都是非常重要的。

比较完整的公司简介一般包括以下内容：经营范围，主要指经营哪些产品或提供哪些服务；经营方式，如一般进出口、转口贸易、来料来件加工装配、进料加工、代理、独家代理等；经济实力，如经营历史、资金资本状况、市场竞争力、其他优势等；公司名称、地址、电话、传真、网址、电子邮箱等。此外，如果有必要强调，还应将公司的隶属关系、所有制形式、经营渠道等写在公司简介中。

重要信息 2-2

建立业务联系函的内容

建立业务联系是进出口交易的基础，草拟建立业务联系的信函是每个外贸业务人员必须掌握的操作技能。一般来说，建立业务联系的信函包括以下几个部分内容。

1. 开头

一般包括以下两个部分的内容。

(1) 说明如何取得对方的资料。首次主动与对方进行交往，说明信息来源非常必要。如通过驻外商务参赞、商会、银行介绍；通过书刊、互联网获悉；在交易会上结识等。

(2) 说明去函目的。通常建交信都是以建立业务联系为目的的。

2. 介绍

为了引起对方的兴趣，必须让对方对本公司的基本情况有大致了解。

(1) 公司基本情况。主要介绍本公司的性质、业务范围、宗旨以及某些相对优势。

(2) 公司产品。一般是对本公司经营产品的整体情况的介绍，也可以是对对方感兴趣的某类特定产品进行推荐性的介绍。产品介绍一般包括产品质量、价格水平、销路等，同时，为使对方更详细了解本公司产品，通常还附上产品目录、价目单或另邮样品等。

3. 结尾

通常结尾部分包括盼对方尽快回复、下订单或告知意见并表示敬意等语句。

公司简介篇幅较普通信函要长，内容也较多，但并不是越多越好，篇幅过长会使读者很难抓住要点，不能达到使对方了解公司的目的。

公司简介是对公司加以全面介绍的主要形式。事实上，建立业务关系的有关信函一般都包含了对公司情况的介绍。这种介绍与公司简介的主要区别是后者侧重于对公司或公司业务进行详细介绍，力求使他人通过介绍能大致了解本公司的基本情况和特点，而前者一般比较简单与简短，侧重于表达打算合作的愿望。当公司简介有了特定的收信人时，其介绍就要考虑收信人的特点和特定需要，以便更有效地引起对方的兴趣。

例 2-5 We handle men's and women's apparel, underwear and other related goods. We are a leading firm established in China 50 years ago, having a very wide knowledge and long experience, not only in Chinese market, but also all over the Southeast Asian countries, where we have our own branches and associates.

3. 资信调查

在进出口业务中，卖方的主要责任是提供品质、数量、包装符合买卖合同规定的货物，并按合同规定的时间、地点和方式交付货物；买方则应按合同规定的货币、时间和方式支付货款和收取货物。

由于我国大多数进出口合同规定以信用证方式收付款，在我方作为出口商的贸易中，银行按进口商的要求和指示，开出信用证后，有关各方所处理的是单据，而不是与单据有关的货物，有时尽管单据表面完整，但是，由于进口商作假或单据有瑕疵，我方就可能面临收不到货款的风险。在我方作为进口方的贸易中，如果出口商信誉不好，向银行提交表面上符合信用证条款的单据而交次货或假货，甚至提交假单据而根本没有交货，也一样能从银行得到货款，这样，我方也会蒙受极大损失。因此，在进出口业务中，对贸易伙伴的资本情况、经营作风、能力和范围、商业信誉以及企业的性质、结构等进行调查是极为重要的。

对贸易伙伴的资信调查主要针对以下三个方面。

(1) 资本(capital)，主要是指资产额以及其他财务状况。

(2) 能力(capacity)，主要是指业务状况、经营能力以及公司的发展前景。

(3) 品格(character)，主要是指商业伦理道德、经营方针和经营手段。

课堂讨论：资信调查在进出口活动中的意义。

4. 综合评估

经过资信调查后，利用所收集到的资料，通过对目标客户的资金、信誉、经营商品的品种及地区范围、从业人员的人数、技术水平及拥有的业务设施、经营管理水平、提供售后服务和市场情报的能力等进行综合分析，得出初步结论后，提交决策层。经过综合评估之后，确定建立业务联系的对象。

5. 建立业务联系

在综合评估的基础上，选择经营作风好、有经营能力的进口商建立业务联系。同时，也要尽可能地主动展示自己的资信情况，以尽快与出口商建立互信，提高交易磋商效率。

实务借鉴 2-3

小王的业务联系函

进口公司业务员小王从中国国际贸易促进委员会得知澳大利亚某公司是经营纺织品进出口业务的专业公司，小王想从该公司进口羊毛衫和羊绒衫，于是他向该公司发了如下函电。

Dear Sirs,

We get to know your Corp. from CCPIT with which we have been in good business relations for many years, and that you are handling import and export of all textile materials.

We are one of the principal manufacturers of wool sweater in China, and are interested in importing sweaters made of wool and cashmere.

We shall be pleased to receive your details and prices of various sweaters with photos and specifications. We shall be glad to study the sales possibilities at our end.

Yours faithfully.

【评析】 上述函电译成中文如下。

“先生：

我们从中国国际贸易促进委员会处获悉贵公司是经营纺织品进出口业务的专业公司。我们与中国国际贸易促进委员会已有多年的业务往来。

我公司是中国一家主要的羊毛衫制造商，因此有意进口羊毛衫和羊绒衫。

如能寄给我们有关各种羊毛衫的详细资料、价格、图片、规格，将不胜感谢。我们将乐于研究该商品在我方市场上的销售前景。”

这一函电语言简洁，但作为第一次信函交往，应该介绍本公司资信方面的情况。这对收信人的答复至关重要。

重要信息 2-3

如何寻找国外顾客

我国一些大型进出口贸易公司一直做固定的产品，有几十年往来的国外顾客，但对于新成立的一些公司，寻找国外顾客就更为重要。寻找国外顾客即进出口贸易往来对象大致有如下几种方法。

- 充分利用工商名录(directory)。工商名录分为国内工商名录和国际工商名录。国际工商名录收录了各国著名的贸易公司、商号的名称、电传、电报、电话、传真的号码，公司的地址，主要经营项目及历史经营情况。这类名录通常是各国的商会编纂的，如英国的“Kelly's Directory”就包括了全世界的著名贸易商。
- 由驻外分支机构开发新顾客，各大公司在国外设立分公司，其主要目的就是开发新的顾客，为公司争取更多的贸易机会。因为驻外人员较了解该地的情况，容易发现新的往来顾客。
- 充分利用来华的各种外国代表团。每年来我国的外国经济访问团、市场调研团、参加国际展览会的国外团组很多，可以利用这些机会选择贸易对象。
- 出国考察。出国考察或参加国外举办的国际商展，不仅开阔了眼界，同时可认识更多的国外新朋友，这也为我们增加了更多的贸易机会。
- 国外老顾客的介绍。
- 利用新闻工具获得新顾客。可在有国际影响的报纸杂志上刊登广告，征求顾客。
- 通过商会、领事馆及对外贸易协会的介绍认识新的顾客。

利用上述方法所选择的顾客，还须进行严格的资信调研，这样，才会使我们的进出口贸易活动顺利进行。

课堂测评

测评要素	表现要求	已达要求	未达要求
知识点	能掌握寻找客户的途径		
技能点	能初步认识建立联系函的书写内容		
任务内容整体认识程度	能概述贸易客户关系建立的意义		
与职业实践相联系的程度	能描述企业对外贸易信息发布工作		
其他	能描述与其他课程、职业活动等的联系		

2.3 制订进出口营销方案

提示：完成本任务，你将学会制订进出口营销方案。

职业行动：寻找到客户之后，在市场调研的基础上，精心制订一个进出口经营方案，将为你下一步的业务谈判和管理奠定一个非常好的基础。

进出口企业一般只在经营大宗或重点进出口商品时才逐个制订商品进出口方案；对其他商品可只按商品大类制订；对中小商品可制订内容简单的价格方案，仅对市场和价格提出分析意见，规定对各个地区的进出口价格以及掌握进出口价格的原则和幅度。我们以大宗产品进出口为例，完成进出口营销方案制订的操作。

重要概念 2-2

进出口营销方案

进出口经营的方案是指在对进出口商品进行市场调研和初步成本核算的基础上，为进出口交易制订的营销计划和为实施这种方案而采取的各种措施，以此作为对外贸易谈判和业务管理控制的重要依据。

2.3.1 综合分析市场

制订进出口经营计划，先要在调研基础上对国际市场进行综合评估，选择和确立较有前途的国家和地区作为目标市场，策划与目标市场相适应的营销活动，提出市场分析结论，并制订相应计划控制与执行方案，以便及时纠正偏差，使进出口贸易活动达到预期目标。

实务借鉴 2-4

M公司某商品进出口经营方案

进口商品品名与品质：N原料，纯度95%以上，沸点180～210℃。

进口商品数量：50公吨。

进口商品时间：2014年第四季度。

交易对象选择：该项商品在西欧多国都可以生产，都具备供货能力。从9月起，由化工一部负责向与我国有贸易往来的德、法、英、荷、意等国的大型公司进行询盘。

进口商品的价格：该项商品上半年成交价是每公吨320英镑。进入7月以来，价格有所下降。

询盘策略：每隔几日向其中一个公司询盘，避免同日向所有目标公司询价，否则会影响市场。可以要求生产厂家和贸易公司同时报价，以便更好地掌握价格动态，在还盘中获得主动。

【评析】 本方案是一个大框架的经营计划，体现了对未来一段时间某类商品进出口业务的总体安排。

2.3.2 制订进出口计划

1. 制订出口计划

大宗商品应作出口计划，一般中小商品可作出口价格方案。出口计划的内容如下。

(1) 国外市场情况，包括国外市场环境的特点，如市场大小、对产品要求、市场销售和市场竞争状况、国外进口规定、今后一段时期内发展趋势预测等。

(2) 出口经营情况，包括以前有无这类产品的出口经验、出口的具体品种和数量、出口地理方向等。

(3) 国内货源情况，如生产能力、技术水平、交货周期等。

(4) 销售安排，如市场安排、客户选用、广告宣传、贸易方式、价格和支付条件。

(5) 成本和经济效益核算。

2. 制订进口计划

进口计划的主要内容包括品名、数量、时间和国别的安排、交易对象的选定、价格和佣金幅度的掌握等。总的要求是：在符合国家方针政策的前提下，既要力争比较优惠的价格，又要不影响国内的需要；既要做到“货比三家”，又要不失时机地进口。

2.3.3 经济效益核算

1. 出口成本核算

出口成本包括出口商品进价和出口流通费用两个部分。

(1) 出口商品进价。出口商品进价是指购进用于出口的商品的价格。出口企业与国外进口商签订了出口合同后，与国内的某生产企业签订购货合同，订购符合出口要求的商品。购货合同的价格构成出口商品进价的主要部分。这部分价格包含了生产成本和生产企业的利润。出口商品进价的另一部分是由增值税构成的。我国现行税制规定，对各流通环节统一征收13%的增值税。因此，出口商品的进价实际应该是：出口商品进价＝购货合同价格×(1＋增值税税率)。

(2) 出口流通费用。在业务中又被称作定额费用。它是指出口企业就某一商品的出口，从与国外进口商进行交易磋商起，一直到商品出口、收取货款为止，除出口商品进价外所发生的一切费用开支。其主要项目有银行利息、邮电通信费、工资支出、交通费、仓储费、国内运输费、码头费用、差旅费、招待费等。出口流通费用的逐项计算非常繁杂。一般地，企业在业务中按不同出口商品自行确定一个费率（5%～10%不等），从而使其计算简便，易于操作。

我国为了鼓励出口，对出口产品实行退增值税制度，这也是世界各国通行的做法。现行的退税办法是，对国内各流通环节统一征收13%的增值税；当商品出口后，由出口企业按当时国家规定的退税率获取一定的退税额。出口退税实际上是国家补贴出口商品，降低出口企业的出口成本，提高出口商品竞争力的一种做法。因此，把出口退税额计入出口成本，出口成本就有一定程度的下降。

2. 进口成本核算

进口成本也由两个部分组成：进口合同价和进口流通费用。进口合同价是进出口双方通过交易磋商而确定的价格。它是进口成本中的主要部分。确定进口合同价时，要以平等互利的原则为基础，以国际市场价格水平为依据，结合企业的经营意图，制定进口商品的适当价格。

（1）进口合同价。在具体的交易中，进口商品的价格应按以下精神掌握：①凡有国际市场价格的商品，按国际市场价格水平作价；②凡一时无法掌握国际市场价格的一般商品，则参考类似商品的国际市场价格作价；③进口机械设备之类的商品，应根据产品质量、技术性能等条件，经与其他产品比较评估后再定价。

（2）进口流通费用。进口流通费用（或称作流通费用），是指在进口商品中，从与国外出口商交易磋商起，直到商品进口后转售给国内用户或其他企业为止，除进口合同价以外所发生的一切费用开支，在进出口公司的企业管理中，有些进口流通费用与其他业务活动的费用混合在一起，难以区别，因而，采用一个简单的办法，即根据各笔进出口业务额的大小进行分摊。有些进口流通费用能明显区别是在哪一笔进口项下发生的，就计入该笔进口业务的进口成本。

除了国际运输及其保险所发生的费用外，在进口流通费用中，主要项目包括卸货费、驳船费、码头建设费、码头仓租费和卸货费用。根据我国法令规定，按进口货物的品种分别征收的税款，一般有进口关税、增值税、营业税等；进口商品的检验费和其他公证费用；银行费用，如开证费及其他手续费；报关提货费；国内运输费、仓租费；从开证付款到收回进口商品转销货款之间所发生的利息支出等。

课堂测评

测评要素	表现要求	已达要求	未达要求
知识点	能掌握进出口营销方案的内容		
技能点	能初步认识进出口营销方案制订与编写		
任务内容整体认识程度	能概述进出口营销方案的意义		
与职业实践相联系的程度	能描述企业经济效益分析的作用		
其他	能描述与其他课程、职业活动等的联系		

任务2小结

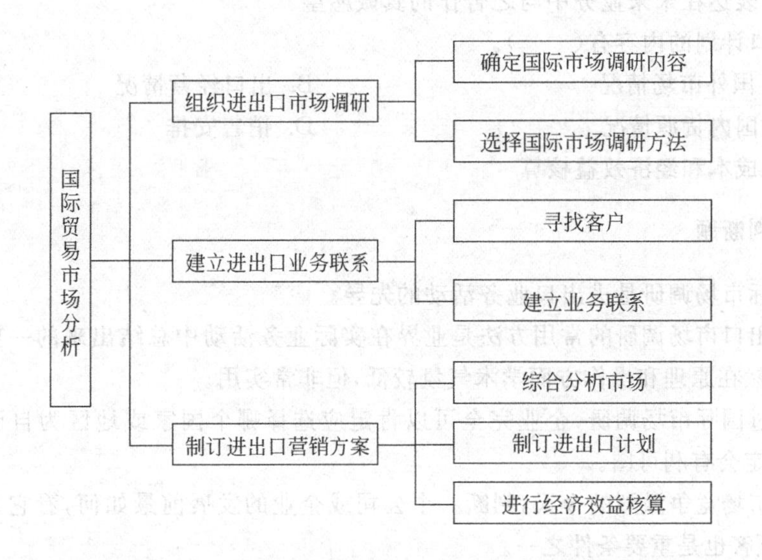

教学做一体化训练

一、重点概念

进出口市场调研　进出口营销方案

二、课后演练

（一）选择题

1. 国际市场调研主要包括(　　)。

A. 市场准入情况调研　　B. 商品要求

C. 价格水平　　D. 分销渠道以及政策法规情况

2. 客户调研在于了解欲与之建立贸易关系的国外厂商的基本情况,包括它的(　　)。

A. 历史　　B. 资金规模

C. 经营范围　　D. 组织情况

E. 信誉等级等其自身总体状况

3. 进行国际市场调研,按照先易后难的原则,可以选择(　　)。

A. 二手资料调研　　B. 实地调研

C. 网络调研法　　D. 调研方法、进度表

4. 表述建立联系的愿望一般包括(　　)。

A. 要说明信息来源、写信的目的

B. 还要表明希望早日得到答复

C. 引起对方进行业务联系的兴趣

D. 表达在未来业务中与之合作的真诚愿望

5. 出口计划的内容有(　　)。

A. 国外市场情况　　B. 出口经营情况

C. 国内货源情况　　D. 销售安排

E. 成本和经济效益核算

(二) 判断题

1. 国际市场调研是进出口业务活动的先导。(　　)

2. 进出口市场调研的常用方法是业界在实际业务活动中总结出来的一些行之有效的方法,虽然在原理和操作方面学术气氛较低,但非常实用。(　　)

3. 通过国际市场调研,企业完全可以肯定应选择哪个国家或地区为自己的目标市场,而且一定会有利可图。(　　)

4. 在市场竞争激烈的今天,判断一个公司或企业的发展前景如何,看它是否拥有较多的优良顾客也是重要条件之一。(　　)

5. 综合评估是指经过资信调查后,利用所收集到的资料,通过对目标客户的资金、信誉、经营商品的品种及地区范围、从业人员的人数、技术水平及拥有的业务设施、经营管理水平、提供售后服务和市场情报的能力等进行综合分析。(　　)

(三) 简答题

1. 新设立公司应该如何寻找潜在客户?

2. 为什么说在建立业务函中,公司简介篇幅较普通信函要长,内容也较多,但也并不是越多越好?

3. 为什么说资信调查在市场调研中尤为重要?

4. 与国外潜在客户建立业务联系的基本步骤中,有的步骤可以省略吗?为什么?

5. 举例说明你所了解的进出口市场调研。

(四) 案例分析

1964年的《中国画报》封面刊登了一张照片,照片中,大庆油田的"铁人"王进喜头戴大狗皮帽,身穿厚棉袄,顶着鹅毛大雪,握着钻机手柄眺望远方,在他身后散布着星星点点的高大井架。"铁人精神"整整感动了一代人,但此照片无意中也透露了许多的秘密。

日本情报专家据此解开了大庆油田之谜,他们根据照片上王进喜的衣着判断,只有在北纬46°~48°的区域内,冬季才有可能穿这样的衣服,因此推断大庆油田位于齐齐哈尔与哈尔滨之间。并通过照片中王进喜所握手柄的架势,推断出油井的直径;从王进喜所站的钻井与背后油田间的距离和井架密度,推断出油田的大致储量和产量。

日本人又利用到中国的机会，测量了运送原油火车上灰土的厚度，大体上证实了这个油田和北京之间的距离。

此后，《人民中国》杂志有一篇关于王进喜的文章，提到了马家窑这个地方，并且提到钻机是人推、肩扛弄到现场的。日本人推断此油田靠车站不远，并进一步推断就在安达车站附近。日本人对中国东北的地图非常清楚，从地图上，他们找到了马家窑是中国黑龙江海伦市东南的一个小村。

此外，日本人还从一篇报道"王铁人"1959 年 10 月 1 日在天安门广场观礼的消息中分析出，1959 年 9 月，王进喜还在甘肃省玉门油田，以后便消失了，这就证明大庆油田的开发时间自 1959 年 9 月开始。

通过这些周密的市场调研，日方迅速设计出适合大庆油田开采用石油的设备。当中国向世界各国征求开采大庆油田的设计方案时，日方一举中标，向中国出口了大量石油开采设备。

阅读以上材料，回答以下问题。

(1) 市场调研在日方出口中起了什么样的作用？

(2) 案例中，日方运用了什么调研方法？

(3) 该案例对我们进行国际市场调研有哪些启示？

同步实训

根据下列背景资料，写出建立业务联系函。

你是杭州化工进出口公司的一名业务员，通过上网发现有一则奥地利 Thomas Wilson CO.，LTD. 的求购广告，急需一批 EVA 底运动鞋。公司拟发一份 E-mall，再寄一套最新产品目录。下面是公司的有关情况介绍。

杭州化工进出口公司是一家国有外贸公司，主要经营化学工业所需原料及相关产品的进出口业务。近年来，随着公司内部管理体制的改革及外贸业务的高速发展，公司已经取得巨大的成绩。

橡胶制品部是公司的主要业务部门之一，经营各类国产鞋类的出口，包括布面胶鞋、睡鞋、童鞋、胶底皮鞋、便鞋及 EVA 底运动鞋等，产品行销欧洲、美国及亚洲市场。

公司拥有经验丰富的制鞋专业人员、品质管理人员及进出口贸易人员，并与市内和附近的十余家制鞋厂建立了密切的业务联系，可确保稳定广泛的货源及质量。

公司在国际市场上竭诚地寻求合作机会，可通过如兴办合资鞋厂，或来样加工、补偿贸易等多种形式，并愿意按照互利互惠、共同发展的原则同世界各地的鞋类经销商进行业务往来。

【实训目标】 建立业务联系函的撰写。

【组织实施】 学生分组，各成员分工，分别负责业务联系函不同部分的构思与写作。

【操作提示】 根据上述资料，可以从以下几个方面着手写业务联系函：开头部分说明从网上得知对方公司求购 EVA 运动鞋，并说明去函目的是在互惠互利、共同发展的基础上与对方建立业务关系。

介绍杭州化工进出口公司的情况：公司主要产品、人员、管理、技术、营销情况等，并附上最新价格目录等。

结尾部分：写明希望对方早日回复并表示谢意等。

【成果检测】 完成活动项目任务，由组长汇总成为一份完整的函电。各组分别作PPT展示，学生讨论，教师评价。

学生自我总结

通过完成"任务2 国际贸易市场分析"，我能够作如下总结。

一、主要知识

完成本任务涉及的主要知识点： 1. 2.

二、主要技能

完成本任务的主要技能： 1. 2.

三、主要原理

我认为，国际市场调研与经营方案的关系： 1. 2.

四、相关知识与技能

1. 国际市场调研的主要方式： 2. 寻找国际贸易客户的主要渠道： 3. 制订经营方案的主要意义：

五、成果检验

1. 完成本任务的意义：
2. 学到的知识与技能：
3. 自悟的知识与技能：
4. 我认为，国际贸易客户的信用度把握方法是：

任务3　合同标的条款的制定

学习目标

1. 知识目标

- 能认识品名与品质条款的内容。
- 能认识数量条款的内容。
- 能认识包装条款的内容。

2. 能力目标

- 能熟练书写品名与品质条款。
- 能熟练书写数量条款。
- 能熟练书写包装条款。

情境导入

很多情况下，从事进出口贸易活动的双方素未谋面，但是，贸易金额却经常成千上万！为了慎重起见，从合同订立的角度，首先要明确合同标的物是什么，怎么样。标的物是否明确，是否经由双方达成一致，关系到卖方未来能否交出合规的货物，也关系到买方能否收到自己心仪的商品。

学习任务

根据国际贸易职业活动顺序，“合同标的条款的制定”这一任务又可以分解为以下子任务。

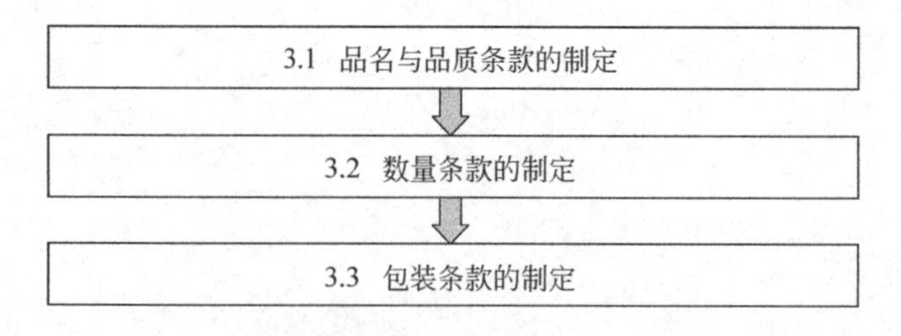

课前故事

我们的第三个故事从第二次世界大战时期美国空军的降落伞讲起。这是一个发生在第二次世界大战中期,美国空军和降落伞制造商之间的真实故事。当时的空军飞行员降落伞的安全度不够完美,虽然经过厂商的艰苦努力,降落伞制造商生产的降落伞的优良率已经达到了99.9%,应该说这个优良率在现在许多企业的产品制造过程中也很难达到。但是美国空军却对公司坚决说No,他们要求所交降落伞的优良率必须达到100%。

于是,降落伞制造厂家的总经理便专程去美国空军飞行大队商讨此事,看是否能够降低这个水准。因为厂商认为,在当时的条件下,能够达到这个程度已接近完美了,没有什么必要钻牛角尖。美国空军一口回绝,同时要求改变检查降落伞品质的方法,即从厂商前一周交货的降落伞中,随机挑出一个,让厂商负责人穿好后,亲自从飞行的飞机中跳下。这个方法实施没多久,降落伞的不良率立刻就变成零。

在国际贸易活动中,许多人做事时常会有"差不多"心态,对于消费者或是客户所提出的要求,即使是合理的,也会觉得差不多就行。一位大师说"品质没有折扣",品质就是按照客户的要求执行的!

3.1 品名与品质条款的制定

提示:完成本任务,你将学会书写品名与品质条款。

职业行动:当你在考虑从订立合同之前,为了使进出口双方对合同标的物有着清晰而一致的认识,必须用准确、具体的语言对其作出描述——这就是合同标的物的品名与品质条款的内容。

3.1.1 品名条款的制定

1. 认识品名

品名是国际贸易合同中构成商品说明的重要组成部分。明确规定标的物及其品质要求,是买卖双方签订合同时必须首先解决的问题之一。

重要概念 3-1

品　　名

品名(name of commodity;name of goods)是指买卖双方拟交易的商品的名称。商品品名是合同中不可缺少的主要交易条件。品名也代表了商品通常应具有的品质。

国际上为了便于对商品统计征税时有共同的分类标准,海关合作理事会主持制定了《协调商品名称及编码制度》(*The Harmonized Commodity Description and Coding*

System,简称 H.S.编码制度)。该制度于 1988 年 1 月 1 日起正式实施,我国于 1992 年 1 月 1 日起采用该制度。所以,业务中采用商品名称时,应与 H.S.规定的品名相适应。

2. 品名的表示

商品品名的表示一般有以下方法。

(1) 以商品的主要效用命名,便于消费者购买。如洗涤剂、防晒霜、缝纫机等。

(2) 以商品的主要成分命名,或强调货真价实,或突出原料名贵。如西洋参、花生油、白玉杯等。

(3) 以商品的外形命名,比较形象,能突出商品造型新奇、优美的特点。如猫耳朵、高脚杯等。

(4) 以制作工艺或制造过程命名,突出其制作工艺或研制过程。如二锅头、冷鲜肉等。

(5) 以商品的产地命名,以突出产品悠久的历史。如北京烤鸭、青岛啤酒、杏花村汾酒等。

(6) 以人名命名,使特定的商品和特定的人联系起来,在消费者心目中留下深刻的印象,如皮尔·卡丹、杜康酒等。

(7) 以外来词命名,满足消费者的求新、求奇、求异的心理,如可口可乐。

(8) 以吉祥物或美好事物命名,迎合人们图吉利、盼发财的心理。如熊猫电视机、吉利汽车等。

3. 品名条款的书写

品名条款是买卖双方对具有一定外观形态并占有一定空间的有形商品达成共识的一种文字描述,又称标的物条款。对新商品的定名,应力求准确,符合国际上的习惯称呼。对某些商品还应注意选择合适的品名,以利于减低关税,方便进出口和节省运费开支。

确定合同品名条款的操作相对简单,一般都是在“商品名称”或“品名”的标题下列明成交商品的名称。也可以在合同开头直接用文字写明交易的是什么商品,故又称为“标的物条款”。有的商品只列明双方意欲买卖的商品名称,例如大豆、苹果、小麦等。但为明确起见,亦可把有关品种或品质产地或型号的概括性描述包括进去作进一步的限定。

例 3-1 Rice 180 EUR per M/T FAS QINGDAO 中,Rice 即为品名条款。

重要信息 3-1

品名条款书写注意事项

品名条款虽然简单,但也不应该忽视。品名代表了商品通常的品质,是合同的主要条件。确定品名条款要达到以下要求。

(1) 明确具体。规定商品名称必须准确反映交易商品的特点,避免空泛、笼统,否则会增加履行合同的难度。如天津产红小豆。

(2) 使用国际通称。国际上对商品分类有一定标准，在规定品名时，应尽量使用国际通称，否则容易出现歧义。如我们俗称的土豆，其学名应该是马铃薯。

(3) 选择合适的品名。如果一种商品可以有不同的名称，选择有利于减低关税或方便进出口的名称作为合同的品名。

(4) 考虑品名与运费的关系。目前通行的班轮运费是按商品规定收费标准，但由于商品名称并不统一，存在着同一商品因名称不同而收取的费率不同的现象。从这个角度看，选择合适的品名可以节省运费开支、降低成本，理应引起注意。

课堂讨论：品名条款的实践意义有哪些？

3.1.2 确定品质条款

合同中的品质条款是买卖合同中的一项主要条款，是买卖双方对货物品质的具体约定，也是买卖双方交接货物的依据。

重要概念 3-2

品　质

商品的品质(quality of goods)又称质量，是指商品内在素质和外在形态的综合。前者包括商品的物理性能、机械性能、化学成分和生物的物性等自然属性，后者包括商品的外形、色泽、款式或者透明度等。

1. 商品品质的表示

(1) 用实物表示商品品质

① 看货买货。通常由买方或者其代理人在卖方存放货物的场所查看货物，达成交易后，卖方应该按验看过的商品交付货物。只要卖方交付的是已经验看的货物，买方就不得对品质提出异议。这种做法多用于寄售、拍卖和展卖业务中。

② 凭样品买卖(sale by sample)。通常是指从一批商品中抽取出来的或者由生产、使用部门设计、加工出来的，足以代表整批货物品质的少量货物。以样品表示商品品质并以此作为交货依据的，称为凭样买卖。

重要信息 3-2

凭样品买卖的三种情形

根据样品提供方不同，样品买卖又可以分为三种情形：凭卖方样品买卖、凭买方样品买卖、凭对等样品买卖。在出口贸易中，卖方考虑到如果交货品质与买方样品不符，将招致买方索赔甚至退货，因而往往不愿意承接凭买方样品买卖的交易。谨慎的卖方往往会在买方提供样品的情况下，预先加工复制出一个类似的样品交买方确认，这种经确认后的样品，称为“对等样品”“回样”或“确认样品(confirming sample)”。

凭样品买卖，无论哪一方提供样品，买卖合同中都应该订明，而且，日后卖方所交整批货的品质,必须与样品相符。所以对交货的一方要求比较高。

(2) 以文字说明表示商品品质

① 凭规格买卖(sale by specification)。商品的规格是指一些反映商品品质的主要指标,如成分、含量、纯度、性能、色泽等。例如,出口圆钢按粗细表示。一般来说,凭规格买卖比较方便、准确,还可以根据商品的不同用途予以调整。

② 凭等级买卖(sale by grade)。商品的等级是指同一类商品,根据生产及长期贸易实践,按其规格上的差异,用大、中、小、一、二、三等文字或数码所做的分类。例如,我国出口的钨砂,根据其三氧化钨和锡含量的不同,可分为特级、一级和二级。

③ 凭标准买卖(sale by standard)。商品的标准是指政府机关或商业团体统一制定和公布的标准化了的品质指标。在进出口贸易中,有些商品习惯于凭标准买卖。人们往往使用某种标准作为说明和评定商品品质的依据。进出口贸易中采用的各种标准有的是强制性的,即不符合标准品质不许进口或出口;有的没有强制性,由买卖双方决定是否采用。

④ 凭说明书和图样买卖(sale by descriptions and illustrations)。在进出口贸易中,有些商品如机器、电器和仪表等,因其结构和性能复杂,难以用简单的指标来说明其品质全貌,通常是以说明书、图样、照片、图纸来说明商品的构造、规格、性能、使用方法及包装条件等。

⑤ 凭商标或牌号买卖(sale by trademark or brand name)。为了与其他企业的同类产品区别开来,商标或牌号的作用就在于帮助购买者识别产品,以便树立产品的声誉。凭商标牌号买卖,就是以商标或牌号来确定商品的品质。

凭商标或牌号买卖通常是凭卖方商标或牌号,但有时买方常常要求在卖方的商品或包装上使用买方指定的商标或牌号,这就是所谓定牌。用定牌,卖方可以利用买方的产品声誉以及经营能力,提高商品售价并扩大销量。

⑥ 凭产地名称买卖(sale by name of origin)。有些商品,特别是传统的农副产品,因产地的自然条件、传统加工工艺等因素的影响,在品质方面具有其他地区产品所不具有的独特风格或特色,在国际市场有一定声誉,对这些产品,可以用产地名称来表示商品的品质,如我国的“西湖龙井”“山西老陈醋”“龙口粉丝”“北京烤鸭”等。

课堂讨论:文件柜,中国橡木和橡木三夹板,黄铜拉手,两个抽屉,15′W×16′D×29′H,其中用了哪些品质表示方法。

2. 合同中品质条款的确定

品质条款中一般要写明商品的名称、货号、规格或等级、标准、商标、牌号、产地名称等。凭样品买卖时,应列明样品的编号和提供的日期。凭标准买卖时,应列明所引用标准的制定者、编号、版本和年份。对某些商品还可规定一定的品质公差和品质机动幅度。

(1) 内容要简单、具体、明确。要注意各质量指标之间的内在联系和相互关系。以免互相矛盾。防止由于某一质量指标规定不科学或不合理而造成不应有的经济损失。

重要信息 3-3

品质公差和品质机动幅度的规定

品质公差(quality tolerance)是工业制成品在加工过程中所产生的误差,这种误差的存在是绝对的,其大小是由科技发展程度所决定的,是国际上公认的产品品质的误差。只要卖方交货品质在公差范围内,买方就无权拒收货物或要求调整价格。

品质机动幅度(quality latitude)是指允许卖方所交货物的品质指标可以在一定的幅度范围内的差异,只要卖方所交货物的品质没有超出机动幅度的范围,买方就无权拒收货物。这种方法主要适用于初级产品品质机动幅度的规定方法。主要有下列三种。

(1) 规定范围。即对品质指标规定允许有一定的差异范围。如"漂布,幅宽 35～36 英寸",则卖方交付的漂布幅宽只要在 35～36 英寸范围内,就算合格。

(2) 规定极限。即对所交货物的品质规格规定上下限。常用的方法有最高、最小、最低、最多、最少等。如水分最高为 12%。

(3) 规定上下差异。即对所交货物的品质规定在一定指标上下波动的范围。如钢丝直径 1 毫米±0.01 毫米;灰鸭毛,含绒量 13%,上下 1%。

在品质机动幅度范围内的货物,一般不另行计算增减价,即按照合同价格计收价款。但有些货物,经买卖双方协商同意也可在合同中规定按交货的品质情况加价或减价,即规定所谓品质增减价条款。如芝麻:水分(最高)8%,杂质(最高)2%,含油量以 52% 为基础,如实际装运货物的含油量高或低 1%。价格相应增减 1%,不足整数部分,按比例计算。

采用品质增减价条款,一般选用对价格有重要影响而又允许有一定机动幅度的主要质量指标。对于次要的质量指标或不允许有机动幅度的质量指标,则不适用。

课堂讨论:表示品质时,为什么要注意商品质量之间的内在联系?

(2) 凡凭样品买卖,卖方交货品质必须与样品完全一致。在此条件下,买方应有合理的机会对货物与样品进行比较、检验,如与样品不符的货物,可以拒收或提出赔偿要求。因此,卖方应在对交货品质有把握时采用此法。以样品表示品质的方法并不适合所有商品,只能酌情采用。一般只是以样品来表示商品的某个或某几个方面的质量指标。

例 3-2 在纺织品和服装交易中,为了表示商品的色泽质量,可采用"色样"(color sample);为了表示商品的造型,可采用"款式样"(pattern sample)。

① 凭样品成交而对交货品质无太大把握时,应在合同条款中作出灵活的规定。

例 3-3 当卖方对品质无绝对把握,或对于一些完全不适合凭样成交的货物,可在买卖合同中特别订明"品质与样品大致相同"(quality shall be about equal to the sample)或"品质与样品近似"(quality in early same as the sample)。

为了预防因交货品质与样品略有差异而导致买方拒收货物情况的发生,也可在买卖合同中订明:"若交货品质稍次于样品,买方仍需收领货物。但价格应由双方协商相应降低。"当然,此项条款只限于品质稍有不符的场合,若交货品质与样品差距太大,卖方仍有权拒收货物。

② 凭样品成交时，卖方应保留一份或几份相同的样品，作为复样(duplicate sample)并封样，以备日后交货或处理品质争议时核对之用。

③ 参考样品以介绍商品为目的，与成交样品或标准样品不同。买卖双方为了发展贸易关系和增进彼此对对方商品的了解，往往采用互相寄送样品的做法。这种以介绍商品为目的而寄出的样品最好标明“仅供参考”(for reference only)字样，以免与标准样品混淆。

④ 样品由买方提供时，要在合同中表明“发生侵犯第三者权力时，由买方承担一切经济和法律责任”。

(3) 恰当使用良好平均品质、上好可销品质的品质表示方法。对于某些品质变化较大而难以等级化或标准化的农副产品，有时采用“良好平均品质(fair average quality, FAQ)”来表示商品的品质。如天津红小豆，2013年新产，良好平均品质。

重要信息 3-4

FAQ和GMQ

FAQ有两种解释：①指一定时期内某地出口商品的平均品质水平，即中等货；②指某一季度或某一月份在装运地发运的同一种商品的平均品质。在我国FAQ一般是指大路货。

上好可销品质(good merchantable quality，GMQ)是指卖方必须保证交付的货物品质良好，合乎商销，而无须以其他方式证明商品的品质。多用于无法用样品或无国际公认标准的货物买卖，如木材、冷冻鱼虾。

实务借鉴 3-1

凭样品买卖还是凭规格买卖

我国某出口公司与德国一公司签订了一份农产品出口合同。合同规定：水分最高为12%，杂质不得超过3%。成交前我方曾向买方寄过样品，订约后我方又电告对方所交货物与样品相似。货到德国后，买方向我方提交了货物质量比样品低的检验证明，并据此要求我方减价。而我方以合同中仅规定了凭规格交货，并未规定凭样发货为理由不同意减价。案例的焦点在于究竟是凭规格还是凭样品买卖，或是既凭规格又凭样品的买卖。你认为应该怎样解决？

【评析】 从合同规定来看并非凭样买卖，但是我方订约前所寄样品并未声明是参考样品，订约后又通知对方货物与样品相似，这就致使对方完全可以认为此笔交易是既凭规格又凭样品买卖。

因为买卖双方对凭样品买卖的约定，既可以是明示的，如在合同中明确规定；也可以是默示的，即根据交易的情况推定当事人是凭样品交货的意思。

重要信息 3-5

确定品质条款注意事项

能用科学指标说明质量的商品,适用于规格、等级或标准买卖;而难以规格化和标准化的商品,如古玩、工艺品、土特产品等,则适于凭样品买卖;某些质量好并具有一定特色的名优产品,适于凭商标或牌号买卖;某些性能复杂的机器、电器和仪表,则适于凭说明书和图样买卖;凡具有地方风味和特色的产品,则可凭产地名称买卖。

凭商标、牌号、产地名称买卖,实际上是由凭样品或凭说明书买卖发展而来的,商标、牌号或产地在一定程度上已表示了某种商品的规格或某种样品的品质。但在实际贸易中,买卖双方在确定牌号或地名后,往往还需订明具体的规格及等级,以免发生误会。

当然,凡能用一种方法表示品质的,一般就不宜同时用两种或两种以上的方法来表示。表示方法越多,对所交货物要求的条件就越多,完成交货就越困难。

课堂讨论:业务中,为什么不能用多种方法表示一种商品的品质?

课堂测评

测评要素	表现要求	已达要求	未达要求
知识点	能掌握进出口商品品质的表示		
技能点	能初步认识进出口商品品质条款的制定		
任务内容整体认识程度	能概述进出口商品品质条款的意义		
与职业实践相联系的程度	能描述进出口商品品质的作用		
其他	能描述与其他课程、职业活动等的联系		

3.2 数量条款的制定

提示:完成本任务,你将学会制定数量条款。

职业行动:当你确定了品名与品质条款之后,紧接着应该确定进出口商品的数量。在业务中,买卖双方事先约定成交货物的数量也是合同成交的必要条件之一。本任务将为你展示数量条款的制定过程!

数量条款的基本内容是规定交货的数量和使用的计量单位。如果是按重量计算的货物,还要规定计算重量的方法,如毛重、净重、以毛作净、公量等。

重要概念 3-3

数　量

在国际贸易中,商品的数量是以一定度量衡表示的商品的重量、长度、面积、体积、容积的量。商品数量的大小是计算单价、总金额的重要依据。

3.2.1 数量的表示

1. 明确度量衡单位

在业务活动中,国际上常用的度量衡单位有以下四种。

(1) 公制(the metric system)。公制的基本单位为千克和米,它为欧洲大陆及世界大多数国家所采用。

(2) 国际单位制(the international system)。国际单位制是国际标准计量组织在公制基础上制定公布的。其基本单位包括千克、米、秒、摩尔、坎德拉、安培和开尔文等七种,是我国的法定计量单位。

(3) 英制(the british system)。英制的基本单位为磅和码,它为英联邦国家所采用,而英国加入欧盟后,也逐步采用公制。

(4) 美制(the U.S. system)。美制的基本单位和英制相同,为磅和码,但有个别派生单位不一致。如英制为长吨等于2200磅,而美制为短吨等于2000磅。此外,容积单位加仑和蒲式耳,英美制名称相同,大小不同。

2. 合理选用计量单位

进出口贸易中,商品数量单位可以分两类:一类以度量衡表示;另一类以个数表示,包括一些实践中习惯使用的单位。在表示重量时,实行公制国家一般采用公吨,每公吨为1000千克;实行英制国家一般采用长吨,每长吨为1016千克;实行美制国家一般采用短吨,每短吨为907千克。选用哪一种,要在合同中明确。我国《计量法》规定进出口数量采用国际单位制。进出口贸易常用计量单位如表3-1所示。

表3-1 常用计量单位

计量方法	计量单位
按重量计算	公吨(metric ton)、长吨(long ton)、短吨(short ton)、公斤(kilogram)、磅(pound)、盎司(ounce)、克(gram)、克拉(cart)
按数量计算	件(piece)、双(pair)、套(set)、打(dozen)、卷(roll)、令(ream)、罗(gross)、袋(bag)、包(bale)、部(unit)、箱(case)、张(plate)
按长度计算	米(meter)、英尺(foot)、码(yard)、英寸(inch)
按面积计算	平方米(square meter)、平方尺(square foot)、平方码(square yard)、
按体积计算	立方米(cubic meter)、立方尺(cubic foot)、立方码(cubic yard)
按容积计算	蒲式耳(bushel)、公升(liter)、加仑(gallon)

例3-4 世界上许多国家习惯以包作为棉花的计量单位,但每包的含量各国解释不一,美国棉花每包净重为480磅;巴西棉花每包净重为396.8磅;埃及棉花每包净重为730磅。所以,在签订合同选用计量单位时,要小心谨慎。

3. 合理选择商品的计重方法

(1) 毛重(gross weight)。毛重是指将商品本身重量加上包装物的重量作为合同商品重量。一般用于低值商品的计重。

(2) 净重(net weight)。净重是指将去除包装物后的商品重量作为合同重量,也是商品的实际重量,在进出口贸易中较为常用。有时候,一些低值的农产品或其他商品采用"以毛作净"的计重方式(业务中也叫"连皮滚")。

课堂讨论:低值农产品为什么可以"以毛作净"?

重要信息 3-6

进出口贸易中惯用的计算皮重方法

按实际皮重(actual tare)计算。实际皮重即指包装的实际重量。它是对商品的包装逐件衡量后所得的总和。

按平均皮重(average tare)计算。如果商品所使用的包装比较整齐划一,重量相差不大,就可以从整批货物中抽出一定的件数,称出其皮重,然后求出其平均重,再乘以总件数就可求得整批货物的皮重。

按习惯皮重(customary tare)计算。有些材料和规格比较固定的商品包装,其重量已为市场所公认。在计算其皮重时就无须对包装逐件过秤,而按公认的皮重乘以总件数。这种公认的皮重称为习惯皮重。

按约定皮重(computed tare)计算。即以买卖双方事先约定的包装重量作为计算的基础。在采用净重计重时,究竟采用哪一种方法求得皮重,应根据商品的性质、所使用包装的特点、合同数量的多寡以及交易习惯,由双方当事人在合同中订明。

(3) 公量(conditioned weight)。公量是指用科学的方法抽去商品中的水分,再加上标准水分所求得的重量。有些商品,如棉花、羊毛、生丝等有较强的吸湿性,所含水分受客观环境的影响较大,故其重量很不稳定。为了准确计算这类商品的重量,国际上通常采用按公量计算的办法。

其计算公式如下:

$$\begin{aligned}\text{公量} &= \text{干量} + \text{标准含水量}\\ &= \text{干量} \times (1 + \text{标准回潮率})\\ &= \text{实际重量} \times \frac{1 + \text{标准回潮率}}{1 + \text{实际回潮率}}\end{aligned}$$

其中,

$$\text{实际回潮率} = \frac{\text{实际含水量}}{\text{干量}}$$

例 3-5 我国某公司从澳大利亚进口羊毛 5 公吨,双方约定标准回潮率为 10%,实际回潮率从 5 公吨货物中抽取部分样品进行测算。假设抽取 10 千克样品,然后用科学方法去掉样品中的水分,若净剩 8 公斤干羊毛,则实际回潮率为 25%(2/8)。由此得出:

$$\text{该批羊毛公量} = \frac{10 \times (1 + 10\%)}{1 + 25\%} = 8.8\,(\text{公吨})$$

3.2.2 订立数量机动幅度条款

有些商品如粮食、矿砂、化肥和食糖等,由于其自身特性、货源变化、船舱容量、包装要求、装载技术或自然条件的影响和限制，难以准确地按合同规定的数量交货。为便于履行合同，买卖双方在合同中规定数量机动幅度条款，即数量增减条款或溢短装条款。

1. 溢短装条款

溢短装条款(more or less clause)就是允许交货时可多交或少交一定比例的数量，只要卖方交货数量在约定的增减幅度范围内，就算按规定数量交货。买方就不得以交货数量不符为由而拒收货物或提出索赔。溢短装条款包含三个方面的内容：可溢装或短装的比例、决定权以及溢短装部分的作价。

例 3-6 溢短装条款。

Quantity：1000M/T，the sellers have the option to load 5% more or less than the quantity contracted if it is necessary。

合同规定数量1000公吨，卖方可溢装或短装5%，则卖方在950～1050公吨的范围内交货均可以，无须硬要精确装满1000公吨。

2. 约量条款

约量条款是指合同规定交货数量为约数，即在交货数量前加“约”字的规定机动幅度方式。《跟单信用证统一惯例》(国际商会第600号出版物)认为，凡“约”“大约”或类似意义的词语用于信用证金额或信用证所列数量或单价时，应解释为允许对有关金额或数量或单价有不超过10%的增减幅度。不同的解释和理解容易引起纠纷，为此，在使用“约”量时，双方应先取得一致的理解，并达成书面协议，通常可以在一般交易条件中列明。

实务借鉴 3-2

少装的50辆自行车

天津市一家工厂向荷兰一商人出口自行车，业务员在制订合同时，直接套用了出口农产品的格式合同，自行车数量为“约1000辆”。装船时发现有50辆次品。出口商决定不装这50个，并认为根据*UCP 600*规定，数量有“约”字，允许有10%的数量增减比例。问：该出口商的做法是否正确？到货后会出现什么情形？

【评析】 业务员套用的是农产品出口格式合同，原合同中有“约”或“大约”都可以理解。但是，新合同出口的是自行车，不是散装货，不能适用此条款，完全可以做到数量的精准把握，不能规定“约数”。到货后，会出现索赔。

3.2.3 订立合同数量条款

1. 数量条款内容

国际贸易合同中对买卖货物数量的规定是进出口合同必备的条件之一，是买卖双方交接货物的数量依据。数量条款的基本内容至少应规定交货的数量和计算单位。对于不易准确把握实际交货数量的货物应订立数量幅度条款；对于以重量计量的商品，还应该订明计算重量的方法。

例 3-7 Quantity：100 000M/T，5% more or less，at buyer's option and at contract price.

数量：100 000公吨，允许有5%的增减幅度，由买方选择，增减部分按合同价格计算。

2. 订立数量条款的注意事项

(1) 正确掌握成交数量。对出口商品，应根据国外市场的供求状况、国内货源供应情况、国际市场的价格动态、国外客户的资信状况和经营能力来确定适当的成交量。既要按时供应，还要考虑国外客户的资信状况和经营能力，以免出现盲目成交、货款落空的被动局面。对于进口商品，一般需要考虑国内的实际需要、支付能力、市场行情，应根据国内生产建设和市场的实际需要来确定成交量，避免盲目进口。

(2) 数量条款应当明确具体。为了便于履行合同和避免引起争议，进出口合同中的数量条款应当明确具体。比如，在规定成交商品数量时，应一并规定该商品的计量单位。对按重量计算的商品，还应规定计算重量的具体方法，如"中国大米1000公吨，麻袋装，以毛作净"。

(3) 合理规定数量机动幅度。订立数量增减条款或溢短装条款需要注意下列几点：①数量机动幅度的大小要适当。数量机动幅度应视商品特性、行业或贸易习惯和运输方式等因素而定，一般不超过10%。②机动幅度选择权的规定要合理。一般来说，由履行交货的一方选择。但是，如果涉及海洋运输，就由船方选择。当成交某些价格波动剧烈的大宗商品时，为了防止卖方或买方利用数量机动幅度条款，根据自身的利益故意增加或减少装船数量，也可在机动幅度条款中加订："此项机动幅度只是为了适应船舶实际装载量的需要时，才能适用。"③溢短装数量的计价方法要公平合理。对机动幅度范围内超出或低于合同数量的多装或少装部分，一般是按合同价格结算。但是，数量上的溢短装在一定条件下关系到买卖双方的利益。为了防止有权选择多装或少装的一方当事人利用行市的变化，有意多装或少装以获取额外的好处，也可在合同中规定，多装或少装的部分，不按合同价格计价，而按装船时或货到时的市价计算，以体现公平合理的原则。如双方对装船时或货到时不能按市价达成协议，则可交由仲裁解决。

课堂讨论：在规定机动幅度情况下，为什么会出现故意多装或少装的情形？

课堂测评

测评要素	表现要求	已达要求	未达要求
知识点	能掌握进出口商品数量的表示		
技能点	能初步认识进出口商品数量条款		
任务内容整体认识程度	能概述进出口商品数量规定的意义		
与职业实践相联系的程度	能描述进出口商品数量条款的实际意义		
其他	能描述与其他课程、职业活动等的联系		

3.3 包装条款的制定

提示： 完成本任务，你将学会制定进出口商品包装条款。

职业行动： 在国际贸易活动中，多数情况下，货物需要漂洋过海，辗转数千千米。在能够促进销售的基础上，保护货物运输安全就成为重要任务。业务人员必须事先对包装条款内容及相关注意事项做到心中有数。

商品总是和一定的包装联系在一起的。有些包装已成为商品的一个组成部分。在国际贸易中，包装更有其特殊的意义，是主要贸易条件之一。

商品包装条款一般包括包装材料、包装方式、包装规格、包装标志和包装费用的负担等内容。包装条款是买卖合同的主要条款。按照各国法律规定买卖双方对包装条款一经确定，卖方所交货物的包装必须符合合同的约定。

3.3.1 认识包装

国际贸易活动中，根据货物是否需要包装，可以将货物分为裸装货、散装货和包装货三种类型。裸装货(nude)是指一些自然成件能抵抗外在影响，不必要用包装的货物，在存储和运输过程中可以保持原有状态，如圆钢、钢板、木材等。散装货(bulk)是指一些大宗的、廉价的、成粉粒块状的货物，以及不必要包装、不值得包装的货物疏散地装载在运输工具内，如煤炭、矿砂、粮食、石油等。包装货(packed)是指有包装或无包装的成件货物(包括捆扎成件的货物)的统称，都是可以计数的，又称件货，可以分单件运输包装和集合运输包装。

1. 认识包装的类型

按包装在商品流通过程中所起的不同作用，可分为销售包装和运输包装，销售包装又称内包装，主要作用是保护商品、方便使用、促进销售，并应符合销售地国家的法律和法规。运输包装又称外包装，其主要作用是保护商品、方便储运和节省费用。

(1) 销售包装(sale packing)。销售包装是指直接接触商品并随商品进入零售网点和消费者或用户直接见面的包装。在国际贸易活动中，主要表现为以下三种：便于陈列展销的包装、便于识别商品的包装、便于携带和使用的包装。

重要信息 3-7

销售包装的标示和说明

(1) 包装的画面。销售包装的画面要美观大方，富有艺术上的吸引力，并突出商品特点，图案和色彩应适应有关国家的民族习惯和爱好，在设计画面时，应投其所好，以利扩大。

(2) 文字说明。在销售包装上应有必要的文字说明，如商标、品名、产地、数量、规格、成分、用途和使用方法等，文字说明要同画面紧密结合，互相衬托，彼此补充，以达到宣传和促销的目的，使用的文字必须简明扼要，并让销售市场的顾客能看懂，必要时也可以中外文同时使用。在销售包装上使用文字说明或制作标签时，还应注意有关国家的标签管理条件的规定。

(3) 条形码。目前，世界许多国家都在商品上使用条形码。只要将条形码对准光电扫描器，计算机就能自动地识别条形码，确定品名、品种、数量、生产日期、制造厂商、产地等，并据此在数据库中查询其单价，进行货款计算，打出购货清单。目前，许多国家的超级市场都使用条形码技术进行自动扫描，如商品装上没有条形码，即使是名优商品，也不能进入超级市场而只能当作低档商品进入廉价商店。我国于1991年4月加入国际物品编码协会，被分配的国别号为690-695。

实务借鉴 3-3

无人问津的中国茶

在荷兰阿姆斯特丹一家大型超级市场，新到货一批黄色竹制罐装中国茶叶，罐的一面印制有"中国茶叶"四字，另一面印有我国古代仕女图，看上去十分精美，颇具民族特色。然而，两个月过去后，货架上的茶叶依然无人问津。通过观察，发现来来往往的顾客看得很多，但看一看又走开，大部分买走的是英国产的红茶。

【评析】 出口包装色彩使用得当可以使人产生美感，反之，如果不了解一些国家、民族对色彩的喜爱与禁忌，出口商品就可能产生意想不到的情况。荷兰人喜欢橙色和蓝色，特别是橙色，在人民的节日里被广泛使用。当然，这里的问题主要出在文字说明方面。出口商品的销售包装上应有必要的文字说明，如商标、牌名、品名、产地、数量、规格、成分、用途和使用方法等。使用的文字必须简明扼要，并让顾客能看懂，必要时也可中外文同时使用。具体到本案例，当地人除了对仕女图投入一瞥外，不知内装何物。即使消费者知道内装为茶叶，但是红茶还是绿茶，分量多少，质量如何，还是无从知道。因此上述包装不便于消费者了解商品，不了解何谈购买。

(2) 运输包装(transport packing)。人们将包装中以运输储运为主要目的的包装称为运输包装。运输包装应符合以下基本要求：①必须适应商品的特性；②必须适应各种不同的运输方式的要求；③必须考虑有关国家的法律规定和客户的要求；④要便于各环节有关人员进行操作；⑤在保证包装牢固的前提下节省费用。

重要信息 3-8

运输包装的分类

运输包装的方式和造型多种多样，主要包括以下类型。

(1) 按包装方式，可分为单件运输包装和集合运输包装。前者是指货物在运输过程中作为一个计件单位的包装；后者是指将若干单件运输包装组合成一件大包装，以便更有效地保护商品，提高装卸效率和节省运输费。在国际贸易中，常见的集合运输包装有集装箱和集装袋。集装箱有干货集装箱(dry container)、散货集装箱(bulk container)、液体货集装箱、冷藏箱集装箱,以及一些特种专用集装箱,如汽车集装箱、牧畜集装箱、兽皮集装箱等。国际上通常使用的干货集装箱有:外尺寸为20英尺×8英尺×8英尺6吋,简称20尺货柜;外尺寸为40英尺×8英尺×8英尺6吋,简称40尺货柜;外尺寸为40英尺×8英尺×9英尺6吋,简称40尺高柜。

(2) 按包装型不同,可分为箱、袋、桶和捆不同形状的包装。

(3) 按包装材料不同,可分为纸制包装,金属包装,木制包装,塑料包装,麻制品包装,竹、柳、草制品包装,玻璃制品包装和陶瓷包装等。

(4) 按包装质地来分有软性包装、半硬性包装和硬性包装,究竟采用其中哪一种,须视商品的特性而定。

(5) 按包装程度不同,可分为全部包装和局部包装。

在国际贸易中,买卖双方究竟采用何种运输包装,应在合同中具体订明。

2. 认识包装标志

重要概念 3-4

包 装 标 志

包装标志是指在商品的外包装上用文字、图形、数字制作组成的特定记号与说明事项。在国际贸易活动中,主要是为了便于货物交接、防止错发错运,便于识别,便于运输、仓储和海关等有关部门进行查验等工作,也便于收货人提取货物。

包装标志(packing mark)按其用途不同可以分为运输标志、指示性标志、警告性标志和识别标志。包装标志制作要求简明清晰、易于辨认;着色牢固,防止海水或雨水冲蚀退脱;在每件包装的相反部位上印制相同标识,以便工作人员在多个方位看到该标志。另外,还应该防止印刷错误,以免影响货物报关和装卸工作。

(1) 运输标志(shipping mark)。运输标志习惯上称为“唛头”或“唛”。这是贸易合同、发货单据中有关标志事项的基本部分。它一般由一个简单的几何图形以及字母、数字等组成。唛头的内容包括:目的地名称或代号,收货人或发货人的代用简字或代号、件号(即每件标明该批货物的总件数),体积(长×宽×高),重量(毛重、净重、皮重)以及生产国家或地区等。有的运输标志还按照买方的要求列入合同号码、信用证号码或进口许可证号码等。

例 3-8 运输标志如下。

A. B. C　　(收货人及/或发货人名称)

13/G/E No. 2166　　(参考号:合同编号)

New York　　(目的港)

NOS. 1—100　　(箱号和件数)

(2) 指示性标志(indicative mark)。指示性标志是指根据商品的特性,对易损、易碎、易变质的商品,在搬运装卸操作和存放保管条件方面所作出的要求和注意事项,用图形或文字表示的标志。如“小心轻放”“此端向上”“保持干燥”或“谨防潮湿”“禁止用钩”“请勿践踏”等,如图 3-1 所示。指示性标志制作时一般用英文。

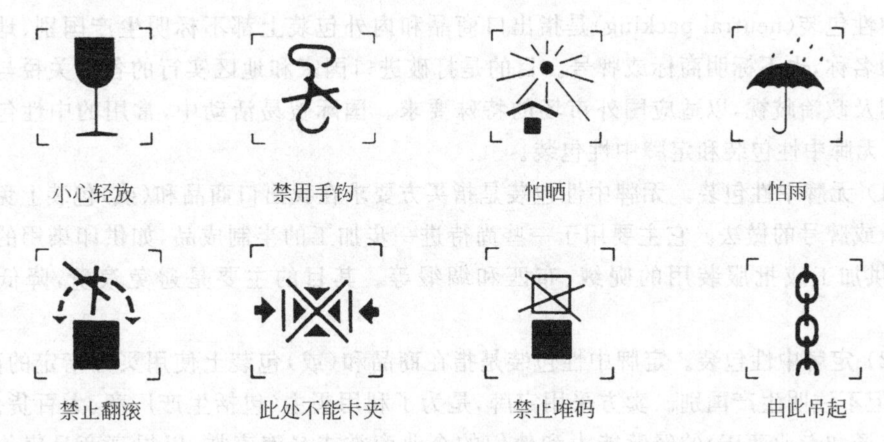

图 3-1　指示性标志

(3) 警告性标志(warning mark)。警告性标志又称危险标志,是指在易燃品、爆炸品、有毒品、腐蚀性物品、放射性物品的运输包装上标明其危险性质的文字或图形说明。目的是提醒搬运、开箱、拆包人员注意,以保障货物和操作人员的安全。我国颁布了《危险货物包装标志》,联合国政府间海事协商组织也制定了一套《国际海运危险品标志》。这套规定在国际上已有许多国家采用,有的国家进口危险品时要求在运输包装上标明该组织规定的危险品标志,否则不准靠岸卸货。警告性标志如图 3-2 所示。

图 3-2　警告性标志

(4) 识别标志(identification mark)。识别标志是指对包装物内货物情况的说明,其目的是便于买方收货和海关查验。一般印制在包装的侧面,包括货号、颜色、毛重、净重、实际体积和生产国别等内容。

例 3-9　识别标志如下。

批号:LON NO. 或 BATCH NO.(批号)

尺寸 cm:DIMENSIONS IN CM.(尺码)

数量:QUANTITY(数量)

LONG×WIDE×HIGH 或 L×W×H(体积)

COLOUR(颜色)

SPECIFICATION 或 SPEC(规格)

COUNTRY OF ORIGIN(原产国标志)

3. 认识中性包装

中性包装(neutral packing)是指出口商品和内外包装上都不标明生产国别、地名和厂商的名称,也不标明商标或牌号。目的是打破进口国家和地区实行的各种关税与非关税限制及政治歧视,以适应国外市场的特殊要求。国际贸易活动中,常用的中性包装有两种:无牌中性包装和定牌中性包装。

(1) 无牌中性包装。无牌中性包装是指买方要求在我出口商品和(或)包装上免除任何商标或牌号的做法。它主要用于一些尚待进一步加工的半制成品,如供印染用的棉坯布,或供加工成批服装用的呢绒、布匹和绸缎等。其目的主要是避免浪费,降低费用成本。

(2) 定牌中性包装。定牌中性包装是指在商品和(或)包装上使用买方指定的商标、牌名,但不注明生产国别。卖方采用定牌,是为了利用买主(包括生产厂商、大百货公司、超级市场和专业商店)的经营能力和他们的企业商誉或名牌声誉,以提高商品售价和销售数量。

但应警惕的是,有的外商利用向我方定购定牌商品来挤占我方商标货物的销售,从而影响我国产品在国际市场树立品牌。另外,还要注意买方商标或冒牌的合法性,防止侵犯他人"工业产权"。"定牌"只是权宜之计,发展我们自己的民族品牌才是长远之计。

课堂讨论:定牌有什么利弊?

3.3.2 确定包装条款

包装条款是主要交易条件之一,是国际货物买卖合同的重要内容,买卖双方必须认真洽商,取得一致意见,并且在合同中作出明确具体的规定。

1. 包装条款主要内容

包装条款内容主要包括包装材料、包装方式、运输标志和包装费用等内容。

(1) 包装材料。货物包装材料是指包装所选用的主要材料。

例 3-10 In wooden cases of 50kg net each.(木箱装,每箱50千克净重。)

(2) 包装方式。包装方式是指每一个包件内所装货物的数量。如有数量搭配、颜色搭配和尺寸搭配等还必须在包装条款中写明。

例 3-11 In cartons or crates of about 12kg net,each fruit wrapped with paper.(纸箱或空格木箱装,每箱净重约12千克,每只水果包纸。)

(3) 运输标志。按照国际贸易习惯,运输标志一般由卖方决定,不在合同中具体规定。如果买方有要求,则应在合同中另行规定。

(4) 包装费用。包装费用主要是指包装的费用由哪一方承担。一般来讲,包装费用计入货价,不另行计收。但如果买方对包装有特殊要求,产生的额外费用则由买方负担。

2. 包装条款风险预防

在磋商和订立包装条款时，因当事人的疏忽或规定不明，在包装方式或包装费用等问题上很容易引起纠纷，应提前做好预防措施。

(1) 尽可能不使用“适合海运包装”(sea worthy packing)、“习惯包装”(customary packing)或“卖方惯用包装”(seller's customary parking)等术语，避免双方对上述术语内涵存在法律解释分歧。

(2) 明确买方所需特殊包装的包装费用由何方负担。一般的运输包装费用包括在货价之内，对于买方要求特殊包装的，超出的包装费用应由买方负责，如果合同中不作明确规定，容易引起争议。在进口合同中，特别是对包装技术性较强的商品，包装条款必须订明费用由谁负担。

(3) 谨慎采用中性包装术语。近年来，国际上限制使用中性包装术语。

(4) 根据物流情况考虑包装的设计，使货物外包装尺寸与承运工具尺寸匹配，以降低物流成本。

例 3-12 商品货号 08300(儿童自行车)，销售单位(辆)，包装单位(纸箱)，每个纸箱装 6 辆，每箱体积为 0.0567 立方米，毛重为 21 千克，请计算用 20 英尺和 40 英尺集装箱的最大装箱数及销售数量。

20 英尺集装箱计算(假设有效容积 25 立方米，有效载货 17 公吨)。

按体积算：25÷0.0567≈440.917；按重量算：17 公吨÷21 千克≈809.524

从中选择较小值，才可以完全装箱，即最多可装 440 箱；相应销售数量为 2640 辆。

40 英尺集装箱计算(假设有效容积 55 立方米，有效载货 25 公吨)。

按体积算：55÷0.0567≈970.018；按重量算：25 公吨÷21 千克≈1190.476

从中选择较小值，才可以完全装箱，即最多可装 970 箱；相应销售数量为 5820 辆。

(5) 在国外客户提供销售包装的出口业务中，合同包装条款必须规定提供销售包装的时间、运送方式、运送费用、运达时间，以及由于延误运达致使卖方无法交货或延期交货的责任。

(6) 在合同中没有规定运输标志的情况下，应在合同中订明卖方提出唛头式样及内容的时限，以及如果收不到买方提出的唛头，卖方有权自行决定唛头式样，以免延误交货期。

课 堂 测 评

测 评 要 素	表 现 要 求	已达要求	未达要求
知识点	能掌握进出口商品包装的表示		
技能点	能初步认识进出口商品包装条款书写		
任务内容整体认识程度	能概述进出口商品包装的意义		
与职业实践相联系的程度	能描述进出口商品包装的作用		
其他	能描述与其他课程、职业活动等的联系		

任务3小结

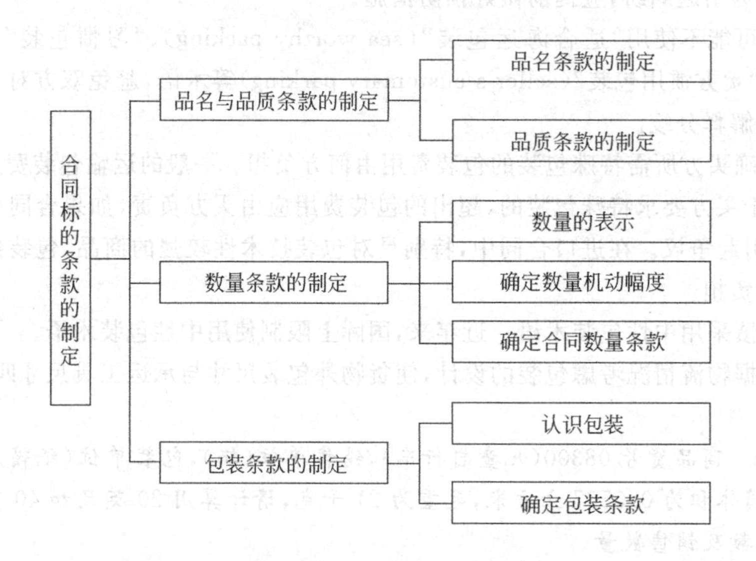

教学做一体化训练

一、重点概念

品名　品质　数量　包装标志

二、课后演练

(一) 选择题

1. 品名条款应该(　　)。
   A. 明确具体
   B. 规定商品名称必须确切反映交易商品的特点
   C. 避免空泛、笼统
   D. 可以适当夸张
2. 关于表示品质说法正确的有(　　)。
   A. 有科学指标说明质量好的商品适用于凭等级、规格买卖
   B. 不规格、不标准的商品适于凭样品买卖
   C. 质量好的名优产品可以用牌号买卖
   D. 仪器仪表用说明书买卖
3. 在进出口贸易中,根据样品提供方的不同,凭样品买卖可以分为(　　)。

A. 凭卖方样品买卖　　B. 凭买方样品买卖
C. 凭第三方样品买卖　　D. 凭"对等样品"或"回样"买卖

4. 在进出口贸易中,商品品质机动幅度的规定有( )。
A. 规定范围　　B. 规定极限
C. 规定上下差异　　D. 规定国外和国内标准

5. 根据货物是否需要包装,可以将货物分为( )。
A. 裸装货　B. 散装货　C. 包装货　D. 甲板货

(二) 判断题

1. 为了促成或扩大交易,在订立合同过程中,卖方可以用多种方法表明商品的品质,以增加买方对商品的了解。 ( )

2. 如果你非常了解商品知识,在表示商品品质的时候,应尽可能多地将商品的各项指标列举出来,以使商品质量的表示明确、具体。 ( )

3. 出口一批电冰箱,在规定数量的时候,一般不宜采用"大约""近似""左右"等字眼。但可以规定精确的溢短装条款,如在合同数量基础上允许有5%的增减。 ( )

4. 无牌中性包装、定牌中性包装实质上是假冒伪劣产品,不符合国际知识产权保护原则,不应加以提倡。 ( )

(三) 简答题

1. 清晰、明确书写商品品名的意义有哪些?
2. 什么是良好平均品质、上好可销品质?
3. 怎样才能做到合理安排溢短装条款?
4. 商品的包装标志有哪些?

(四) 案例分析

1. 韩国KM公司向我国BR土畜产公司订购大蒜650公吨,双方在缮制合同时,由于山东是大蒜的主要产区,通常我国公司都会以此为大蒜货源基地,所以BR公司就按惯例在合同品名条款上打上了"山东大蒜"。可是在临近履行合同时,大蒜产地由于自然灾害导致歉收,货源紧张。BR公司紧急从其他省份征购,最终按时交货。但KM公司来电称,所交货物与合同规定不符,要求BR公司做出选择,要么提供山东大蒜,要么降价,否则将撤销合同并提出贸易赔偿。

2. 自行车是具有不同花色品种的商品。某年年初,中国某外贸公司对外成交5000辆自行车,双方约定4000辆为黑色,1000辆为湖蓝色。卖方在备货过程中发现湖蓝色自行车无货,只有其他颜色的自行车。于是,卖方在未征得买方同意情况下,便擅自将300辆橘红色、300辆纺织绿和400辆银红色的自行车取代原来的1000辆湖蓝色自行车装运出口。由于卖方交付与合同不符的货物,买方遂拒绝付款赎单。后经买卖双方反复交涉,买方仍坚持要求卖方尽快补交1000辆约定的湖蓝色自行车,而对卖方擅自发运的1000辆杂色自行车,只同意按原价降低7%处理。此外,这批货物在目的港存放仓库的栈租费和晚收货款的利息损失,也要由卖方承担。

3. 我国某出口公司与匈牙利商人订立了一份水果出口合同，支付方式为货到验收后付款。但货到后经买方验收后发现水果总重量缺少10%，而且每个水果的重量也低于合同规定，匈牙利商人即拒绝付款，也拒绝提货。后来水果全部腐烂，匈牙利海关向中方收取仓储费和处理水果费用5万美元。我出口公司陷于被动。

4. 中国某公司向加拿大某商人出售一批价值128万元人民币的货物，双方在合同包装条款中约定用塑料袋包装，且每件要同时使用英、法两种文字的贴头(粘纸)，但卖方交货时却改用其他包装代替，且使用仅有英文的贴头。买方收货后，为了便于在当地销售该批商品，只好改换包装和贴头，随后即向卖方要求赔偿损失。由于确系卖方严重违反双方约定的包装条件，故卖方只好认赔，了结此案。

阅读以上材料，回答以下问题。

(1) 案例的主要问题是什么？

(2) 案例能够提供的经验与教训有哪些？

(3) 案例应该怎样解决？

同步实训

1. 认识进出口商品包装。

【实训目标】 了解进出口商品包装标志的简单常识，学会识别商标标志；培养学生识别进出口商品包装标识的能力。

【组织实施】 学生分组，各成员分工，分别选择不同进出口商品包装。

【操作提示】 选择同一种商品的不同包装(精装、简装)，可以组织讨论包装的设计，由学生总结出销售包装的意义；收集不同的进出口商品，查看运输标志，分析其含义。

【成果检测】 完成活动项目任务，依据不同商品包装，各组做成PPT分别展示，学生讨论，教师进行评价。

2. 一位客商在广州交易会上看中了我国一家公司的婴儿车，货号为188款式，约定纸箱装，每箱装两辆，纸箱尺码90厘米×60厘米×45厘米，请计算一个40英尺的货柜可以装多少箱婴儿车。

学生自我总结

通过完成“任务3　合同标的条款的制定”，我能够作如下总结。

一、主要知识

完成本任务涉及的主要知识点为： 1. 2.

二、主要技能

完成本任务的主要技能有：

1.

2.

三、主要原理

我认为，合同标的物条款的主要意义有：

1.

2.

四、相关知识与技能

1. 品名、品质条款确定的要领：
2. 数量条款确定的要领：
3. 包装条款确定的要领：

五、成果检验

1. 完成本任务的意义：
2. 学到的知识与技能：
3. 自悟的知识与技能：
4. 我认为，国际贸易合同标的物条款主要说明：

任务4　国际贸易术语选择

学习目标

1. 知识目标

- 能认识国际贸易惯例的含义与作用。
- 能认识国际贸易术语的含义与作用。
- 能认识国际贸易术语选用的注意事项。

2. 能力目标

- 能理解国际贸易惯例的选用。
- 能正确解释国际贸易术语。
- 能熟练运用国际贸易术语。

情境导入

由于国际贸易的特殊性，在实际业务活动中形成了许多习惯的做法，包括贸易术语。引用不同的贸易术语，买卖双方承担的责任、费用和风险各不相同。买卖合同的双方当事人选用何种贸易术语，不仅决定了合同价格的高低，而且关系到合同的性质，甚至会影响到贸易纠纷的处理和解决。

学习任务

根据国际贸易职业活动顺序，"国际贸易术语选择"这一任务又可以分解为以下子任务。

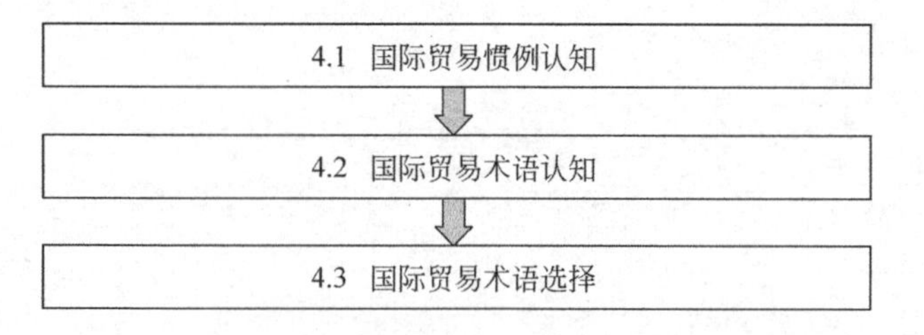

课前故事

我们的第四个故事从习惯讲起。动物学家做了一个实验：他将一群跳蚤放入实验用的大量杯里，上面盖上一片透明的玻璃。跳蚤的习性是爱跳，于是很多跳蚤都撞上了盖上的玻璃，不断地发出"叮叮咚咚"的声音。过了一会儿，动物学家将玻璃片拿开，发现所有的跳蚤依然在跳，只是都已经将跳的高度保持在接近玻璃即止，以避免撞到头。结果竟然没有一只跳蚤能跳出来——依它们的能力不是跳不出来，只是它们已经适应了环境。接着，动物学家在量杯下放了一个酒精灯并且点燃。量杯烧热了，所有的跳蚤自然会有求生的本能，它们全部跳出了量杯。

一位没有继承人的富豪死后将自己的一大笔遗产赠送给一位远房亲戚，这位亲戚是一名乞丐。接受遗产的乞丐立即摇身一变，成了百万富翁。新闻记者便来采访这名幸运的乞丐："你继承了遗产之后，想做的第一件事是什么？"乞丐回答说："我要买一只好一点的碗和一根结实的木棍，这样我以后出去讨饭时会方便一些。"可见，习惯对我们有着很大的影响。

"少成若天性，习惯成自然"出自班固《汉书·贾谊传》。的确，在漫长的国际贸易实践中，人们逐渐自发形成了某一地区、某一行业中普遍接受和经常遵守的行为规范。也正是这种非主权性大大增强了国际贸易惯例的普遍适用性。

4.1 国际贸易惯例认知

提示：完成本任务你将了解国际贸易惯例。

职业行动：正像国内贸易一样，在现实中有许多习惯的做法。在国际贸易中，习惯的做法则更明确。业务人员必须首先了解这些习惯做法或规定的由来、内容、约束力，在进行选用时能够做到胸有成竹。

作为一种国与国、地区与地区之间的经济交流，国际贸易活动离不开法律、惯例与规则的管辖，而不同国家的法律对贸易活动中的同一问题的规定并不完全相同，有时甚至是完全相反。于是，随着国际贸易的高速发展，国际贸易惯例与规则在国际贸易中的意义和作用越来越重要。

4.1.1 国际贸易惯例的含义

国际贸易惯例是经过长期反复的实践而逐渐形成的一些有较为明确、固定内容的贸易习惯和一般做法，至今已经形成许多成文的内容。一般来说，国际贸易惯例应具有三个基本条件：必须是被一定范围内的人一贯地、经常地、反复地采用；内容必须是明确肯定的；必须是在一定范围内众所周知的，公认具有普遍约束力。

重要概念 4-1

国际贸易惯例

国际贸易惯例是指在长期的国际贸易实践中逐渐形成并发展起来的，在世界范围内广泛适用的、具有确定内容的贸易规则和行为习惯。由于早期的国际贸易只是货物买卖，早期的国际贸易惯例也主要是国际货物买卖惯例，因此，国际贸易惯例又被称为国际货物买卖惯例。现代意义上的国际贸易惯例也主要是货物买卖惯例。

1. 国际贸易惯例的性质

(1) 尽管国际贸易惯例已经成为指导、影响世界范围内国与国、地区与地区之间货物贸易的重要规则，但是，贸易惯例本身不是法律，对当事人不具有强制性或法律约束力。

(2) 国际贸易惯例的采纳与适用以当事人的意思自治为基础(买卖双方在合同中作出某些与惯例不符的规定，只要合同有效成立，双方都要遵照合同的规定履行义务，一旦发生争议，法院和仲裁机构也要维护合同的有效性)。

2. 国际贸易惯例的特征

国际贸易惯例具有以下特征。

(1) 国际贸易惯例是在长期的国际贸易实践中自发形成的，其形成的过程不受国家政府制约，一般是由商业自治团体自发地编纂而成。这就使它有别于依靠国家立法机关制定的国内法以及依靠各国之间的相互谈判、妥协而达成的国际条约。也正是这种非主权性大大增强了国际贸易惯例的普遍适用性。

(2) 国际贸易惯例是为某一地区、某一行业的人们所普遍遵守和接受的，偶然的实践不能成为国际贸易惯例，这是国际贸易惯例的客观特征。这里的普遍遵守和接受并不要求人人都已经理解和接受，而只要从事这一行业的大多数人都已经知道和接受，就可以推定其他人理应知道这种惯例的存在。早期的国际贸易惯例一般形成于一些比较大的港口、码头，慢慢地他们的一些合理的做法就为同行业的其他人们所接受，逐渐成了同业者之间的国际贸易惯例。

(3) 国际贸易惯例必须能使人们产生必须遵照此惯例办理的义务感和责任感，这是国际贸易惯例的主观特征。心理因素对于判断惯例的存在与否是至关重要的，单纯的经常性做法而没有相应的心理确信是不能构成国际贸易惯例的。在实践中是否存在这种心理上的确信是由主张方加以举证证明的，当然这可能会非常困难。

(4) 国际贸易惯例具有任意性，没有强制适用力。只有在当事人明示或者默示同意采用时，才对当事人具有法律效力。如果当事人明示或者默示地加以排除，则不能将国际贸易惯例强加给当事人。

课堂讨论：为什么说贸易惯例的非主权性反而增强了其普适性？

4.1.2 国际贸易惯例的种类

国际贸易惯例就其所涉及的内容来看，通常有以下几种。

1. 有关信用证的国际惯例：《跟单信用证统一惯例》

《跟单信用证统一惯例》(2007 年修订版，简称“*UCP 600*”)，英文全称是 *Uniform*

Customs and Practice for Documentary Credits, *UCP 600*，由国际商会(International Chamber of Commerce，I. C. C)起草，并在国际商会2006年10月巴黎年会通过，新版本于2007年7月1日起实施，是信用证领域最权威、影响最广泛的国际商业惯例，包括了39个条款。《跟单信用证统一惯例》是国际商会推荐给银行界采用的一套业务惯例，然而，它并非建立在法律基础上，不具有强制性。因此，银行有权在信用证中规定与《跟单信用证统一惯例》不同的条款。例如，如果因为特殊需要，可以在文件中标明*UCP 600*里面的某个条款，那么，*UCP 600*里面的该条款则失效。也可以增加自己需要的条款。目前，世界上已有160多个国家和地区采用了该惯例。国际贸易中绝大部分信用证都是依该惯例开立的。我国自1987年开始在实际业务中开立的信用证也以该惯例为准则。

2. 有关托收的国际惯例：《托收统一规则》

国际商会为统一托收业务的做法，减少托收业务各有关当事人可能产生的矛盾和纠纷，曾于1958年草拟《商业单据托收统一规则》(The Uniform Rules for Collection，ICC Publication No. 322)；1995年再次修订，称为《托收统一规则》国际商会第522号出版物(简称*URC 522*)，1996年1月1日实施。《托收统一规则》自公布实施以来，被各国银行所采用，已成为托收业务的国际惯例。

3. 有关国际贸易术语的国际惯例

在国际贸易业务实践中，因各国法律制度、贸易惯例和习惯做法不同，国际上对各种贸易术语的理解与运作互有差异，从而容易引起贸易纠纷。为了避免各国在对贸易术语解释上出现分歧和引起争议，有些国际组织和商业团体便分别就某些贸易术语作出统一的解释与规定。

重要概念 4-2

国际贸易术语

国际贸易术语(trade terms)是指用一个简短的概念或英文缩写字母来表示商品的价格构成、说明交易地点、确定买卖双方的责任、费用、风险划分等问题的专门用语。因其往往在货物单价中表述出来，又被称为价格条件(price terms)。

目前，国际上已经在用的有关国际贸易术语的惯例有以下几种。

(1)《1932年华沙—牛津规则》。国际法协会于1928年在波兰首都华沙开会，制定了关于CIF买卖合同的统一规则，称为《1928年华沙规则》，共包括22条。其后，在1930年的纽约会议、1931年的巴黎会议和1932年的牛津会议上，将此规则进行了几次修订，并在最后一次修改(1932年)后，将此规则修订为21条，而且更名为《1932年华沙—牛津规则》，沿用至今。

该规则主要说明CIF买卖合同的性质，并具体规定了双方所承担的费用、责任和风险以及所有权转移方式等。解释的内容比较详细，该规则在国际贸易中有一定影响。但也是供买卖双方自愿采用，并且可以就其中条款在合同中作增删，一旦抵触，则以合同规定为准。该规则因其解释的贸易术语仅有CIF一种,目前采用者不多。

(2)《1941年美国对外贸易定义修订本》。《美国对外贸易定义》是由美国几个商业团体制定的。它最早是于1919年在纽约举行的全美贸易会议上制定的,原称为《美国出口报价及其缩写条例》。后来于1941年在美国第27届全国对外贸易会议上对该条例作了修订,命名为《1941年美国对外贸易定义修订本》(Revised American Foreign Trade Definitions 1941)。这一修订本经美国商会、美国进口商协会和全国对外贸易协会所组成的联合委员会通过,由全国对外贸易协会予以公布。后又于1990年再次修订,称为《1990年美国对外贸易定义修订本》(Revised American Foreign Trade Definitions 1990)。此修正本所解释的贸易术语共有6种,其中FOB术语又分为6种,所以实际上其所解释的贸易术语共有11种之多。

重要信息 4-1

《美国对外贸易定义》对6种贸易术语的解释

美国对外贸易定义修正本以美国贸易中习惯的FOB合同条件为基础,对6种贸易术语作了解释:

(1) 产地交货(ExPoint of origin),如工厂、矿山、农场、仓库交货等,按此术语,卖方必须在限定期限内在约定地点将货物置于买方控制之下。

(2) 在运输工具上交货(FOB),此术语又分为6种类型。

① 指定起运地交货(FOB... named inland carrier at named inland point of departure)。

② 在内陆指定的起运地的指定内陆运输工具上交货,运费预付到指定的出口地点(FOB... named inland carrier at named inland point of departure, freight prepaid to... named point of exportation)。

③ 指定内陆起运工具上交货,并扣除至指定地点的运费(FOB... named inland carrier at named inland point of departure, freight allowed to...named point)。

④ 在指定出口地点的指定内陆运输工具上交货(FOB... named inland carrier at named point of exportation)。

⑤ 指定装运港船上交货(FOB...vessel...named port of shipment)。

⑥ 进口国指定内陆地点交货(FOB... named inland point in country of importation)。

(3) 船边交货(Free alongside, FAS),即指定装运港船边交货。卖方负责将货物交到装运港买方所指定的海轮船边,船上吊钩所及之处;或交到买方指定的码头。

(4) 成本加运费(指定目的地)(C&F...named point of destination)。即卖方报价包括将货物运到指定目的地的运输费用在内。

(5) 成本加保险费、运费(指定目的地)(CIF...named point of destination)。即报价包括货物的成本、海运保险费用和将货物运至目的地的运输费用。

(6) 目的港码头交货(ExDock...named port of importation)。即卖方报价包括货物

成本和将货物运到指定进口港码头所需的全部附加费用，并缴纳进口税。

《美国对外贸易定义修正本》在美洲地区采用较为广泛，有较大影响。由于它对贸易术语的解释在个别方面与其他惯例解释有所不同，因此，在对美洲贸易时应特别注意。近年来在美洲，用国际商会的解释通则逐渐取代美国定义修正本的趋向也越来越明显。

(3)《2000年国际贸易术语解释通则》(简称 *INCOTERMS 2000* 或《2000通则》)。《国际贸易术语解释通则》简称 INCOTERMS，即为"International Commercial Terms"的缩写，被译作"国际贸易术语"。《国际贸易术语解释通则》是国际商会为统一对各种贸易术语的解释而制定的，是当今国际贸易中使用最为广泛的惯例。为了使这个国际贸易惯例的内容更符合大多数从事国际贸易人士的习惯，国际商会又先后于1953年、1967年、1976年、1980年、1990年和2000年对其进行了补充或修订。*INCOTERMS 2000* 规则自2000年1月1日起生效，所解释的贸易术语分为四组共有13种。

(4)《2010年国际贸易术语解释通则》(简称 *INCOTERMS 2010* 或《2010通则》)。《2010年国际贸易术语解释通则》(*INCOTERMS 2010*)，是国际商会根据国际货物贸易的发展对 *INCOTERMS 2000* 的修订，于2010年9月27日公布，2011年1月1日开始在全球实施，*INCOTERMS 2010* 较 *INCOTERMS 2000* 更准确地标明各方承担货物运输风险和费用的责任条款，令船舶管理公司更易理解货物买卖双方支付各种收费时的角色，有助于避免现时经常出现的码头处理费(THC)纠纷。此外，新通则亦增加大量指导性贸易解释和图示，以及电子交易程序的适用方式。

虽然 *INCOTERMS 2010* 于2011年1月1日正式生效，但并非 *INCOTERMS 2000* 就自动作废。因为国际贸易惯例本身不是法律，对国际贸易当事人不产生必然的强制性约束力。国际贸易惯例在适用的时间效力上并不存在"新法取代旧法"的说法，即 *INCOTERMS 2010* 实施之后并非 *INCOTERMS 2000* 就自动废止，当事人在订立贸易合同时仍然可以用 *INCOTERMS 2000* 甚至选用《1990年国际贸易术语解释通则》。

相对 *INCOTERMS 2000*，*INCOTERMS 2010* 主要有以下变化。

① 13种贸易术语变为11种；

② 贸易术语分类由四级变为两类；

③ 使用范围的扩大至国内贸易合同；

④ 电子通信方式被 *INCOTERMS 2010* 赋予完全等同的功效。

课堂讨论：为什么说 *INCOTERMS 2010* 生效并不意味着 *INCOTERMS 2000* 自动废止？

课堂测评

测评要素	表现要求	已达要求	未达要求
知识点	能掌握进出口贸易惯例的含义		
技能点	能初步认识进出口贸易惯例的引用		
任务内容整体认识程度	能概述进出口贸易惯例的意义		
与职业实践相联系的程度	能描述进出口贸易惯例的作用		
其他	能描述与其他课程、职业活动等的联系		

4.2 国际贸易术语认知

提示：完成本任务你将认识国际贸易术语。

职业行动：在国际贸易活动中，贸易术语关系到进出口商品的贸易条件和价格条件，且种类较多，业务人员必须首先了解这些术语的确切含义、内容、双方的义务，在进行选用时才能够做到胸有成竹。

在长期的国际贸易实践中，人们逐渐把某些和价格密切相关的贸易条件与价格直接联系在一起，形成了若干种报价的模式。每一模式都规定了买卖双方在某些贸易条件中所承担的义务。用来表明这种义务的术语，就成为贸易术语。贸易术语解释中，*INCOTERMS 2000* 是内容最多、使用范围最广和影响最大的一种。正像今天商家为了满足消费者的不同需求一样，它也为我们的业务实践提供了多种选择。

INCOTERMS 2000 将国际贸易术语规定为13种，并将13个贸易术语按照卖方承担义务的大小依次分为E、F、C、D四组，E组卖方承担义务最小，F组次之，C组再次之，D组的卖方义务最大。另外，*INCOTERMS 2000* 还把C组术语和F组术语归类为装运合同，卖方在装运地装运了货物，就完成了交货；D组术语归类为到货合同，卖方要负责把货物运到进口方约定地点，才能完成交货义务。*INCOTERMS 2000* 中各种术语分类表，如表4-1所示。

表4-1 *INCOTERMS 2000* 贸易术语分类表

E组：卖方在自己的交货地点将货物交给买方（发货）		
EXW	工厂交货	适用于各种运输方式
F组：卖方将货物交至买方指定的承运人（主要运费未付）		
FCA	货交承运人	适用于各种运输方式
FAS	船边交货	只适用于海运及内河运输
FOB	装运港船上交货	只适用于海运及内河运输
C组：卖方必须签订运输契约，但不负责货物灭失或损坏的风险及发运后产生的费用（主要运费已付）		
CFR	成本加运费	只适用于海运及内河运输
CIF	成本加保险费、运费	只适用于海运及内河运输
CPT	运费付至	适用于各种运输方式
CIP	运费、保险费付至	适用于各种运输方式
D组：卖方必须承担货物交至目的地所需的费用和风险（到达）		
DAF	边境交货	适用于各种运输方式
DES	目的港船上交货	只适用于海运及内河运输
DEQ	目的港码头交货	只适用于海运及内河运输
DDU	未完税交货	适用于各种运输方式
DDP	完税交货	适用于各种运输方式

4.2.1 装运港交货的三种常用贸易术语

1. FOB——指定装运港，装运港船上交货

FOB的英文是Free On Board (...named port of shipment)装运港船上交货(……指定装运港)。采用FOB术语成交，卖方应在约定的装运港将货物装到买方指定的船上，当货物越过船舷后，卖方即履行了他的交货义务。这一术语不仅适用于海运，也适用于内河航运。FOB术语下双方承担的责任、风险和费用的划分，如表4-2所示。

表4-2 FOB术语下买卖双方责任、风险和费用的划分

项目	卖　方	买　方
主要责任	① 办理出口清关手续 ② 在约定的装运期和装运港，按港口习惯做法，把货物装到买方指定的船上 ③ 及时向买方发出装船通知 ④ 向买方提交约定的各项单证	① 办理进口清关及过境他国海关手续 ② 负责租船或订舱，支付运费 ③ 负责将船期、船名及时通知卖方 ④ 接受卖方提供的各种约定的单证，并按合同规定支付货款
风险	承担货物越过装运港船舷以前的一切风险	承担货物越过装运港船舷以后的一切风险
费用	货物越过装运港船舷以前与货物有关的一切费用 出口清关所需费用与一切税款	负责货物在装运港越过船舷后与货物有关的一切费用 承担进口清关费用、进口关税，以及过境他国所应缴纳的一切费用

使用FOB术语应注意以下问题。

(1) 船舷为界的含义

根据*INCOTERMS 2000*规定，FOB合同卖方应在合同指定的装运港将合同货物"交至船"，风险以"越过船舷"为分界点。装船之前、装船时货物跌落码头或海中所造成的损失，均由卖方承担；货物装上船后，包括在运输途中发生的损坏或灭失则由买方承担。但是，货物从岸上起吊，越过船舷到装入船舱是一个连续的过程，很难截然分开。如果卖方负有装船责任，就必须完成全部作业，而不能在船舷办理货物的交接。所以，船舷为界只是风险划分界限，并不是双方责任、费用的界限。

重要概念4-3

装运合同

在国际贸易中，交货方在装运港或装运地只要将货物装上船或交给承运人监管，就完成了交货义务，此时装运就等于交货，交货时间即为装运时间，这样成交的合同就称为装运合同。如FOB、CIF、CFR等术语成交的合同。

(2) 装船费用的负担问题

按照FOB定义，卖方负责支付货物装上船只之前的一切费用，买方负责货物装上船只之后的一切费用。但是，在实际业务中，根据不同租船方式，允许买卖双方在具体洽谈时，对责任和费用(包括将货物运至船边的费用、吊装上船的费用、理舱平舱的费用等)如何承担和划分作出明确规定。双方若在FOB术语后加上附加条件就形成了FOB的变形，如表 4-3 所示。

表 4-3　常见 FOB 术语变形类型

FOB 术语变形	中　　文	说　　明
FOB Liner Terms	FOB 班轮条件	装船费用买方承担(船方负责装卸，费用计入运费)
FOB Stowed	FOB 包括理费	装船费包括理舱费在内，由卖方承担
FOB Trimmed	FOB 包括平舱费	装船费包括平舱费在内，由卖方承担
FOB Under Tackle	FOB 吊约下交货	装船费用概由买方承担

FOB 的上述变形只是为了表明装船费用由谁负担问题而产生的，它们并不改变 FOB 的交货地点以及风险划分的界限。

(3) 关于船货衔接问题

由于 FOB 条件下，卖方是在装运港完成交货，而订立运输合同和派船到装运港接运货物，则是买方的义务。因此，做好船货衔接，密切配合，避免货等船或船等货，就显得十分重要。买方应按合同规定的装运时间指派船只在规定的装运港以备装船，买方需将指派船只的船名、船期等事项通知卖方。若买方不能按时派船，卖方有权拒绝交货，而且由此产生的如空舱费、滞期费和增加卖方的仓储费等均由买方承担。反之，如果买方按时指派船只，卖方却未能备妥货物，导致无法装运，由此产生的损失则由卖方承担。

实务借鉴 4-1

能否向对方索赔

我国广州某贸易公司以 FOB 条件从沙特进口一批货物。在目的港卸货时，发现有 12 件货物外包装破裂，并且货物有被水浸泡的痕迹。经与承运人及相关方查证，货物是在起运地装船时因吊钩不结实，越过船舷后，在甲板上摔破的，因包装破裂导致里面的货物被水浸泡。试分析该贸易公司能否以对方未完成交货义务为由提出索赔。

【评析】 不能向对方索赔。根据 *INCOTERMS 2000* 的规定，FOB 术语中，卖方承担的货物风险从货物于装运港越过船舷时开始转移给买方，就本案例看，包装物破裂不是在越过船舷前而是在越过船舷后发生的，该项损失按风险划分界限，理应由我国贸易公司承担。

2. CFR——成本加运费(……指定目的港)

CFR 的英文是 Cost and Freight (…named port of destination)成本加运费(……指定目的港)。按照 *INCOTERMS 2000* 的解释，卖方承担的基本义务是负担货物的成本与运费，在合同规定的装运港和规定的期限内，将货物装上船，并及时通知买方。货物在装船时越过船舷，风险即从卖方转移至买方。买方要负责从装运港至目的港(或目的地)的货运保险并支付保险费。这一术语只能适用于海运和内河航运。CFR 术语下双方承担的责任、风险和费用的划分情况如表 4-4 所示。

表 4-4　CFR 术语下买卖双方责任、风险和费用的划分

项目	卖　方	买　方
主要责任	① 办理出口清关手续或出口许可 ② 负责租船订舱，支付运费，在约定的装运期和装运港，把货物装到船上 ③ 及时向买方发出装船通知 ④ 及时向买方提交约定的各项单证	① 办理进口清关及过境他国海关手续 ② 有权规定装船时间、目的港或收取货物地点时，必须及时通知卖方 ③ 负责收取符合合同的单证或货物 ④ 按合同规定支付货款
风险	承担货物越过装运港船舷以前的一切风险	承担货物越过装运港船舷以后的一切风险
费用	承担货物越过装运港船舷以前与货物有关的一切费用；承担货物运至目的港的装货费、运费，以及合同规定的由卖方支付的卸货费用 承担出口清关所需费用与一切税款	负责货物在装运港越过船舷后与货物有关的一切费用；承担进口清关费用、进口关税，以及过境他国所应缴纳的一切费用

使用 CFR 术语应注意的问题。

(1) 卖方应及时发出装船通知

按 CFR 条件成交时，由卖方安排运输，由买方办理货运保险。如卖方不及时发出装船通知，则买方就无法及时办理货运保险，甚至有可能出现漏保货运险的情况。因此，卖方装船后务必及时向买方发出装船通知，否则，卖方应承担货物在运输途中的风险和损失。

(2) 按 CFR 进口应慎重行事

在进口业务中，按 CFR 条件成交时，鉴于由外商安排装运，由我方负责保险，故应选择资信好的国外客户成交，并对船舶提出适当要求，以防外商与船方勾结，出具假提单，租用不适航的船舶，或伪造品质证书与产地证明。若出现这类情况，会使我方蒙受不应有的损失。

(3) CFR 的变形

CFR 术语下，卸货费究竟由何方负担，买卖双方应在合同中订明。为了明确责任，可在 CFR 术语后加列表明卸货费由谁负担的具体条件。这样，就出现了 CFR 术语的变形，如表 4-5 所示。

表 4-5　常见 CFR 术语变形类型

CFR 术语变形	说　明
CFR Liner Terms (CFR 班轮条件)	卖方负责卸货，买方不负担卸货费
CFR Landed(CFR 卸到岸上)	卖方负担卸货费，其中包括驳运费在内
CFR EX Tackle(CFR 吊钩下交货)	卖方负责将货物从船舱吊起卸到船舶吊钩所及之处(码头上或驳船上)的费用。在船舶不能靠岸的情况下，租用驳船的费用和货物从驳船卸到岸上的费用，概由买方负担
CFR Ex Ship's Hold (CFR 舱底交货)	货物运到目的港后，由买方自行启舱，并负担货物从舱底卸到码头的费用

应当指出，CFR 术语的附加条件只是为了明确卸货费由何方负担，其交货地点和风

险划分的界线,并无任何改变。*INCOTERMS 2000* 对术语后加列的附加条件不提供公认的解释,建议买卖双方通过合同条款加以规定。

课堂讨论:为什么说 CFR 条件下的装船通知具有更为重要的意义?

3. CIF——成本加保险费、运费(……指定目的港)

CIF 的英文是 Cost, Insurance and Freight(...named port of destination)成本加保险费、运费(……指定目的港)。按照 *INCOTERMS 2000* 的解释,卖方负担货物运至目的港所需的成本、运费和保险费,在合同规定的装运港和规定的期限内,将货物装上船,并通知买方。货物在装船时越过船舷,风险即从卖方转移至买方。这一术语只能适用于海运和内河航运。CIF 术语下双方承担的责任、风险和费用的划分情况如表 4-6 所示。

表 4-6 CIF 术语下买卖双方责任、风险和费用的划分

项目	卖 方	买 方
主要责任	① 办理出口清关手续、出口许可 ② 负责租船订舱,在约定的装运期和装运港,把货物装到船上,并通知买方 ③ 办理货物运输保险 ④ 及时向买方提交约定的各项单证	① 办理进口清关及收货手续 ② 收取符合合同的单证或货物
风险	承担货物越过装运港船舷以前的一切风险	承担货物越过装运港船舷以后的一切风险
费用	承担货物越过装运港船舷以前与货物有关的一切费用;承担货物运至目的港的运费、保险费;承担出口清关所需费用与一切税款	承担进口清关费用、进口关税,以及过境他国所应缴纳的一切费用。按合同规定支付货款

使用 CIF 术语应注意的问题如下。

(1) 保险险别问题。根据 *INCOTERMS 2000* 解释,尽管卖方负有办理保险的责任,但只需投保最低险别。在买方有要求,且承诺负担费用的情况下,卖方可以投保较高险别。

(2) 租船订舱问题。根据 *INCOTERMS 2000* 解释,租船订舱是卖方的基本义务之一。但是,卖方只需按照通常条件及惯常路(航)线,租用通常类型可供装运合同货物的船舶即可。

(3) 卸货费用负担问题。根据 *INCOTERMS 2000* 强调,CIF 术语中,卖方须支付将合同规定货物运到目的港的正常运费,货到目的港后的卸货费用承担则因港口惯例不同而易出现争议。为了进一步明确卸货费用负担问题,CIF 价格术语后面加列某种附加条件,形成 CIF 术语的变形,如表 4-7 所示。

表 4-7 常见 CIF 术语变形类型

CIF 术语变形	说 明
CIF Liner Terms(班轮条件)	买方不负担卸货费,即由卖方负担
CIF Landed(卸至岸上)	卖方负担将货物卸到目的港岸上的费用,含驳船费和码头费

续表

CIF 术语变形	说　明
CIF Ex Ship's Hold(舱底交接)	货物运抵目的港后,买方应自行启舱并负担将货物从舱底起吊卸到码头的费用
CIF Ex Tackle(吊钩交货)	卖方负担将货物从舱底吊至船边卸离吊钩为止的费用

上述 CIF 的各种变形,只表明货物到达目的港后的卸货费用的划分,不涉及货物的风险和所有权的转移。

(4) 象征性交货问题。CIF 术语曾被译作"到岸价",这是一种误解。其实按 CIF 条件成交时,卖方是在装运港完成交货义务,他并不保证把货送到岸。卖方承担的风险也只限货物越过装运港船舷之前的风险,货物越过船舷之后的风险,概由买方承担。CIF 术语下的买卖合同属于"装运合同",不属于"到达合同",因此以不用"到岸价"为宜。

重要概念 4-4

象征性交货

国际贸易中,象征性交货是指在买卖双方不直接接触的情况下,卖方按合同规定的时间和地点将货物装上运输工具或交付承运人后,并向买方提供包括物权证书在内的有关单证,凭承运人签发的运输单据及其他商业单据履行交货义务,而无须保证到货。CIF 是一个典型的象征性交货术语。

4.2.2　货交承运人的三种常用贸易术语

1. FCA——货交承运人(指定地点)

FCA 的英文全称是 Free Carrier(...named place),即货交承运人(指定地点)。根据 *INCOTERMS 2000* 的解释,买方要自费订立从指定地点启运的运输契约,并及时通知卖方,将有关承运人的名称、要求交货的时间和地点通知卖方,负担货交承运人后的一切费用和风险,负责按合同规定收取货物和支付价款。

而卖方必须在合同规定的交货期内在指定地点将经出口清关的货物交给买方指定的承运人监督,并负担货物被交由承运人监督为止的一切费用和风险。由此可见,买卖双方各自承担的风险均以货交承运人为界。

另外,卖方要自负风险和费用以取得出口许可证或其他官方证件。

使用 FCA 术语应注意的问题如下。

(1) 不同运输方式下的交货条件。*INCOTERMS 2000* 规定,以 FCA 术语成交的合同,在不同运输方式下的交货条件也不相同,如海洋运输中,如属整箱货(FCL),卖方将集装箱交给海运承运人;如属拼箱货(LCL)或非集装箱,卖方将货物运到起运地,交给海运承运人或其代理人,即完成交货。

(2) 风险转移问题。FCA 不同于装运港交货的三种贸易术语,风险转移不是以船舷为界,而是以货交承运人处置时为界。

(3) 确认有关责任和费用的划分问题。FCA 适用于包括多式联运在内的各种运输方式。卖方的交货地点因采用的运输方式不同而异。不论在何处交货，根据 *INCOTERMS 2000* 的解释，卖方都要自负风险和费用，取得出口许可证或其他官方证件，并办理货物出口所需的一切海关手续。

2. CPT——运费付至(指定目的地)

CPT 的英文全称 Carriage Paid To (...named place of destination)，即运费付至(指定目的地)。根据 *INCOTERMS 2000* 的解释，采用 CPT 术语成交，卖方应订立运输合同和支付正常的运费，承担货交承运人(在多式联运情况下，交给第一承运人)接管前的一切费用和风险。卖方在交货后及时通知买方；办理出口清关手续，并提供约定的各项单证。买方则应承担自货交承运人处置时起货物灭失或损坏的风险及一切额外费用，在目的地指定地点受领货物，支付卸货费和进口税捐，并按合同规定受领单据和支付货款。

3. CIP——运费、保险费付至(……指定目的地)

CIP 的英文全称 Carriage Insurance Paid to (...named place of destination)，即运费、保险费付至(……指定目的地)。按 CIP 术语成交，卖方除具有与 CPT 术语相同的义务外，还应为买方办理货运保险，并在提供约定的单据后，即完成履行合同的义务。虽然货物在运输中灭失或损坏的风险由买方承担，但由于货价构成因素包括保险费，故卖方必须签订保险合同，支付保险费，并提交保险单。卖方应按约定的险别投保，如未约定险别，则卖方只要投保最低险别并支付保险费即可。保险金额一般是在合同价格的基础上加成 10%办理，并应采用合同中的货币投保。卖方一般无义务加保战争、罢工、暴乱及民变险。但是在买方的要求下，并由买方承担额外费用的情况下，卖方也可以办理。

因此，CIP 术语中买卖双方的风险与保险出现分离，是使用这一价格术语时应特别注意的问题。

4.2.3 其他七种贸易术语

1. E 组术语(起运地实际交货)

E 组术语只有 EXW 一种，即 EX WORKS，意思是工厂交货。E 组术语卖方承担义务最小，只要在其所在地将货物交给买方，就算完成了交货义务，同时，风险也随之转移，买方负责此刻以后的风险费用，甚至要负责办理出口手续。卖方也无义务将货物装上运输工具，如果买方要求这样做，必须在合同中另作规定。

2. FAS——指定装运港，船边交货

FAS 的英文全称是 Free Alongside Ship，即装运港船边交货。卖方在装运港将货物放置码头或驳船上，靠近买方指定的船边，即完成了交货。买方自该日起，负担一切费用和风险。如果买方所派船只不能靠岸，卖方要由驳船把货物驳运到船边，仍在船边交货，装船责任与费用要由买方负担。FAS只适用于水上运输(包括海运),此外还要注意船货衔接问题。出口清关手续由卖方负责办理。

3. DAF——边境交货(……指定地点)

DAF的英文全称是Delivered At Frontier(...named place),即边境交货(……指定地点)。这一术语的交货地点是两国边境的约定地点。卖方的基本义务:把货物运到边境指定的交货地点,办理货物出口手续及承担有关费用,在进入进口国关境之前完成交货。买方的基本义务:在边境指定地点接收货物,支付货款,办理进口手续和支付费用。

风险划分界限与交货地点一致,即买卖双方承担的风险、责任、费用均以两国边境指定交货地点为界。DAF术语只适用于两国接壤的情况,运输方式一般采用公路或铁路,也可采用其他运输方式。

4. DES——船上交货(……指定目的港)

DES的英文全称是Delivered Ex Ship(...named port of destination),即船上交货(……指定目的港)。卖方的基本义务:要把货物运到进口国的港口,在船上将货物置于买方的控制之下,即完成交货。在此之前,卖方要把船名、预计到达时间等及时通知买方。买方负责卸船,办理进口手续等,包括取得原产地证明等进口结关所需证件。也就是说,买方负责在船上受领货物之后的一切风险、责任和费用。风险的划分与交货地点相同。

采用DES术语成交时,要注意共同做好单据与货物的交接工作。此外,DES不同于象征性交货的CIF,它是实际交货,因此,DES称为"到岸价"要比CIF更恰当一些。所以,按DES成交的合同是到货合同。

重要概念 4-5

到货合同

国际贸易中,交货方必须负责将货物运送到目的港(地),并负担货物交至该处为止的一切风险和费用,才算完成了交货义务。这样成交的合同就称为到货合同。如以D组术语成交的合同。

5. DEQ——码头交货(……指定目的港)

DEQ的英文全称是Delivered Ex Quay(...named port of destination),即码头交货(指定目的港)。DEQ要比DES的责任更大一些(对卖方来讲),因为他不但要把货物运到目的港,还要把货物卸到岸上,置于买方的控制下。*INCOTERMS 1990*中还规定卖方自负费用,负责办理进口所需的进口许可证,其中包括关税、捐税等费用及其他官方证件。由于考虑到出口国到进口国办理进口许可证等,一般存在很大风险,故在*INCOTERMS 2000*中做了修改,即上述进口手续与费用由买方来承担。

DEQ 术语只能适用于海运和内河航运。它与 DES 都是在目的港交货的术语，在如何安排好途中的运输、保险，以及货物的交接等问题上，两者的注意事项也是相同的。

6. DDU——未完税交货(……指定目的地)

DDU 的英文全称是 Delivered Duty Unpaid(...named place of destination)，即未完税交货(……指定目的地)。按照 *INCOTERMS 2000* 的解释，采用 DDU 这一术语时，卖方要负责将货物从出口国运至进口国的目的地。在合同规定的交货期内，在目的地约定地点将货物置于买方处置之下，即完成交货。风险也于交货时转移。

买方负责办理进口手续和承担相应的费用。如果有些费用要由卖方来负担，则要在合同中做出明文规定，如双方同意由卖方承担货物进口时的某项费用，比如增值税(Value added tax，VAT)，则应写明“DDU，VAT paid”。DDU 术语适用于任何运输方式。

7. DDP——完税后交货(……指定目的地)

DDP 的英文全称是 Delivered Duty Paid(...named place of destination)，即完税后交货(……指定目的地)。DDP 是 D 组最后一个术语，也是 *INCOTERMS 2000* 中 13 个术语中卖方承担风险、责任和费用最大的术语。以 DDP 价格条件成交，卖方负责的义务要比 DDU 多。即还要缴纳进口关税，卖方不但负责出口手续与费用，而且要办理进口手续和承担相应的费用。这实质上是卖方已将货物运进了进口方的国内市场。与其他在当地市场就地销售货物的卖方并无多大区别，只是买方已经确定。

如果双方希望排除卖方承担货物进口应支付的某些费用(如增值税)的义务，应明确规定：“Delivered Duty Paid，VAT unpaid”(完税后交货，增值税未付)。

重要信息 4-2

贸易术语的作用

(1) 有利于买卖双方洽商交易和订立合同。由于每种贸易术语都有其特定的含义，因此，买卖双方只要商定按何种贸易术语成交，即可明确彼此在交接货物方面所应承担的责任、费用和风险。这就简化了交易手续，缩短了洽商交易的时间，从而有利于买卖双方迅速达成交易和订立合同。

(2) 有利于买卖双方核算价格和成本。由于贸易术语表示价格构成因素，所以，买卖双方确定成交价格时，必然要考虑采用的贸易术语中包含哪些从属费用，这就有利于买卖双方进行比价和加强成本核算。

(3) 有利于解决履约当中的争议。买卖双方商订合同时，如对合同条款考虑欠周，使某些事项规定不明确或不完备，致使履约当中产生的争议不能依据合同的规定解决，在此情况下，可以援引有关贸易术语的一般解释来处理。因为，贸易术语的一般解释已成为国际惯例，它是大家所遵循的一种类似行为规范的准则。

(4) 有利于其他有关机构开展业务活动。进出口业务活动中，离不开船公司、保险公司和银行等机构，而贸易术语及有关解释贸易术语的国际惯例的相继出现，便为这些机构开展业务活动和处理业务实践中的问题提供了客观依据和有利条件。

课堂测评

测评要素	表现要求	已达要求	未达要求
知识点	能掌握进出口贸易术语的含义		
技能点	能初步认识进出口贸易术语的引用		
任务内容整体认识程度	能概述进出口贸易术语的意义		
与职业实践相联系的程度	能描述进出口贸易术语的作用		
其他	能描述与其他课程、职业活动等的联系		

4.3 国际贸易术语选择

提示：完成本任务你将学会国际贸易术语的选择。

职业行动：在国际贸易活动中，贸易术语的选用一定要从自身条件出发，如自己具备的运输条件、运费高低、运输风险等因素，业务人员必须首先掌握了这些情况，才能够有针对性地对国际贸易术语作出选择。

4.3.1 *INCOTERMS 2010* 中的贸易术语

INCOTERMS 2010 于2011年1月1日正式生效，但并非 *INCOTERMS 2000* 就自动作废。因为国际贸易惯例本身不是法律，对国际贸易当事人不产生必然的强制性约束力。国际贸易惯例在适用的时间效力上并不存在“新法取代旧法”的说法，即 *INCOTERMS 2010* 实施之后并非 *INCOTERMS 2000* 就自动废止，当事人在订立贸易合同时仍然可以选择适用 *INCOTERMS 2000*，甚至是 *INCOTERMS 1990*。

1. *INCOTERMS 2010* 的主要变化

与 *INCOTERMS 2000* 相比，*INCOTERMS 2010* 主要有以下几个方面的变化。

(1) 数量变化。贸易术语的数量由原来的13种变为11种。删除 *INCOTERMS 2000* 中四个D组贸易术语，即DDU、DAF、DES、DEQ，只保留了 *INCOTERMS 2010* D组中的DDP。新增加两种D组贸易术语，即DAT (Delivered At Terminal)与DAP (Delivered At Place)。所谓DAT和DAP术语，是“实质性交货”术语，在将货物运至目的地过程中涉及的所有费用和风险均由卖方承担。此术语适用于任何运输方式，因此也适用于各种DAF、DES、DEQ以及DDU以前被使用过的情形。E组、F组、C组的贸易术语不变。

(2) 分类变化。*INCOTERMS 2010* 将这 11 种术语分成了截然不同的两类，见表 4-8。

表 4-8 *INCOTERMS 2010* 贸易术语分类表

第一类	使用各种运输方式	第二类	仅限于水路运输
EXW	Ex work 工厂交货(……指定地点)	FAS	Free alongside ship 船边交货(……指定装运港)
FCA	Free carrier 货交承运人(……指定地点)	FOB	Free on board 装运港船上交货(……指定装运港)
CPT	Carriage paid to 运费付至(……指定目的地)	CFR	Cost and freight 成本加运费(……指定目的港)
CIP	Carriage and insurance paid to 运费及保险费付至(……指定目的地)	CIF	Cost insurance and freight 成本、保险加运费(……指定目的港)
DAT(新)	Delivered at terminal 终端交货(……指定目的地或目的港的集散站)		
DAP(新)	Delivered at place 指定地点交货(……指定目的地)		
DDP	Delivered duty paid 完税后交货(……指定目的地)		

第一类包括那些适用于任何运输方式，包括多式运输的七种术语。EXW、FCA、CPT、CIP、DAT、DAP 和 DDP 属于这类术语。这些术语可以用于没有海上运输的情形。但要谨记，这些术语能够用于船只作为运输的一部分情形，只要在卖方交货点，或者货物运至买方的地点，或者两者兼备，风险转移。

第二类实际上包含了比较传统的只适用于海运或内河运输的 4 种术语。在这类术语条件下，卖方交货点和货物运至买方的地点均是港口，所以"唯海运不可"就是这类术语的标签。FAS、FOB、CFR、CIF 属于本类术语。

(3) 语义变化。*INCOTERMS 2010* 有一个重大语义变化，就是取消了"船舷"概念。长期以来，划分风险的"船舷"其实是个假想的界限，不能反映各国港口的实际做法。*INCOTERMS 2010* 放弃了"船舷"界限，只强调在 FOB、CFR 和 CIF 下买卖双方的风险以货物在装运港被装上船时为界，卖方承担货物装上船为止的一切风险，买方承担自货物装上船开始的一切风险。在 FAS、FOB、CFR 和 CIF 等术语中加入了货物在运输期间被多次买卖(连环贸易)的责任义务的划分。考虑到对于一些大的区域贸易集团内部贸易的特点、规定，*INCOTERMS 2010* 不仅适用于国际销售合同，也适用于国内销售合同。

2. *INCOTERMS 2010* 的新增术语

INCOTERMS 2010 新增了 2 个术语：DAT(Delivered At Terminal)在指定目的地或目的港的集散站交货、DAP(Delivered At Place)在指定目的地交货。即用 DAP 取代了 DAF、DES 和 DDU 三个术语，DAT 取代了 DEQ，且扩展至适用于一切运输方式。

(1) DAT(Delivered At Terminal)目的地或目的港的集散站交货

和被取代的 DEQ 术语类似,DAT 术语下,卖方应在指定的目的地或目的港的集散站卸货后将货物交给买方处置即完成交货,术语所指目的地包括港口。卖方应承担将货物运至指定的目的地或目的港的集散站的一切风险和费用(除进口费用外)。本术语适用于任何运输方式或多式联运。

(2) DAP(Delivered At Place)目的地交货

类似于取代了的 DAF、DES 和 DDU 3 个术语,DAP 术语下,卖方应在指定的目的地交货,只需做好卸货准备无须卸货即完成交货。术语所指的到达车辆包括船舶,目的地包括港口。卖方应承担将货物运至指定的目的地的一切风险和费用(除进口费用外)。本术语适用于任何运输方式、多式联运方式及海运。

4.3.2 国际贸易术语的选用

INCOTERMS 2000 中 13 个贸易术语各有特色,分别设定了许多贸易条件,但是需要强调的是,"贸易术语"更强调的是当事人的责任、义务和风险划分,而"价格条件"才更为强调商品价格的构成。进行贸易磋商既关心价格,也关注其他贸易条件,这就需要我们将每个术语融会贯通。*INCOTERMS 2000*13 个贸易术语归纳对比如表 4-9 所示。

表 4-9 *INCOTERMS 2000* 贸易术语归纳对比表

代码	交货地点	风险转移界限	出口报关责任费用	进口报关责任费用
EXW	商品产地、所在地	买方处置货物后	买方	买方
FCA	出口国内地、港口	承运人处置货物后	卖方	买方
FAS	装运港口	货交船边后	卖方	买方
FOB	装运港口	货物越过船舷	卖方	买方
CFR	装运港口	货物越过船舷	卖方	买方
CIF	装运港口	货物越过船舷	卖方	买方
CPT	出口国内地、港口	承运人处置货物后	卖方	买方
CIP	出口国内地、港口	承运人处置货物后	卖方	买方
DAF	两国边境指定地点	买方处置货物后	卖方	买方
DES	目的港港口	买方在船上收货后	卖方	买方
DEQ	目的港港口	买方在码头收货后	卖方	买方
DDU	进口国国内	买方在指定地点收货后	卖方	买方
DDP	进口国国内	买方在指定地点收货后	卖方	卖方

1. 不同组别术语的选用

(1) E 组术语选用

采用这样的术语,卖方显然不想承担过多的义务、风险和费用;作为买方,在追求较低货价的同时，也体现出竭力想成交的意愿，不惜承担大量的义务、风险和费用，甚至愿意负责办理对方国家的出口手续，体现了交易中风险责任与收益相对平衡的原则。无论买方还是卖方，如果贸易意图与E组术语规定的某一方义务、风险和费用相差无几，则可以选择E组术语。

(2) F组术语选用

F组术语中买方需要承担货交承运人或装船以后的风险，需要办理进口手续和承担进口通关费用。此后的风险也由买方承担。FCA术语适用于各种运输方式，其他两种术语适用于海运和内河运输。

愿意承担将货物运到指定装运港或地点，又不愿承担过多风险的卖方，有便利的运输条件，愿意承担有限风险，派船接货的买方都可以选择F组术语。

(3) C组术语选用

除F组术语中卖方应承担的义务外，C组术语中卖方要承担订立运输合同、支付运费，有的还要订立保险合同、承担保险费，卖方宜进一步增加。但是，C组术语风险转移界限与F组术语相同，都是在装运地交给承运人，或在装运港越过船舷时转移风险。CPT、CIP适用于多种运输，CFR、CIF适用于海运和内河运输。

从E、F、C组术语对比中我们可以看出，*INCOTERMS 2000* 中术语是以卖方为出发点，卖方的义务进一步延伸，买方的义务进一步缩小，属于此消彼长这样一种关系，其目的就是为了更好地完成交易。*INCOTERMS 2000* 提供了众多选择，作为买卖双方，可以根据自己所具备的心理准备或贸易条件，“自助式”地订制最符合自身需要的贸易术语来签订合同。

(4) D组术语选用

D组术语中卖方承担义务最大，卖方不仅要订交运输合同、保险合同，支付费用，而且要承担货物到达目的地以前的所有风险。*INCOTERMS 2010* 新增DAT、DAP，这样，三种术语均适用于各种运输方式。

D组术语与E组术语对比明显。E组术语中卖方承担义务、责任和风险最小；而D组术语中卖方承担义务、责任和风险最大，尤其是DDP术语，卖方除了要承担繁重的义务、责任和风险外，甚至要办理货物进入对方国家的进口手续。

2. *INCOTERMS 2010* 的引用

INCOTERMS 2010 更准确地标明各方承担货物运输风险和费用的责任条款，令船舶管理公司更易理解货物买卖双方支付各种收费时的角色，有助于避免当时经常出现的码头处理费(THC)纠纷。此外，也增加大量指导性贸易解释和图示，以及电子交易程序的适用方式。特别是对术语使用中的一些概念作了进一步的解释，如承运人、出口清关、交货、电子数据等。

对比 *INCOTERMS 2000* 和 *INCOTERMS 2010* 还不是根本性的变革，其实践意义还有待于进一步验证。在选用时，应与 *INCOTERMS 2000* 进行对比，谨慎选择。*INCOTERMS 2010* 11种术语对比，如表4-10所示。

表 4-10 *INCOTERMS 2010*11 种术语列表

术语代码	交货地点	责任		费用		风险划分界限	出口清关	进口清关	运输方式
		租船订舱	办理保险	支付运费	支付保费				
EXW	出口商所在地	买方	买方	买方	买方	买方领受货物	买方	买方	任何
FCA	出口国内地或港口	买方	买方	买方	买方	货交承运人控制	卖方	买方	任何
CPT	出口国内地或港口	卖方	买方	卖方	买方	货交承运人控制	卖方	买方	任何
CIP	出口国内地或港口	卖方	卖方	卖方	卖方	货交承运人控制	卖方	买方	任何
DAT	进口国指定终端	卖方	买方	卖方	卖方	货交卖方处置	卖方	买方	任何
DAP	进口国指定目的地	卖方	买方	卖方	卖方	货交卖方处置	卖方	买方	任何
DDP	进口国指定目的地	卖方	卖方	卖方	卖方	货交卖方处置	卖方	卖方	任何
FAS	装运港	买方	买方	买方	买方	货交装运港船边	卖方	买方	海运、内河
FOB	装运港	买方	买方	买方	买方	货物装上船	卖方	买方	海运、内河
CFR	装运港	卖方	买方	卖方	买方	货物装上船	卖方	买方	海运、内河
CIF	装运港	卖方	卖方	卖方	卖方	货物装上船	卖方	买方	海运、内河

3. 选用贸易术语应注意的问题

在实际业务中，选用合适的贸易术语，不仅有利于达成交易，而且对于合同的顺利执行、实现利润最大化都有着重要作用。选用贸易术语时，应注意以下几个问题。

(1) 运输条件

选用贸易术语，首先要考虑运输方式。在本身有足够运输能力或安排运输不困难且运费优惠的情况下，争取按由自己安排运输的条件成交(如出口按 CIF、CFR、CIP，进口按 FOB、FCA、FAS)。否则，可考虑按由对方安排运输的条件成交。

(2) 货源情况

进出口贸易的商品品种繁多，不同商品有不同特点，对运输的条件要求有所不同，运费支出也有差异。要视交易商品特点的不同，选用贸易术语。此外，还要考虑成交量的大小，安排运输经济上是否合算，量太小，势必会增加运输成本。

(3) 运费因素

选用贸易术语时，应考虑货物经由路线的运费收取情况和运价变动趋势。当运价看涨时，为了避免运价上涨带来的风险可以选用由对方安排运输的贸易术语成交。

(4) 运输途中风险

交易的商品一般需要长途运输，货物在运输过程中可能会遇到各种自然灾害、意外事故等风险。因此，买卖双方洽商交易时，必须根据不同时期、不同地区、不同运输路线和运输方式的风险情况，并结合购销意图来选用适当的贸易术语。

(5) 办理货物进出口清关手续的难易程度

关于货物进出口清关手续的办理，有些国家有特殊规定。选用贸易术语时，要予以考虑。如果按某出口国政府规定，买方不能直接或间接办理出口清关手续，则不宜选用 EXW 成交；按进口国当局规定，卖方不能直接或间接办理进口清关手续，则不宜采用

DDP 术语成交。另外，选择术语还应该适当考虑本国运输业与保险业，尽量争取出口业务 CIF 或 CFR，进口业务选择 FOB。这样，不仅有利于船货衔接，还可以使本国增加外汇运费和保险费收入。

课 堂 测 评

测 评 要 素	表 现 要 求	已达要求	未达要求
知识点	能掌握进出口贸易术语组合		
技能点	能初步认识进出口贸易术语选用策略		
任务内容整体认识程度	能概述进出口贸易术语选用的意义		
与职业实践相联系的程度	能描述进出口贸易术语选择的作用		
其他	能描述与其他课程、职业活动等的联系		

任务 4 小结

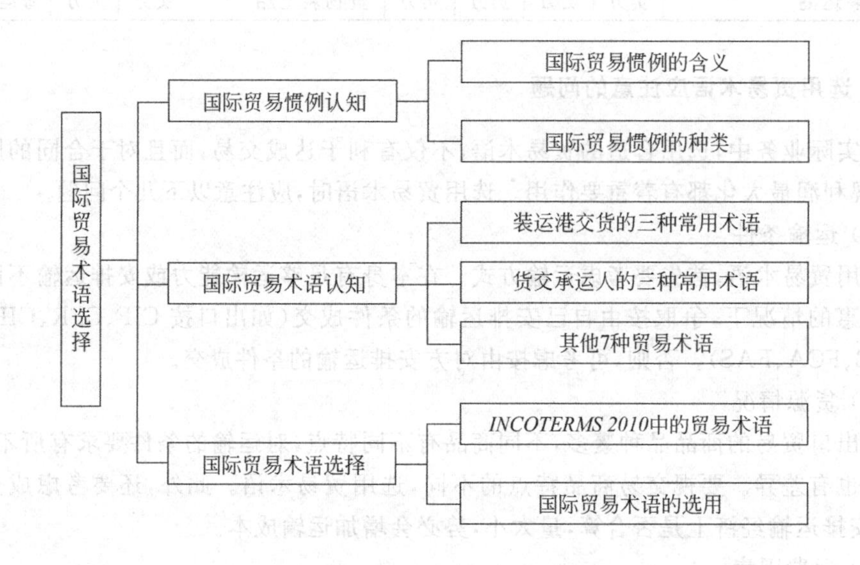

教学做一体化训练

一、重点概念

国际贸易惯例　国际贸易术语　装运合同　象征性交货　到货合同

二、课后演练

(一) 选择题

1. 贸易术语在进出口贸易中的主要作用是(　　)。

A. 简化交易手续　　B. 明确交易双方责任
C. 缩短磋商时间　　D. 节省费用开支

2. *INCOTERMS 2000* 中,以下列术语签订的合同中,属于到达合同的术语有(　　)。
A. CIP　　B. DES　　C. DEQ　　D. DDP

3. 根据 *INCOTERMS 2000* 的解释,EXW 项下卖方的基本义务是(　　)。
A. 按期交货
B. 订立运输契约
C. 承担货交买方处置之前的一切费用和风险
D. 办理出口手续

4. 根据 *INCOTERMS 2000* 的解释,采用 CFR 术语时卖方应承担的基本义务包括(　　)。
A. 租船订舱,将货物装船并支付正常运费
B. 办理货运保险
C. 负责将货物运至目的港之前的风险
D. 办理出口通关手续

5. 根据 *INCOTERMS 2000* 的解释,采用 CIF 术语时,买方无义务(　　)。
A. 租船订舱并支付运费　　B. 办理货运保险并支付保险费
C. 办理进口手续　　D. 办理出口手续

6. 根据 *INCOTERMS 2000* 的解释,FOB 条件和 CFR 条件下卖方均应负担(　　)。
A. 提交商业发票及海运提单
B. 租船订舱并支付运费
C. 货物于装运港越过船舷以前的一切风险
D. 办理出口通关手续

7. 根据 *INCOTERMS 2000* 的解释,CPT 与 CFR 的相同之处是(　　)。
A. 两者均由卖方负责订立自装运地至目的地的运输契约并负担正常运费
B. 两者均由买方承担货物运输途中的风险
C. 风险转移的界限均为交货地随交货义务的完成而转移
D. 两者订立的合同均属于装运合同

8. 根据 *INCOTERMS 2000* 的解释,FOB、CFR 与 CIF 的共同之处表现在(　　)。
A. 均适合水上运输方式　　B. 风险转移均为装运港船舷
C. 买卖双方责任划分基本相同　　D. 交货地均为装运港

(二) 判断题

1.《国际贸易术语通则》是国际贸易中关系最大、最重要的一项国际公约。(　　)

2. 如果买卖双方在合同中作出与国际惯例完全相反的约定,只要约定是合法的,将受到法律的承认和保护,并不因与惯例相抵触而无效。(　　)

3. 按 FOB、CIF、CFR 术语成交,货物在装运港越过船舷以后,风险即告转移。因此,当货物到达目的港后,买方发现货物品质、数量或包装有任何与合同规定不符的情况,卖

方都不负责任。 ( )

4. 如果卖方想采取铁路运输，愿意办理出口清关手续，并承担费用，卖方可以采用FCA贸易术语。 ( )

5. FCA、CPT、CIP三种贸易术语，就卖方风险责任而言，FCA最小，CPT其次，CIP最大。 ( )

6. 在所有的贸易术语中，出口报关的责任、费用均由卖方负担。 ( )

7. 根据*INCOTERMS 2000*的规定，以C组术语成交的合同都属于装运合同。 ( )

8. 收到货物就意味着已接受货物。 ( )

（三）简答题

1. 什么是贸易术语？有关贸易术语的国际惯例主要有哪些？

2. 简述FOB、CFR、CIF三种贸易术语的异同。

3. 试比较FOB、CFR、CIF与FCA、CPT、CIP的主要区别。

4. 国际贸易术语的作用有哪些？

（四）案例分析

1. 2018年8月，美国出口商与韩国进出口公司签订了一份CFR合同，合同规定由卖方出售小麦2000公吨给买方。卖方在装运港装船时，将小麦混装，即共装运5000公吨。卖方准备在小麦运抵目的港时，再由船公司分拨2000公吨给买方。但载货船只在途中遇到高温天气，而使小麦发生变质，共损失2500公吨，其余2500公吨安全运抵目的港。卖方在货到港口时声称，其出售给买方的2000公吨小麦已在运输途中全部损失，并认为根据CFR合同，货物风险在装运港越过船舷时已经转移给买方，故卖方对2000公吨小麦的损失不负责任。买方则要求卖方履行合同，双方争执不下。

问题：你怎样认识本案？该案例应该怎样解决？

2. 我国某公司以FOB条件出口一批冻鸡。合同签订后接到买方来电，称租船较为困难，委托我方代为租船，有关费用由买方负担。为了方便合同履行，我方接受了对方的要求。但时至装运期，我方在规定装运港无法租到合适的船，且买方又不同意改变装运港。因此，到装运期满时货仍未装船，买方因销售季节即将结束，便来函以我方未按期租船履行交货义务为由撤销合同。试问：我方应如何处理？

3. 我国某出口公司向法国出口一批货物，合同中的贸易术语是CIF MARSEILLES，卖方在合同规定的时间和装运港装船，但货船离港后不久便触礁沉没。次日，当卖方凭提单、保险单以及发票等有关单据通过银行向买方要求付款时，买方以无法收到合同中规定的货物为由，拒绝接受单据和付款。我方应该如何处理？

4. 有一份出售油菜籽的FOB合同。合同中规定："2017年3月装船，如果买方在合同规定的期限不能派船接运货物，卖方同意保留28天，但买方应负担按现行费率计算的仓租、利息和保险费。"结果，在卖方的反复催促下，买方所派船只才于5月5日到达指定装运港，卖方于是拒绝交货并向买方索取包括 28 天仓租、利息与保险费在内的损失。这样做有没有道理？

5. 某合同出售一级大米 300 吨，按 FOB 条件成交，装船时货物经公证人检验，符合合同规定的品质条件，卖方在装船后已及时发出装船通知。但航行途中由于海浪过大，大米被海水浸泡，品质受到影响。当货物到达目的港时，只能按三级大米的价格出售，因而买方要求卖方赔偿差价损失。试问在上述情况下，卖方对该项损失是否负责？为什么？

同步实训

假如你是某外贸公司经理，从中国天津出口到澳大利亚悉尼一批货物，有 FOB 天津、CFR 悉尼、CIF 悉尼这些贸易术语可供选择。你选择时要考虑哪些因素呢？

【实训目标】 掌握贸易术语选择的要求。

【组织实施】 学生分组，各成员分工，分别选择不同的进出口商品、贸易术语。

【操作提示】 选定一种商品，一个术语，考虑其运输条件、保存条件等，由学生总结出选择术语时应考虑的各种因素。

【成果检测】 完成活动项目任务，依据不同商品，各组分别展示，学生讨论，教师进行评价。

学生自我总结

通过完成“任务 4　国际贸易术语选择”，我能够作如下总结。

一、主要知识

完成本任务涉及的主要知识点： 1. 2.

二、主要技能

完成本任务的主要技能： 1. 2.

三、主要工作

我认为，国际贸易术语选择的最主要目的：

1.

2.

四、相关知识与技能

1. 国际贸易惯例的种类：

2. 国际贸易术语的种类：

3. 国际贸易术语选择的要领：

五、成果检验

1. 完成本任务的意义：

2. 学到的知识与技能：

3. 自悟的知识与技能：

4. 国际贸易术语选择需要考虑的因素：

任务5 国际货物运输条款的制定

学习目标

1. 知识目标

- 能认识运输方式。
- 能认识运输条款内容。
- 能认识运输单据的种类。

2. 技能目标

- 能理解运输费用计取方式。
- 能熟练订立运输条款。
- 能熟练制作运输单据。

情境导入

进出口贸易中，大量的货物需要从一国运送到另一国，在古典贸易理论中的“不考虑运输费用”假设已经没有现实存在的基础。大量的运输费用已经成为影响进出口货物价格和贸易效益核算方面的重要因素。根据货物的种类及不同的进出口目的，选择不同方式的运输，经过运费核算，确立运输条款内容，最终才能订立合同中的运输条款。在此基础上，你将与承运人进行贸易租船订舱的洽商。究竟是选择租整条船？还是选择租用部分货位？理性的你将依据合同规定，从详细的费用核算中找到答案！

学习任务

根据国际贸易职业活动顺序，“国际货物运输条款的制定”这一任务又可以分解为以下子任务。

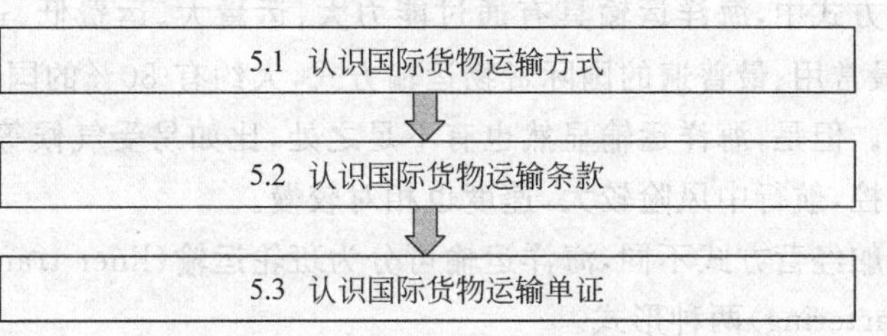

课前故事

我们的第五个故事从古代杰出商人范蠡讲起。范蠡是越国大夫,曾经策划帮助越王勾践"卧薪尝胆,十年生聚",最终复国。他功成名就之后急流勇退,辞官经商三聚三散,为后世的商人树立了一个迅速致富的典型,被历代商人尊为"商圣"。

经商期间,战乱不断,范蠡发现吴越一带需要大量战马;同时北方马匹便宜又剽悍。如果能将北方的马匹运到吴越,一定能够大获其利。可问题就是运马难,沿途常有强盗出没。经过一番调查,范蠡终于了解到北方有一个很有势力、经常贩运麻布到吴越的巨商姜子盾,已用金银买通了沿途强盗。于是,范蠡写了一张告示张贴在城门口,大意是新组建了一支马队,可免费帮人向吴越运送货物。果然,姜子盾找到范蠡,求运麻布。范蠡自然满口答应。就这样范蠡与姜子盾一路同行,货物连同马匹都安全到达吴越,马匹在吴越很快卖出,范蠡因此获得了巨大的利益。

通过借助姜子盾的势力,范蠡的运输风险得到了化解。

5.1 认识国际货物运输方式

提示:完成本任务你将了解国际贸易运输方式。

职业行动:在准备订立合同过程中,你已经对品名、品质、数量和包装作了明确规定,并了解了国际贸易术语。接下来,你将进入货物运输手续的办理环节。运输手续的办理涉及许多技术性的操作细节,当经理将这项任务交给你时,请从认识运输方式开始!

商品装运是卖方的一项重要义务,同时作为买方也在随时关注着货物运输的进展情况。商品装运涉及环节较多,直接关系着合同后续履行能否顺利进行。因此国际贸易双方在合同谈判过程中,必须就交货时间、地点、能否分批装运和转运、运输方式、路线、装卸、运输保险事宜的安排等问题予以确定,并拟定于国际贸易合同中,从而保障双方交易的顺利进行。

国际贸易货物运输方式有海洋运输、铁路运输、航空运输、邮政运输、管道运输,以及由各种运输方式组合的联合运输、国际多式联运等。一般是根据进出口商品的特点、数量、自然条件及港口的装卸条件等因素,由贸易双方商定采用适当的运输方式。

5.1.1 海洋运输

在各种运输方式中,海洋运输具有通过能力大、运量大、运费低、适合运输各种货物等优点,是目前最常用、最普遍的国际货物运输方式,大约有80%的国际贸易货物是通过海洋运输完成的。但是,海洋运输显然也有不足之处,比如易受气候等自然条件的影响,导致航期不易掌控,航行中风险较大,速度也相对较慢。

按照船方船舶经营方式不同,海洋运输可分为班轮运输(liner transport)和租船运输(shipping by chartering)两种形式。

1. 班轮运输

班轮运输又称定期运输，是航运公司提供的一种服务形式。

重要概念 5-1

班 轮 运 输

班轮运输是指航运公司船舶按照预定的航行时间表和固定的航线，停靠固定港口，按照公司运价表收取运费的一种运输方式。

正像我们旅游出行常常乘坐的列车、航班一样，利用班轮运输货物十分灵活和方便，尤其对数量少、分运批次多、交货港口分散的货物更为合适。

(1) 班轮运输的特点。业务活动中，班轮运输的特点被概括为“四定两管”。

① “四定”，即指固定航线、固定港口、固定船期和相对固定的费率。这是班轮运输的最基本特征。

② “两管”，班轮运价内已包括装卸费用，即船方既负责装也负责卸，货方不另行支付装卸费，船货双方不计算滞期费和速遣费。

③ 船货双方的权利义务和责任豁免以签发的提单为依据，并受统一的国际公约的制约。

④ 承运货物的品种、数量比较灵活，为货主提供较便利的条件。

课堂讨论：“四定两管”中的“两管”指的是什么？

(2) 班轮运费的计取。班轮运费是按照班轮运价表(liner's freight tariff)的规定计算的，不同的班轮公司或班轮工会有不同的班轮运价表。班轮运价表的结构一般包括：说明及有关规定、货物分级表、航线费率表、附加费率表、冷藏货及活牲畜费率表等。

目前，我国海洋运输班轮公司采用的是“等级费率表”，即将承运的货物分为若干等级(一般分为 20 个等级)，每一个等级的货物有一个基本费率，其中，第一级的商品运费率最低，第二十级的商品运费率最高。

班轮运费由基本运费和附加运费两部分构成。班轮运输的基本运费是普通货物在正常运输条件下，运至某基本港的运费。其计算标准主要有以下几种。

① 以货物的重量(weight)作为计价标准，即以“重量吨”(weight Ton)为标准，以“W”表示。

② 以货物的体积(measurement)作为计算运费的标准，即以“尺码吨”(measurement ton)为标准。以“M”表示。

③ 按货物 FOB 价计算运费，一般不超过 5%。在运价表中以“Ad. Val”表示。

④ 按重量或体积计收，按较高一种收费，以“W/M”表示。

⑤ 按货物重量或体积或从价计收，从高收费以“W/M or Ad. Val”表示。

⑥ 按货物的件数计收，如车辆按“每辆”计收。

⑦ 由货方与船公司临时议定运费，也称为临时议定价格。其费率一般较低，通常适

用于大宗低值货物的计费。

课堂讨论：如果采用班轮运输，货方想节约运费，应该怎样做？

附加费是班轮公司在收取基本运费的基础上，根据不同情况，为了抵补运输途中额外增加的支出或在蒙受一定损失时而收取的费用。附加费名目繁多，如表5-1所示。此外，还有货币贬值附加费、港口拥挤费等。

表5-1 班轮运费中的常见附加费

名　称	释　义
超重或超长附加费	单件货物重量、长度超过一定限度给装卸带来困难而加收的一种附加费
直航附加费	凡运往非基本港口的货物，应托运人要求直航而收取的费用
港口附加费	由于港口装卸条件差、速度慢、港口费用高而向货方收取的附加费
转船附加费	因转船运输增加费用而收取的附加费
绕航附加费	由于正常航线不能通行，船舶绕道航行而向货方收取的附加费
燃料附加费	由于原油价格上涨，船舶开支增加而向货方收取的附加费
选港附加费	货方在预先提出的多个卸货港中进行选择而向船方支付的附加费

例5-1 班轮运费计算。

出口货物100箱，每箱5000美元FOB大连，每箱体积1.4米×1.3米×1.1米，每箱毛重2公吨。查找对应的运费(价)表或货物分级表，基本运费费率为每运费吨28美元或从价运费1.5%，查找计费标准，是以W/M or Ad. Val计算。班轮公司加收10%的燃油附加费，40%的转船附加费，请计算基本运费和总运费。

(1) 基本运费如下。

按“W”计算：28×2=56(美元)；

按“M”计算：28×(1.4×1.3×1.1)=56.056(美元)；

按“A. V.”计算：5000×1.5%=75(美元)；

三者比较取最高，应按照“A. V.”计算，基本运费应为75美元。

(2) 总运费=75×(1+10%+40%)×100=11 250(美元)。

重要概念5-2

运　费　吨

在计算运费时，常用到运费吨这一单位。运费吨又称计费吨，分重量吨和尺码吨。重量吨是按货物毛重计算运费时使用的单位，1重量吨=1长吨=1.016公吨=2240磅。尺码吨是按体积计算运费时使用的单位，1尺码吨=40立方英尺。一般情况下，同一货物的重量和体积相比较，以大者为运费吨。

实务借鉴5-1

不同货物该怎样装

业务员小王在监督货物包装时，看到一个包装箱内装了一件贵重商品后还有许多空间。于是自作主张，又将一些该商品的辅件、配件和消耗物料装了进去，直到装满包装箱，这样，重量比原来重了许多。想一想，在办理运输时，会怎么样？

【评析】 根据一般班轮费率表规定：不同的商品如混装在一个包装内(集装箱除外)，则全部货物按其中收费高的商品计收运费。同一种货物因包装不同而计费标准不同，但托运时如未申明具体包装形式时，全部货物均要按运价高的包装计收运费。同一提单内有两种以上不同计价标准的货物，托运时如未分列货名和数量时，计价标准和运价全部要按高者计算。这是在包装和托运时应该注意的。此外，对无商业价值的样品，凡体积不超过0.2立方米，重量不超过50千克时，可要求船方免费运送。班轮费率表中还有起码运费的规定：每张提单的最低运费，根据不同地区、是否转船等情况决定。

2. 租船运输

租船运输，又称不定期船运输，是航运公司提供的另一种服务形式。在大宗商品交易时，货主为了减少运费支出，往往不是将货物装班轮，而是自己租船运送货物。租船运输适合于货多量大或需特殊装卸设备的货物运输，如粮、糖、化肥、矿砂、煤炭、石油、木材、水泥、饲料等。

重要概念 5-3

租船运输

租船运输是指租船人在租船市场上向船东租赁船舶的轮船运输方式。租船运输的航线、船期、装卸港口、运价等要根据货主的不同需要，结合租船市场上的供求情况而定。一般适用于大宗货物的运输。

(1) 租船运输的特点

① 按租船合同安排航行。租船人和船方签订租船合同，未预设固定的船线、固定的船期和固定的装卸港口，航行时间也不固定。

② 运价不固定。运费(或租金)由双方在合同中约定，费用高低受租船市场供求关系制约，起伏变化大。总体上，租船运价低于班轮运价。

③ 双方的责任、权利、义务以租船合同规定为准。

(2) 租船运输方式

租船运输一般可分为定程租船、定期租船、光船租船与航次期租等。

① 定程租船。定程租船又称程租船或航次租船，是以船舶完成一定航程为标准的租船方式。它可分为单航次、连续航次、来回航次和包运合同等多种形式。程租船由船方直接负责船舶的驾驶和管理外，还需对货物的运输负责，因此对租船方较有利。对于大多数企业来讲，运用较多的租船方式就是定程租船。

② 定期租船。定期租船又称期租船，是指按一定的期限租船。租期可长可短，短的可以是数日，长的可达几年或十几年。租船人可以按自己的需要来安排船舶的营运和调度。

③ 光船租船。船东不提供船员，光一条船交给租方使用，由租方自备船员，负责船舶的经营管理和航行各项事宜。实际业务中，这种方式采用较少。

④ 航次期租。航次期租(trip charter on time basis)，又称日租租船，它是一种以完成一个航次运输为目的，但租金以航次所需的时间(天)为计算标准。这种租船方式不计滞期、速遣费用，船方不负责货物运输的经营管理。

(3) 租船运费

租船运费通常在租船合同中予以明确，不同租船方式运费计取方式也不同。

① 定程租船运费。定程租船运费一般包括基本运费、装卸费、速遣费和滞期费。基本运费、装卸费一般按照货物装运量计算，速遣费和滞期费事先在合同中予以明确。装卸费通常有四种规定：船方负担装卸费的情形(cross or liner or berth terms)、船方不负担装卸费用(free in and out，FIO)、船方不负担卸货费用(free out，FO)、船方不负担装卸费(free in，FI)的情形。

重要概念 5-4

速遣费与滞期费

程租船运输货物时，规定装卸期限内，如果租船人未能完成作业，为了补偿船方由此造成船舶延期所产生的损失，由租船人向船方支付一定的罚金，此项罚金称为滞期费(demurrage)。如果租船人在程租船合同规定的时间内提前完成装卸，给船方节省了船期，船方为鼓励租船人，而向租船人支付一定金额作为报酬，此项报酬，称为速遣费(despatch)。速遣费一般为滞期费的一半。

课堂讨论：对于船方来讲，规定速遣费与滞期费有什么好处？

② 定期租船运费。定期租船运费通常按照租期每月(或 30 天)或每载重吨(DWT)若干金额计算支付。

5.1.2 铁路运输

铁路运输(rail transport)是现代运输业的主要方式之一，也是国际贸易货物陆地运输的一种主要方式。海洋运输的进出口货物大多是通过铁路进行货物集中与分散。

1. 铁路运输的特点

铁路运输具有速度快、运量大、运输准确性和连贯性强、受气候等自然条件影响小、安全可靠、运输成本比较低、办理货运手续相对简单等优点，是仅次于海洋运输的主要国际货物运输方式。但是，铁路运输也有其缺点，如机动性差，不能随意停车，运输距离较短时运费较贵，货车编组、转轨需要较长时间。

2. 铁路运输的分类

(1) 国际铁路货物联运。国际铁路货物联运是指在两个或两个以上国家铁路运送中，使用一份运送票据，并以连带责任办理货物的全程运送，在由一国铁路向另一国铁路移交货物时，无须发货人、收货人参加的运输方式。目前，我国对朝鲜、俄罗斯以及一些欧洲国家的小部分出口货物都是采用国际铁路联运方式运送的。采用国际铁路货物联运，有关当事国必须签署相关合同，并依据有关国际公约进行。目前使用的国际公约主要是《国际铁路货物运输公约》(简称《国际货约》)《国际铁路货物联运协定》(简称国际货协)。

(2) 对港铁路运输。对港铁路运输由内地段运输和港段铁路运输两部分构成。它是一种特殊的租车方式的两票运输。具体做法是：从发货地至深圳北站的内地段运输，由发货人或发货地外运机构依照对港铁路运输计划的安排，填写内地铁路运单，先行运往深圳北站，收货人为中国对外贸易运输公司深圳分公司。深圳分公司作为各外贸企业的代理，负责在深圳与铁路局办理货物运输单据的交换，并向深圳铁路局租车，然后申报出口，经查验放行后，将货物运输至九龙港。货车过轨后，由深圳分公司在中国香港的代理人——香港中国旅行社向香港九广铁路公司办理港段铁路运输的托运、报关等工作，货车到达九龙目的站后，由香港中国旅行社将货物卸交给中国香港收货人。

5.1.3 航空运输

航空运输(air transport)是一种更为现代化的运输方式，尽管从传统来看，不是贸易运输中的主要方式，但具有速度快、时间短、安全准确、不受地面条件的限制、货物碎损率低、节省包装、保险、利息低等优点，适于运送某些急需、贵重和易腐、鲜活、季节性商品。目前，航空运输在国际货物运输中的地位已经有了明显提高，运量越来越大。当然，航空运输运费较高、运量相对较小，它的应用也受到了一定的限制。

1. 国际航空运输方式

航空运输的方式主要有班机、包机、集中托运和航空快运业务四种。

(1) 班机运输(scheduled airline)。班机运输方式下，航线基本固定(始发站、途经站、目的站固定)，固定时间开航，收发货人可以确切掌握起运和到达的时间，因此适于运送市场急需的商品、贵重物品、鲜活易腐货物。

(2) 包机运输(chartered carrier)。包机运输方式是指一人包租整架飞机或几人联合包租一架来运送货物。可分为整包机和部分包机两种形式。

(3) 集中托运(consolidation)。集中托运是指航空货运代理公司把若干批单独发运的货物组成一整批向航空公司托运，填写一份总运单，发送到同一站，由航空货运代理公司委托当地代理人负责收货、报关并分拨给各实际收货人的运输方式。

(4) 航空快运(air express service)。航空快运业务又称快递业务，是专门经营该项业务的航空货运代理公司，派专人用最快的速度在货主、机场、用户之间运输和交换货物的运输服务业务。

2. 航空运输的承运人

(1) 航空运输公司。它是航空货物运输业务中的实际承运人，负责办理货物从起运机场至到达机场的运输业务，并对全程运输负责。

(2) 航空货运代理公司。它兼有货主代理和航空公司代理的双重身份,既负责办理空运货物的订舱,起讫机场间货物交接及进出口报关等事宜,又可在办理接货过程中,以航空承运人的身份签发航空运单,对运输过程负责。

3. 航空运输的运价

航空货物的运价是指出发地机场至目的地机场之间的航空运输价格,不包括机场与市区间的地面运输费及其他费用。运价一般是按照重量(千克)或体积重量(6000 立方厘米折合 1 千克)计算的,以两者中较高者为准。主要的航空货物运价有:一般货物运价、特种货物运价、集装箱货物运价。

课堂讨论:航空运输主要适用于哪些货物?

5.1.4 集装箱运输

集装箱运输是指以集装箱作为运输单位进行货物运输的一种现代化运输方式,它可以适用于海洋运输、铁路运输以及国际多式联运等。我国的进出口贸易中,集装箱海运已经成为普遍采用的一种重要的运输方式。

集装箱运输的优点:实现机械化装卸,可以节约劳动力,缩短装卸时间;提高运输效率,加快运输工具的周转;提高货运质量,减少货损货差;节约包装材料和费用,降低运输成本;可以更有效地在各种运输方式间开展联运。

1. 集装箱装箱方式

(1) 整箱(full container load,FCL)。整箱货是指货方自行将货物装满整箱以后,以箱为单位托运的集装箱。一般在货主有足够货源装载一个或数个整箱时采用。空箱运到工厂或仓库后,在海关人员的监管下,货主把货装入箱内、加锁、铅封后交承运人并取得站场收据,最后凭收据换取提单或运单。

(2) 拼箱(less than container load,LCL)。拼箱货是指承运人(或代理人)接受货主托运的数量不足整箱的小票货运后,根据货类性质和目的地进行分类整理。把去同一目的地的货,集中到一定数量后拼装入箱。由于一个箱内有不同货主的货拼装在一起,所以叫拼箱。这种情况在货主托运数量不足装满整箱时采用。拼箱货的分类、整理、集中、装箱(拆箱)、交货等工作均在承运人码头集装箱货运站或内陆集装箱转运站进行。

2. 集装箱运输船货双方货物交接地点

集装箱货物的交接,根据贸易条件所规定的交接地点不同一般分为:

(1) 门到门(door to door)。从发货人工厂或仓库至收货人工厂或仓库。

(2) 门到场(door to CY)。从发货人工厂或仓库至目的地或卸箱港的集装箱堆场。

(3) 门到站(door to CFS)。从发货人工厂或仓库至目的地或卸箱港的集装箱货运站。

(4) 场到门(CY to door)。从起运地或装箱港的集装箱堆场至收货人工厂或仓库。

(5) 场到场(CY to CY)。从起运地或装箱港的堆场至目的地或卸箱港的集装箱堆场。

(6) 场到站(CY to CFS)。从起运地或装箱港的集装箱堆场至目的地或卸箱港的集装箱货运站。

(7) 站到门(CFS to door):从起运地或装箱港的集装箱货运站至收货人工厂或仓库。

(8) 站到场(CFS to CY):从起运地或装箱港的集装箱货运站至目的地或卸箱港的集装箱堆场。

(9) 站到站(CFS to CFS):从起运地或装箱港的集装箱货运站至目的地或卸箱港的集装箱货运站。

3. 集装箱货物交接方式

(1) 整箱交,整箱接(FCL/FCL)。货主在工厂或仓库把装满货后的整箱交给承运人,收货人在目的地同样整箱接货,换言之,承运人以整箱为单位负责交接。货物的装箱和拆箱均由货方负责。

(2) 拼箱交、拆箱接(LCL/LCL)。货主将不足整箱的小票托运货物在集装箱货运站或内陆转运站交给承运人,由承运人负责拼箱(stuffing)和装箱(vanning)运到目的地货运站或内陆转运站,由承运人负责拆箱(unstuffing,devantting),拆箱后,收货人凭单接货。货物的装箱和拆箱均由承运人负责。

(3) 整箱交,拆箱接(FCL/LCL)。货主在工厂或仓库把装满货后的整箱交给承运人,在目的地的集装箱货运站或内陆转运站由承运人负责拆箱后,各收货人凭单接货。

(4) 拼箱交,整箱接(LCL/FCL)。货主将不足整箱的小票托运货物在集装箱货运站或内陆转运站交给承运人。由承运人分类调整,把同一收货人的货集中拼装成整箱,运到目的地后,承运人以整箱交,收货人以整箱接。

重要信息 5-1

集装箱运输的费用

1. 集装箱运输的运费构成

以海运为例,集装箱运输费用包括内陆或装运港市内运输费、拼箱服务费、堆场服务费、海运运费、集装箱及设备使用费等。

2. 集装箱运输运费的计算

集装箱海运费分件杂货运费与包箱费率两种。

(1) 件杂货运费。件杂货按照基本费率加附加费计算,基本费率指参照传统件杂货运价,以运费吨为计算单位,多数航线上采用等级费率;附加费指除传统杂货所收的常规附加费外,还要加收一些与集装箱货物运输有关的附加费。

(2) 包箱费率。这种费率以每个集装箱为计费单位,常见包箱费率见表 5-2。

表 5-2 常见集装箱包箱费率

名 称	释 义
FA 包箱费率(freight for all kinds)	不分货物种类,也不计货量,只规定统一的每个集装箱收取的费率
FCS 包箱费率(freight for class)	按不同货物等级制定的包箱费率,从 1 级到 20 级,同一等级货物,实重货运价高于体积货运价
FCB 包箱费率(freight for class & basis)	按不同货物等级或货物类别以及计算标准制定的费率。同一级费率因计算标准不同,费率也不同

5.1.5 其他运输方式

1. 国际多式联运

国际多式联运(international multimodal transport)是在集装箱运输方式的基础上发展起来的一种新的运输方式,它以集装箱为媒介,把陆、海、空、公路、江河等互不关联的单一运输有机地结合起来,形成的一种国际间的连贯运输。具体做法是由多式联运经营人根据多式联运合同以至少两种不同的运输方式将货物从一国境内的接管地点运至另一国境内指定的交付地点。其特点是:货主只办理一次托运,支付一笔运费,取得一张多式联运单据,以至少两种不同的运输方式运输,全程由一个多式联运经营人负责运输。具有手续简便、安全准确、运输迅速、节省包装等优点。

2. 陆桥运输

(1) 大陆桥运输。大陆桥运输是指使用大陆上的铁路或公路系统作为桥梁,把大陆两端的海洋运输连接起来的连贯运输方式。目前世界上最大的大陆桥运输线路有:横贯苏联、中东、欧洲各地的“西伯利亚大陆桥”,横贯北美大陆联结太平洋和大西洋两岸的“美国大陆桥”和“加拿大大陆桥”,还有 1992 年开通的西起我国连云港东至俄罗斯、中东乃至欧洲各港口的第二条“亚欧大陆桥”等线路。

(2) 小陆桥运输。小陆桥运输是指将美国西海岸进口的货物通过铁路运送到大西洋和墨西哥湾主要港口,再从这些港口用卡车转运到周围城市。

3. 邮政运输

邮政运输(parcel post transport)是较广泛的一种运输方式。各国邮政部门之间订有协定或公约,使得各国的邮件包裹可以在国与国之间进行传递,从而形成国际邮政运输网络。

国际邮政运输是一种具有国际多式联运性质的运输方式。一件国际邮件一般要经过两个或两个以上国家的邮政局,和两种或两种以上不同运输方式的联合作业方可完成。邮政运输的优点是手续简便,具有国际多式联运和“门到门”运输的优势;局限性是量小、费用相对高。

课堂测评

测评要素	表现要求	已达要求	未达要求
知识点	能掌握进出口货物运输方式		
技能点	能初步认识进出口货物运输方式的比较		
任务内容整体认识程度	能概述进出口货物运输条款的意义		
与职业实践相联系的程度	能描述进出口货物运输成本控制的作用		
其他	能描述与其他课程、职业活动等的联系		

5.2 认识国际货物运输条款

提示：完成本任务你将了解国际贸易货物运输合同条款。

职业行动：在进出口贸易货物运输中，海洋运输是采用最多的一种方式，海洋运输中涉及租船订舱与运输安排等多个方面的工作，其中，运输条款的订立关系到整个合同的顺利履行。订立运输条款，应进行以下操作。

海洋运输条款又叫海运装运条款(terms of shipment)，是贸易合同的一个重要组成部分，主要指装运条件和相互责任。在洽商时，买卖双方必须就交货时间、装运地和目的地、能否分批装运和转船、转运等问题商妥，并在合同中具体订明。

具体条款应包括装运时间、装运港、目的港、是否允许转船与分批装运、装运通知，以及滞期、速遣条款等内容。

5.2.1 装运时间与地点

1. 规定装运时间

装运时间又称装运期，是指卖方将合同规定的货物装上运输工具交给承运人的期限。装运是合同中的主要条款，卖方必须严格按照规定时间交付货物，否则可能出现买方拒收货物，解除合同，要求赔偿的情形。

(1) 规定装运期的操作。在实际业务中，规定装运期可以这样做：

① 规定某月装运。例如：Shipment during Mar. 2014。

② 规定跨月装运。例如：Shipment during Feb. /Mar. 2014。

③ 规定在某月月底或某日前装运。

例 5-2 Shipment at or before the end of May 2014; Shipment on or before July 15 2014。这样做期限具体，含义明确，双方不易发生纠纷，在实际业务中采用得比较普遍。

规定在收到信用证后若干天内装运。例如：Shipment within 40 days after receipt of L/C。在采用这种装运期规定时，必须同时规定有关信用证开到的期限。

(2) 规定装运期的注意事项

在合同中，应尽量避免采用近期装运的表示方式，如立即装运(immediate

shipment)，尽快装运(shipment as soon as possible)，即刻装运(prompt shipment)。

不应使用诸如"迅速""立即""尽快"之类词语，如使用此类词语，银行将不予置理。装运期限的长短，应视不同商品特点、信用证规定和租船订舱的实际情况而定。装运期过短，势必给船货安排带来困难；装运期过长，会造成买方积压资金，影响资金周转，从而反过来影响卖方的售价。

装运期必须订明年度及月份，对船舶很少靠港的偏僻港口，争取跨月装运，这样便于安排船舶。

2. 规定装运港(地)

装运港(port of shipment)是指货物起始装运的港口。在业务中，装运港(地)一般由卖方提出，经买方同意后确认。

(1) 规定装运港(地)的操作

① 规定一个装运港(地)。例如，装运港：上海(port of shipment：Shanghai)。

② 规定两个以上的港口为装运港(地)。例如，装运港：上海/大连/秦皇岛。

③ 规定某一航区为装运港(地)，也称选择港。例如，装运港：中国港口。

(2) 规定装运港(地)注意事项

① 规定装运港(地)时，应考虑到国内货源所在地、港口的装卸情况，尽可能明确装运港(地)，并且对有重名的港口应注明国别或地区，以免引起误解。

② 应选择交通方便、费用低、存储方便的装运港(地)。其中以海轮能直接到达的港口为宜。对允许转运的贸易，可选择内河或海轮不能到达的港口。例如，集装箱运输、陆运或空运，则应选取与相关运输工具相适宜的装运港(地)。

③ 尽量减少运输成本。一般情况下，产品的产地和装运港(地)的距离应尽可能短。

④ 如果交货量大，或交货地点为多处，应选择两个或两个以上的装运港(地)，或规定某一航区，以方便装货。

3. 规定目的港(地)

目的港(port of destination)是指最终卸货的港口。目的港(地)一般由买方提出，经卖方同意后确认。

(1) 规定目的港的操作

① 规定一个目的港(地)。例如，目的港：伦敦(port of destination：London)。

② 规定两个以上的港口为目的港(地)。例如，目的港：伦敦/汉堡/鹿特丹。

③ 规定某一航区为目的港(地)。例如，目的港：欧洲主要港口。

(2) 规定目的港(地)注意事项

① 国家不允许使用的目的港(地)不能作为目的港(地)。对于有战争或动乱的地方也不宜定为目的港(地)。

② 对于航次较少或无直达航线的货物运输，应在合同中指明允许转运。

③ 对于目的港(地)的规定要明确，尽量指明确切的名称。如果要求多地卸货，也应明确各个地名。对重名的港口，应注明国家和方位。

④ 对于多个目的港(地),应考虑以下几点:选择港的数目不宜过多,所有选择港都应在一条航线上,并且为一般班轮都能停靠的港口。买方必须在承载船只到达第一个选择港前若干小时(一般是48小时)将最后确定的卸货目的港通知该港的船代理,否则船方有权在任何一个选择港卸货。运费应按选择港最高的费率和附加费计算,对于选择卸货港所增加的费用应由买方负担。

5.2.2 规定分批装运和转运

分批装运和转运涉及买卖双方的权益,在合同中必须有明确的规定。

1. 分批装运

分批装运(partial shipment)是指一个合同项下的货物分成若干批装运交付。在国际贸易中,凡数量较大,或受货源、运输条件、市场销售或资金的条件所限,有必要分期分批装运、到货者,均应在买卖合同中规定分批装运条款。

例 5-3 Partial shipments (to be) allowed. Transshipment (to be) prohibited.

允许分批装运,不许转船。

Ship 200M/T during September and 100M/T during October.

九月份装运200公吨,十月份装运100公吨。

Shipment during November and December in two equal lot.

分两批于十一月及十二月平均装运。

2. 转运

转运(transshipment)是指货物从装运港到目的港的运输过程中,从一种运输工具转至另一种运输工具,或由一种运输方式转至另一种运输方式。能否允许卖方装运货物途中转船,在合同中,买卖双方也要订立明确,即"允许转船条款"。如果到目的港没有直达船或无合适的船,卖方在订立合同时必须"允许转船"。

重要信息 5-2

UCP 600 关于分批与转运的规定

关于分批装运与转运的解释和处理在国际贸易业界并不统一,根据《跟单信用证统一惯例》第600号出版物(以下简称*UCP 600*)规定,可以归纳为以下几条原则。

① 允许部分支款或部分发运。

② 表明使用同一运输工具并经由同次航程运输的数套运输单据在同一次提交时,只要显示相同目的地,将不视为部分发运,即使运输单据上表明的发运日期不同或装货港、接管地或发运地点不同。如果交单由数套运输单据构成,其中最晚的一个发运日将被视为发运日。

含有一套或数套运输单据的交单,如果表明在同一种运输方式下经由数件运输工具运输,即使运输工具在同一天出发运往同一目的地,仍将被视为部分发运。

③ 含有一份以上快递收据、邮政收据或投邮证明的交单，如果单据看似由同一快递或邮政机构在同一地点和日期加盖印戳或签字并且表明同一目的地，将不视为部分发运。

如信用证规定在指定的时间段内分期支款或分期发运，任何一期未按信用证规定期限支取或发运时，信用证对该期及以后各期均告失效。

实务借鉴 5-2

定期定量分批装运

浙江某茶叶公司向沙特出口茶叶800箱，合同、信用证均规定"从三月开始每月装200箱"。如果我方三月装200箱，4月不装，5月装200箱，6月装200箱，7月装200箱，结果会怎样？

【评析】 *UCP 600* 规定，如信用证规定在指定的时间段内分期支款或分期发运，任何一期未按信用证规定期限支取或发运时，信用证对该期及以后各期均告失效。

5.2.3 规定装卸条件

大宗货物多采用租船方式运输。由于装卸时间长短关系到船方的利益(船舶周转速度)，如果装卸货物由租船人负责，船方为了加速自己船舶的周转，对租船人制定的一种奖惩条款就是滞期与速遣条款。在签订贸易合同时，合同中的滞期与速遣条款必须与租船合同中的滞期与速遣条款相衔接。

1. 规定装卸时间

装卸时间是指允许完成装卸任务所约定的时间，一般以天数或小时数来表示。常用规定方法有以下几种。

(1) 日(days)或连续日(running days；consecutive days)。它是指午夜至午夜连续24小时的时间。规定用"日"表示装卸时间，就意味着从装货开始到卸货结束，整个经过的"日数"就是总的装卸时间。其间的下雨及恶劣天气、施工、节假日都不能扣除，所以对租船人不利。

(2) 累计24小时好天气工作日(weather working days of 24 hours)。它是指好天气情况下，不论港口习惯作业为几小时，均以累计24小时作为一个装卸工作日。如港口规定每天工作8小时，则一个装卸工作日就跨及3天的时间。这种规定对租船人有利。

(3) 连续24小时好天气工作日(weather working days of 24 consecutive hours)。它是指在好天气情况下，连续装卸24小时算一个工作日，期间的恶劣天气可以扣除。这种规定一般是用于昼夜作业的港口。当前，这种方法在进出口贸易中运用较为普遍。

2. 规定装卸率

装卸率指每日装卸货物的数量。装卸率的具体确定，一般应按照习惯的正常装卸速度，掌握实事求是的原则。装卸率的高低，关系到完成装卸任务的时间和运费水平，装卸率规定过高或过低都不合适。规定过高，完不成装卸任务，要承担滞期费的损失；规定过低，虽能提前完成装卸任务，可得到船方的速遣费，但船方会因装卸率低、船舶在港时间长而增加运费，致使租船人得不偿失。因此，装卸率的规定应适当。

3. 规定滞期费与速遣费

在滞期费与速遣费通常规定为每天若干金额，不足一天的，按比例计算。在规定买卖合同的滞期费与速遣费条款时，应注意内容要与租船合同相应条款保持一致，以防出现既支付滞期费，又支付速遣费的矛盾情形。

4. 规定装运通知

卖方是否要向买方发出装运通知，根据贸易术语的不同，对此有不同的要求。在卖方承担保险和运输的情况下，对卖方发装运通知的要求不是很严格。但如果是在由买方承担保险和运输的情况下，则对卖方发装运通知的要求就显得很重要。

在 CFR 贸易术语下，买方办理保险必须等卖方发出装运通知。在 *INCOTERMS 2000* 中对此规定，卖方必须给予买方关于货物装船的充分的通知。这里"充分的"是指装船通知在时间上是毫不延迟的，在内容上是详尽的，以满足买方办理保险的需要。

5.2.4 规定运载工具及运输路线

1. 规定运载工具

在合同中要规定运载工具往往由买方提出。买方指定运载工具，有的是因其与船公司有协议，而要求将货物交该船公司承载；也有的是因某船公司的船舶设备优良、船速迅捷，买方要求交其承运可早收到货物；也有的是因为进口国政府有政策导向，要求用本国船公司的船舶进行运输，以扶持本国航运业。因此，在合同中就会对运载工具作出规定。

2. 规定运输路线

指定运输路线也往往由买方提出。因运输路线关系到运费的高低及运输时间。在 FAS 及 FOB 贸易术语条件下，由买方租船订舱，买卖双方不需要对此明确。但在 CFR 及 CIF 等贸易术语条件下，由卖方租船订舱，买方若急需货物或货物运输时间不宜太长，就会指定卖方选择航程较短的航线的船只装运。

课堂测评

测评要素	表现要求	已达要求	未达要求
知识点	能掌握进出口货物装运条款的含义		
技能点	能初步认识进出口货物装运策略		
任务内容整体认识程度	能概述进出口货物装运规定的意义		
与职业实践相联系的程度	能描述进出口货物装运条款的作用		
其他	能描述与其他课程、职业活动等的联系		

5.3 认识国际货物运输单证

提示：完成本任务你将了解国际贸易运输中的单证。

职业行动：在进出口贸易货物运输中，运输单证通常代表运输中的货物或证明货物已经付运的单据，具体反映了同货物运输有关的当事人（如发货人、承运人、收货人等）的责任与权利，是货物运输业务中最重要的文件。业务人员必须掌握常用单证的运用。

运输单据(shipping documents)是承运人签发给托运人的表示收到货物的证明文件，它是交接货物、向银行结算货款或进行议付所必备的重要单据。按运输方式不同，分为海运提单、海运单、铁路运单、航空运单、国际多式联运单据等。

5.3.1 海运提单

重要概念 5-5

海运提单

海运提单(bill of lading，B/L)，简称提单，是指货物的承运人或其代理人在收到货物后，签发给托运人的一种证明文件。它是海运方式下各种单据的核心。

1. 海运提单的性质和作用

(1) 货物收据

提单是承运人或其代理人，应托运人的要求所签发的货物收据，证明承运人已如数收到提单上所列的货物。提单一经签发，承运人就承担对提单上所载明的货物妥善保管、安全运输，并向持单人交付货物的义务。

(2) 海上运输协议(或契约)的证明

承运人接受托运人的货物，并签发提单，即可视为运输协议（契约）的成立。双方的权利和义务一般都列在提单的背面，它是处理承运人与托运人在运输中产生争议的依据。

(3) 货物所有权的凭证

提单是一种物权证件，本身就代表着提单上所载明的货物。收货人或提单的合法持有人有权凭提单在目的港向承运人或其代理人提取货物。由于提单是货物所有权的证明文件，因此可将其视为有价证券，除不能转让的提单外，提单持有人可以于货物运抵目的港之前在国际市场上凭提单进行买卖、转让或凭提单向银行办理抵押贷款。

2. 海运提单的种类

国际贸易中经常使用的海运提单多达几十种，从不同角度可以划分为以下几类。

(1) 根据货物是否装船划分，有已装船提单和备运提单已装船提单(shipped B/L 或 board B/L)是指轮船公司已将货物装上指定轮船后所签发的提单。它在国际贸易中应用比较广泛。按国际市场银行业务惯例,出口商向银行议付货款时所提交的提单,必须是已装船提单。这种提单的特点是提单上必须用文字表明货物已装在某某船上,并载有装船日期,有船长或其代理人的签字。

备运提单(received for shipment B/L)是指轮船公司在收到托运货物等待装船期间,向托运人签发的提单,又称收讫待运提单。由于该提单上没有明确肯定的装船日期,并且一般不注明载货船只的名称,将来货物能否装船无保障,因此买方和受让人一般不愿接受。

(2) 根据提单上对货物外表状况的批注划分,有清洁提单和不清洁提单

清洁提单(clean B/L)是指承运人或其代理人未在提单上列加有关货损或包装不良之类批注的提单。银行办理议付货款时,为安全起见,一般只接受出口商提交的清洁提单。

不清洁提单(unclean B/L)是指承运人或其代理人在签发提单时在提单上加注货物外表状况不良或存在缺陷等有碍结汇批注的提单。例如,在提单上批注有"包装不固""两箱损坏""包装破裂"等内容的提单均属不清洁提单。

(3) 根据提单收货人抬头方式不同划分,有记名提单、不记名提单和指示提单

记名提单(straight B/L)是指在提单收货人一栏内明确填明收货人名称的提单。这种提单只能由指定的收货人提货,不能转让流通。这种提单在国际贸易中使用不多,一般只用于运输贵重物品或有特殊用途的货物。

不记名提单(bearer B/L)又称空白提单(blank B/L 或 open B/L),是指在收货人一栏内不填写收货人的名称,仅在收货人一栏内填写"来人"(bearer)字样的提单,它不需任何手续即可转让。提单持有人仅凭提单即可提货。这种提单一旦遗失或被盗,容易引起纠纷,故在国际贸易中很少使用。

指示提单(order B/L)是指在收货人一栏内不明确写明收货人的名称,只填写"凭指示"(To order),"凭某某指示"(To order of...)字样的一种提单。前者叫空白指示提单,后者叫记名指示提单。指示提单通过背书后可以转让,所以又称转让提单。背书方式可分为两种,一种是空白背书,另一种是记名背书。在我国一般采用"凭指示"空白背书的提单。

(4) 根据运输方式不同划分,有直达提单、转船提单和联运提单

直达提单(direct B/L)是指由承运人对装运港直接运抵目的地的货物所出具的提单。

转船提单是指从装运港启航的船舶不能直接驶抵目的港,而需中途换船所签发的提单。

联运提单是由第一程承运人签发而由几个承运人联合完成全程运输任务的提单。它在由海运和其他运输方式所组成的联合运输时使用。例如适于海/海、海/陆、陆/海联运。因此,转船提单本质上也是联运提单。只要取得第一程承运人所签发的提单,不论货物在中途经过多少次转运,均被认为是"已装船提单",尽管第一程承运人只负责第一航程的责任。

(5) 根据提单内容繁简划分,有全式提单和略式提单

全式提单(long form B/L)是指提单背面列有承运人和托运人权利、义务等项详细条款的提单,又称繁式提单。

略式提单(short form B/L)是指提单仅保留提单正面项目而略去背面承运人与托运人权利、义务等条款的提单。

(6) 根据船舶营运方式不同划分,有班轮提单和租船提单

班轮提单(liner B/L)是指由班轮公司作为承运人并由其所签发的提单。

租船提单(charter party B/L)是指承运人根据租船合同承运货物后签发给托运人的提单。银行或买方接受这种提单时,通常要求卖方提供租船合同的副本。

(7) 根据提单的签发人不同划分,有船东提单和货代提单

船东提单(master B/L)也称大提单,是指由船公司或实际承运人签发的提单。承运人签字时通常表明其承运人身份。船东提单是物权凭证,适用于 FCL 货物。

货代提单(house B/L)也称小提单,是指有货运代理人签发的提单。货运提单不是物权凭证,须在目的港向货代的代理人换取船东提单,才能提货。适用于 LCL 货物。

(8) 其他提单

正常提单(current B/L)是指在信用证规定的交单期内提交给银行议付货款的提单。在信用证未规定交单期时,必须在提单签发后 21 天内提交给银行,这时提交的单据属于正常提单。

过期提单(stale B/L)有两种:一种是指晚于货物到达目的港的提单,另一种是指超过提单签发日期 21 天后才交银行议付的提单。前者在近洋运输中经常出现,如我国与韩国等近洋邻国的贸易中,由于航程短,货物比提单先到是经常有的。为使这种提单能被接受,故在买卖合同和信用证中应规定"过期提单可以接受"的条款。后者是可以避免的,因此《跟单信用统一惯例》规定,如信用证未规定向银行交单的特定期限,银行将拒绝出单日期 21 天后提交的提单。

预借提单(advanced B/L)是指货物在装船前或装船完毕前,托运人为及时结汇,向承运人预先借用的提单。船公司签发提单的日期理应是货物全部装船完毕,也就是大副出具收据的那一天,这是一项很严肃的法律行为。因此,预借提单是一种违法行为。

倒签提单(ante-dated B/L)是承运人签发提单时倒签填发日的一种提单。由于货物实际装船日期晚于信用证规定的日期,如按实情签发提单,势必不能结汇,为使提单日与信用证规定装运日期相符,承运人应托运人的请求,按信用证规定日期签发提单,这种做法与预借提单一样属于违法行为。

舱面提单(on deck B/L)又称甲板提单,是指对装在甲板上的货物所签发的提单。这种提单一般都注有"甲板货"字样,舱面货风险很大,根据《海牙规则》的规定,承运人对装在甲板上的货物的损坏或灭失不负责任。因此,买方和银行一般不愿接受舱面提单,信用证中另有规定的除外。

重要信息 5-3

国际货物运输单证

进出口货物运输单证一般包括商务单证和货运单证两大类。商务单证有贸易合同正本或副本、发票、提单、装箱单、品质证明书和保险单等;货运单证主要有载货清单、货物积载图、租船合同或提单等。如系承租船,还应有装卸准备就绪通知书(N/R)、装货事实记录(loading statement of facts)、装卸货物时间表(time sheet)等,以便计算滞期费或速遣费。进出口货物运输单证多由装货港口的代理和港口轮船代理公司、银行、贸易一方提供。

进出口货物的各种单证是港口进行装卸货、报关、报检、接交和疏运等多项工作不可缺少的资料,因此负责运输的部门收到单证后,应以此与进口合同进行核对。若份数不够,要及时复制,分发有关单位,以便船只到港后,有关各方相互配合,共同做好接卸疏运等工作。

5.3.2 海运单

海运单(sea waybill,SWB)是证明海上货物运输合同和货物已经由承运人接管或装船,以及承运人保证将货物交给指定收货人的一种不可转让的单证,不是货物的"物权凭证"。

1. 海运单的优点

收货人在卸货港提取货物时并不需要持有和出具正本的海运单,只需要确认自己的收货人身份后就可以取得提货单提货。海运单的这种特征使其能够适应海上货物运输时间缩短后对单证的要求,发货人可以为其客户提供更简易迅速的服务,并使承运人和收货人都能从中获得方便。

2. 海运单的采用

1990 年在国际海事委员会第 34 届大会上通过了《国际海事委员会海运单统一规则》,供当事人选择适用。英国、比利时、丹麦、法国、德国等欧洲国家采用海运单较为普遍。我国的船公司也在 20 世纪 90 年代中期开始使用海运单。

课堂讨论:海运提单与海运单有什么不同?

5.3.3 铁路运输单据

铁路运单(railway bill)由铁路运输承运人签发的货运单据。它是收货、发货人同铁路之间的运输契约。其正本在签发后与货物同行,副本签发给托运人用于贸易双方结算货款。

1. 国际铁路联运运单

国际铁路联运运单(international through rail waybill)是国际铁路运输的主要单据,它是发货人与参与国际联运的不同国家铁路之间缔结的运输契约,规定了铁路与发货、收货人在货物运送中的权利、义务和责任，对铁路和发货人、收货人都具有法律效力。该运单从始发站随同货物附送至终点站并交给收货人，它不仅是铁路承运货物出具的凭证，也是铁路同货主交接货物、核收运杂费用和处理索赔与理赔的依据。国际铁路联运运单副本，在铁路加盖承运日期戳记后发还给发货人，它是卖方凭此向银行结算货款的主要证件之一。

2. 承运人货物收据

承运人货物收据(cargo receipt)是指承运人出具给托运人的收据，也是承托双方的运输合同。收据背面印有“承运简章”，表明了它适用于铁路、轮船、公路、航空等单种和多种联合运输。我国内地通过铁路运往港澳地区的货物，不论是以港澳为目的地还是为中转站的，发货人都委托中国外贸运输公司或外地分公司承运货物装车后，由上述部门签发“承运货物收据”，发货人据此连同其他相关单据结汇，而收货人凭此提货。

承运人货物收据也适用于轮船、公路、航空等单种和多种联合运输。

5.3.4 航空运单

航空运单(airway bill)是承运人与托运人之间签订的运输契约，也是承运人或其代理人签发的货物收据。航空运单还可作为核收运费的依据和海关查验放行的基本单据。但航空运单不是代表航空公司的提货通知单。在航空运单的“收货人”栏内，必须详细填写收货人的全称和地址，而不能做成指示性抬头。航空运单主要分为以下两大类。

1. 航空主运单

凡由航空运输公司签发的航空运单就称为航空主运单(master air waybill, MAWB)。它是航空运输公司据以办理货物运输和交付的依据，是航空公司和托运人订立的运输合同，每一批航空运输的货物都有自己相对应的航空主运单。

2. 航空分运单

集中托运人在办理集中托运业务时签发的航空运单被称作航空分运单(house air waybill, HAWB)。集中托运的情况下，除了航空运输公司签发主运单外，航空货运代理人(集中托运人)还要签发航空分运单。

航空运单的正本一式三份，每份都印有背面条款，其中，第一份交发货人，是承运人或其代理人接收货物的依据；第二份由承运人留存，作为记账凭证；第三份随货同行，在货物到达目的地，交付给收货人时作为核收货物的依据。

5.3.5 多式联运单据

多式联运单据(combined transport documents, CTD)是指证明国际多式联运合同成立及证明多式联运经营人接管货物，并负责按照多式联运合同条款支付货物的单据。

根据发货人要求，多式联运单据可以做成可转让或不可转让的。如签发一套一份以上的可转让多式联运单据正本，应注明份数，多式联运经营人或其代表已在当地按照其中一份正本交货，该多式联运经营人便已履行其交货责任。

课 堂 测 评

测 评 要 素	表 现 要 求	已达要求	未达要求
知识点	能掌握进出口货物运输单证的类型		
技能点	能初步认识进出口货物运输单证制作要点		
任务内容整体认识程度	能概述进出口货物运输单证的意义		
与职业实践相联系的程度	能描述进出口货物运输单证的作用		
其他	能描述与其他课程、职业活动等的联系		

任务 5 小结

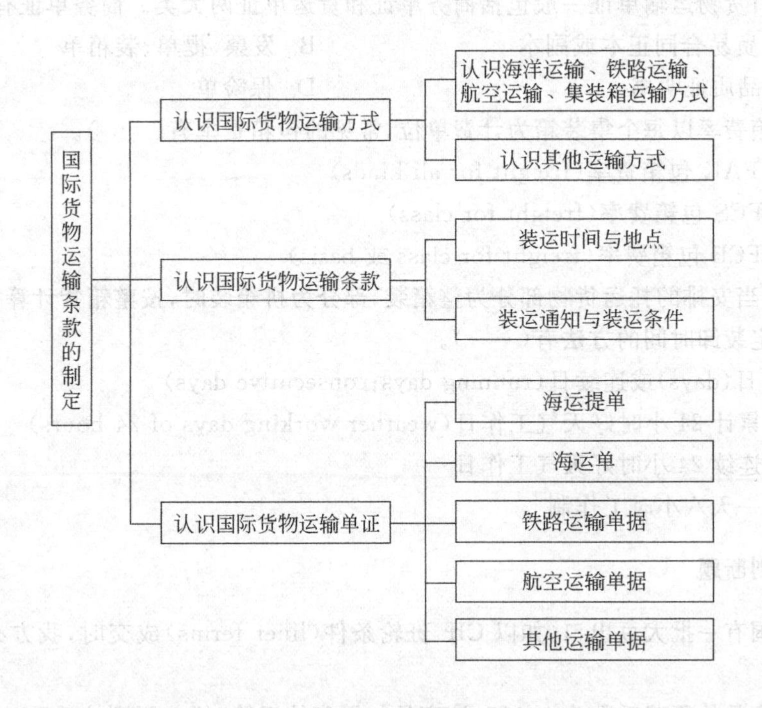

教学做一体化训练

一、重点概念

班轮运输　运费吨　租船运输　速遣费与滞期费

二、课后演练

(一) 选择题

1. 班轮是指按照规定的时间、在规定的航线上、按规定的港口次序往返运输货物的船舶。班轮运输的特点有(　　)。

A. 四定：固定航线、固定航期、固定停靠港口、固定费率

B. 两管：(承运人)管装、管卸

C. 无论货物多少以及各类货物都可以接受，包括冷冻、易腐、液体和危险品货物，且一般在码头仓库交接货物，方便货主

D. 承运人、托运人双方的权利、义务和责任豁免以班轮提单上所载条款为依据

2. 班轮运输的运费应该(　　)。

A. 包括装卸费，不计滞期费、速遣费

B. 包括装卸费，但应计滞期费、速遣费

C. 包括卸货费和应计滞费，不计速遣费

3. 进口货物运输单证一般包括商务单证和货运单证两大类。商务单证有(　　)。

A. 贸易合同正本或副本　　B. 发票、提单、装箱单

C. 品质证明书　　D. 保险单

4. 包箱费率以每个集装箱为计费单位，常见的包箱费率有(　　)。

A. FAK 包箱费率(freight for all kinds)

B. FCS 包箱费率(freight for class)

C. FCB 包箱费率(freight for class 或 basis)

D. 当安排的托运货物部分为整箱装，部分为拼箱装时，按整箱货计算

5. 规定装卸时间的方法有(　　)。

A. 日(days)或连续日(running days; consecutive days)

B. 累计 24 小时好天气工作日(weather working days of 24 hours)

C. 连续 24 小时好天气工作日

D. 一天八小时工作制

(二) 判断题

1. 我国有一批大豆出口，如以 CIF 班轮条件(liner terms)成交时，我方必须用班轮装运货物。　(　　)

2. 某商品的积载系数为 0.987，该商品如用班轮运输，船公司则按毛重计算运输。　(　　)

3. 如合同中规定装运条款为"2008 年 7/8 月分批装运"，那么我国出口公司必须将货物于 7 月、8 月两个月内，每月各装一批。　(　　)

4. 凡装在同一航次及同一条船上的货物，即使装运时间与装运地点不同，也不作为分批装运。　(　　)

5. 在采用租船运输与班轮运输时，租船合同与贸易合同中都应该订立装卸率和滞期速遣条款。　(　　)

(三) 简答题

1. 班轮运费由哪几部分组成？有哪些是常见的附加费？

2. 贸易合同中运输条款的内容有哪些？

3. 租船订舱程序有哪些？

4. 集装箱运输运费如何计取？

5. 什么是预借提单和倒签提单？

（四）案例分析

分批、转船引发的损失

1991年7月，我某进出口公司代理某工厂与美国某公司就进口乳胶制品中产线项目签订了合同。合同规定：价格条件为CIF新港；合同金额：USD1276000.00；交货期为1992年7月31日以前，一批交货，不允许转船；支付为10%货款电汇预付，80%即期信用证，10%尾款汇付。

1992年6月，外方要求推迟交货4个月。并要求允许分批装运、允许转船。经反复洽商，用户坚持接受外方要求并指示外贸公司改证，取消合同中的设备预验收条款（进口合同签订时写明代理公司，故用户单方面对外表示接受有效）。无奈之下，我外贸公司同意修改合同，同时对信用证条款作了相应修改。

1992年11月18日，卖方完成最后一批交货，并议付了信用证款项，然而由于转船接货衔接失误等原因，最后一批货物直至1993年5月初才运抵工厂。商检结果表明，外方所交货物有严重的零件短少。1993年7月始双方技术人员开始安装，又不断发现设备有多处设计制造缺陷和错误。由于安装中大量的改造、修补工作。致使原订3个月的安装工程历时5个多月，投入了大量人力、财力才勉强完成，但整个生产线仍不能正常运行。

经对外方所交货物情况分析，可看到其所提供的设备只有少部分系美国设计制造，而大部分则是购买新加坡、马来西亚的二手设备翻新后交运。整条生产线是拼凑而成，故缺陷、错误问题百出。

1993年12月至1994年6月，我方不断与外方联系要求给予技术上的支持，但效果甚微。我方于是要求经济补偿，反复交涉未果。

1994年11月，我方正式将此案提交中国国际经济贸易仲裁委员会申请仲裁，1995年10月仲裁委在北京就此案开庭审理，并于10月25日作出中间裁决，限期外方自负费用派出人员并提供原料与我方共同完成设备的调试运行，但外方拒不执行。

1996年6月14日仲裁庭作出裁决，裁定外方赔偿我方经济损失USD350330.00；RMB394559.00元。

至此，我方的实际经济损失已逾人民币千万元。不仅如此，还由于项目两年多的拖延，使此项目的产品失去了市场机会，损失了巨大的预期市场利润。后虽经我方努力使设备投入了运行，但质量指标仍达不到合同要求，产品已失去竞争力。而企业也不堪重负，濒临破产。

阅读以上材料，回答以下问题。

（1）该案中引起企业损失的原因有哪些？

（2）遇到这种情况应该怎么办？

同步实训

【实训目标】 班轮运费的计算。

1. 山东省农产品进出口公司向中东某国出口小杂粮 500 公吨，经租船订舱，与天津某外运公司达成协议，拟搭载该公司去往中东某主要港口的班轮进行货物运输。由于近期国际燃油价格上涨，外运公司对开往中东地区的班轮加收 30% 的燃油附加费；鉴于中东地区港口一直比较繁忙，外运公司又决定加收 20% 的港口拥挤费。试计算 500 公吨小杂粮由天津运到中东地区的运费(货物分级见表 5-3，运费率见表 5-4)。

2. 义乌五金进出口公司拟向中东地区出口一批工具，共 100 箱，每箱 0.45 立方米，每箱重 580 千克，试计算该批货物运到中东地区主要港口的运费(货物分级见表 5-8，运费率见表 5-9，港口附加费同上)。

表 5-8 义乌外运公司货物分级表

货物名称	计算标准	等级
农用机械	W/M	9
杂粮	W	3
五金工具	W/M	10
玩具	M	11
…	…	…

表 5-9 义乌外运 义乌—中东主要港口运费率 单位：港币(元)

等级	运费
1	240
2	245
3	250
…	…
10	410
11	440
…	…

【组织实施】 学生分组，讨论计算步骤。

【操作提示】 先熟悉班轮运费构成，再依据计算步骤进行计算。

【成果检测】 完成活动项目任务，各组分别展示，学生讨论，教师进行评价。

【实训延伸】 进行集装箱运输的运费计算。

学生自我总结

通过完成“任务 5　国际货物运输条款的制定”，我能够作如下总结。

一、主要知识

完成本任务涉及的主要知识点：
1.
2.

二、主要技能

完成本任务的主要技能：
1.
2.

三、主要工作

我认为，国际货物运输条款磋商的主要工作：
1.
2.

四、相关知识与技能

1. 国际货物运输的主要方式：
2. 国际货物运输条款的主要内容：
3. 运输方式选择与运费计取方式的关系：

五、成果检验

1. 完成本任务的意义：
2. 学到的经验：
3. 自悟的经验：
4. 我认为，租船运输与业务活动效益的关系：

任务 6　国际货物运输保险条款的制定

学习目标

1. 知识目标

- 能认识保险承保范围。
- 能认识保险险别。
- 能认识投保流程。

2. 能力目标

- 能熟练选择保险险别。
- 能熟练书写合同保险条款。
- 能熟悉办理进出口投保。

情境导入

简单来讲,保险的作用就是防患未然。早在古巴比伦人的商业记录中,就有将推销、运输货物人员的家人作押,以保障货物的安全的方式。的确,漫长的运输途中,多个装卸环节以及风险都可能导致货物受损,这样的问题如果得不到解决,进出口贸易就很难顺利开展。为了消除贸易商对运输风险的后顾之忧,货物运输保险业务应运而生。由此可见,货物运输保险是贸易商转嫁运输风险以及由此造成损失的一种必要措施。进出口投保一般要经历选择适当的险别、确定保险金额、支付保险费、领取保险凭证等工作环节。

学习任务

根据国际贸易职业活动顺序,“国际货物运输保险条款的制定”这一任务又可以分解为以下子任务。

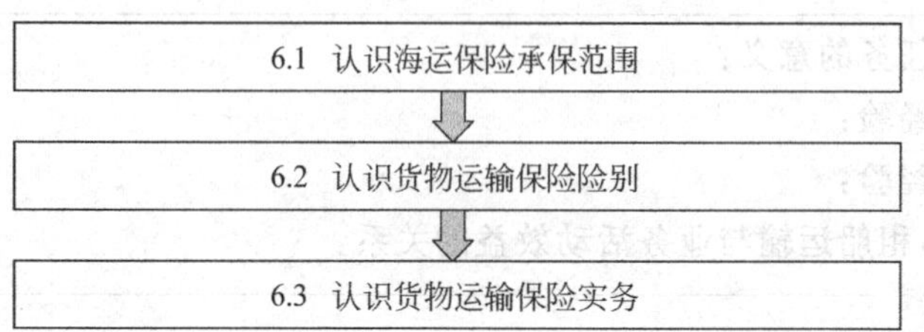

课前故事

我们的第六个故事从古代保险的赔付讲起。公元前2000年,地中海一带就有了广泛的海上贸易活动。为使航海船舶免遭倾覆,最有效的解救方法就是抛弃船上货物,以减轻船舶的载重量,而为使被抛弃的货物能从其他收益方获得补偿,当时的航海商就提出一条共同遵循的分摊海上不测事故所致损失的原则"一人为众,众人为一"。公元前916年,在《罗地安海商法》中正式规定:"为了全体利益,减轻船只载重而抛弃船上货物,其损失由全体受益方来分摊。"在罗马法典中也提到共同海损必须在船舶获救的情况下,才能进行损失分摊。由于该原则最早体现了海上保险的分摊损失、互助共济的要求,因而被视为海上保险的萌芽。

6.1 认识海运保险承保范围

提示:完成本任务你将了解国际贸易海上运输保险承保范围。

职业行动:作为进出口贸易合同中承担投保义务的某一方,肯定会选择对货物进行保险。投保之前,分析货物在运输途中可能出现的风险,并分析哪些属于保险公司的承保范围。这样,才能做到有针对性地选择投保。

6.1.1 风险

风险是造成货物损失或发生费用的原因。中国人民保险公司1981年修订的《海运货物保险条款》规定,海洋货物运输保险承保范围所指的风险主要分为海上风险和外来风险两类。

1. 海上风险

海上风险(perils of sea)简称为海险,是保险的专门术语。它是指在海上航行中发生及海与陆上、内河或驳船相连接的地方所发生的自然灾害或意外事故,但并非海上一切风险。在实际保险业务中,海上风险有着特定的内容。海上风险分为自然灾害(natural calamities)和意外事故(accidents),具体内容如表6-1所示。

表 6-1 海上风险

种类	内容
自然灾害	自然力量所造成的灾害(保险中有特定范围,不是泛指一切的自然灾害),如恶劣气候、雷电、海啸、地震、洪水或火山爆发等人力不可抗拒的灾害
意外事故	意外原因造成的事故(保险中有特定范围,不是一切海上意外事故),如船舶搁浅、触礁、沉没、与流冰或其他物体相撞、火灾、爆炸、失踪等

2. 外来风险

外来风险(extraneous risks)是指海上风险以外的其他意外的、偶然的、难以预料预防的外来因素所导致的风险。外来风险没有明显的自然因素突变和运输工具造成的意外事故的现象，它是海上保险的一种责任扩大。外来风险包括一般外来风险和特殊外来风险，具体内容如表6-2所示。

表6-2 外来风险

种类	内容
一般外来风险	一般外来原因导致的风险。主要包括偷窃、雨淋(淡水)、短量、破碎、渗漏、受潮、受热、玷污、串味、钩损、锈损等情况。这些风险属于运输过程中包括装卸、储运、操作等阶段中发生的意外事故
特殊外来风险	货物在运输过程中遭受由于政治因素、战争、敌对行为、罢工、进口国拒绝进口等特殊外来因素影响而产生的风险

除上述风险外，保险货物在运输途中还会出现自然损耗，或由于货物本身缺陷导致的其他风险，保险人不承担保险责任。

6.1.2 损失

海上损失简称海损，是指被保险货物在海运过程中，由于海上风险所造成的损失或灭失。就货物损失的程度而言，海损可分为全部损失和部分损失。

1. 全部损失

全部损失(total loss)简称全损，是指运输中的整批货物或不可分割的一批货物的全部损失。按照损失情况不同可分为实际全损和推定全损。

(1) 实际全损(actual total loss)。实际全损又称为绝对全损，是指该批保险货物完全灭失或货物受损后已失去原有的用途。

重要信息6-1

实际全损的情形

实际全损有以下几种情形。

① 保险标的完全灭失。即指保险标的的实体已经完全损毁或不复存在。如大火烧掉船舶或货物，糖、盐这类易溶货物被海水溶化，船舶遭飓风沉没，船舶碰撞后沉入深海等。

② 保险标的丧失属性。即指保险标的的属性已被彻底改变，不再是投保时所描述的内容，例如货物发生了化学变化使得货物分解，在这种情况下，保险标的丧失商业价值或使用价值，均属于实际全损。如果货物到达目的地时损失虽然严重，但属性没有改变，经过一定的整理，还可以以原来的商品名义降价处理，那就只是部分损失。

③ 被保险人无可挽回地丧失了保险标的。在这种情况下，保险标的仍然实际存在，可能丝毫没有损失，或者有损失而没有丧失属性，但被保险人已经无可挽回地丧失了对它的有效占有。如一根金条掉入了大海，要想收回它是不可能的；战时保险货物被敌方捕获并宣布为战利品。

④ 保险货物的神秘失踪。按照海上保险的惯例，船舶失踪到一定合理的期限，就被

宣布为失踪船舶。在和平时期,如无相反证据,船舶的失踪被认为是由海上风险造成的实际全损。船舶如果失踪,船上所载货物也随之发生"不明原因失踪",货主可以向货物保险人索赔实际全损。

(2) 推定全损(constructive total loss)简称商业全损,是指被保险的货物在海上运输中遭遇承保风险后,虽然还没有达到完全灭失的程度,但可以预见到它的全损将不可避免;或为了避免全损,需要支付的恢复费用加上继续将货物运抵目的地的费用已超过保险价值。

重要信息 6-2

推定全损的情形

① 保险标的的实际全损不可避免。如船舶触礁地点在偏远而危险的地方,因气候恶劣,不能进行救助,尽管货物实际全损还没有发生,但实际全损将不可避免地发生;又如货物在运输途中严重受损,虽然当时没有丧失属性,但可以预计到达目的地时丧失属性不可避免。这类情况下被保险人就可以按推定全损索赔。

② 被保险人丧失对保险标的的实际占有。在合理的时间内不可能收回该标的,或者收回标的的费用要大于标的回收后的价值,就构成推定全损。

③ 保险货物严重受损,其修理、恢复费用和续运费用总和大于货物本身的价值,该批货物就构成了推定全损。

2. 部分损失

部分损失(partial loss)简称为分损,是指被保险货物的损失没有达到全部损毁或灭失的程度。部分损失分为共同海损和单独海损。

(1) 共同海损(general average,G. A)。共同海损是指载货船舶在途中遇到自然灾害或意外事故,威胁到船、货等各方面的共同安全,船方为了维护船、货的共同安全,或者为了使航程能够继续完成,有意识地合理采取挽救措施所作出的一些特殊牺牲或支出的额外费用。共同海损的牺牲和费用应由有关的利害关系方按其获救财产的价值或获益大小的比例共同分摊。

共同海损成立必须具备以下几个条件:危险必须是确实存在或不可避免的,不能主观臆断;危险必须危及船、货的共同安全;挽救措施必须是有意采取的而且是合理的;损失和费用必须是非常的和额外的;牺牲或费用的支出必须有效果;牺牲或费用的支出必须是共同海损行为造成的直接后果,不包括间接损失。

以上条件必须同时具备,才成为共同海损。

(2) 单独海损(particular average)。单独海损是指被保险货物受损后,尚未达到全损的程度,且这种损失不属于共同海损,由各受损者单独负担的损失。它纯粹是偶然性的意外事故,并无人为因素。

单独海损与共同海损的主要区别如下。

① 造成海损的原因不同。单独海损是承保风险所直接导致的船货损失;共同海损则

不是承保风险所直接导致的损失,而是为了解除船货共同危险而有意采取的合理措施所造成的损失。

② 损失的承担责任不同。单独海损,由受损方自行承担;而共同海损,则应由各受益方按照受益大小的比例共同分摊。

实务借鉴 6-1

共同海损与单独海损的区分

某货轮从天津新港驶往新加坡,在航行途中船舶货舱起火,大火蔓延到船舱,船长为了船货的共同安全,决定采取紧急措施,往舱中灌水灭火。火虽被扑灭,但由于主机受损,无法继续航行,于是船长决定雇用拖轮将货船拖回新港修理,检修后重新驶往新加坡。事后调查,这次事件造成的损失:①1000 箱货物被火烧毁;②600 箱由于灌水灭火而受到损失;③主机和部分甲板被烧坏;④拖轮费用;⑤额外增加的燃料和船长、船员工资。从上述各项损失的性质看,哪些属单独海损,哪些属共同海损?

【评析】 本例①、③是因火灾而造成的直接损失,不具备共同海损成立的条件,属单独海损。②、④、⑤是因维护船货共同安全,进行灌水灭火而造成的损失和产生的费用,属于共同海损。

单独海损是指涉及船舶或货物所有人单方面利益的损失。例如,某公司出口核桃 100 吨,在海运途中遭受暴风雨,海水进入舱内,核桃仁遭受水泡而变质,这种损失只是该公司一家的损失,与其他货主和船方都没有关系。

课堂讨论:共同海损的牺牲和费用为什么应由有关的利害关系方分摊?

例 6-1 某载货船舶在航行中发生如下共同海损:船体损失 20 万元,货物损失 25 万元,救助费 4.5 万元,损失运费 0.5 万元,共计 50 万元。获救价值分别如下:船舶 700 万元,货主甲 120 万元,货主乙 100 万元,货主丙 70 万元,运费 10 万元,共计 1000 万元。问如何分摊?

通过计算可以得出:船主分摊 35 万元,货主甲分摊 6 万元,货主乙分摊 5 万元,货主丙分摊 3.5 万元,承运人分摊 0.5 万元。

6.1.3 费用

海上费用是指海上货物运输遇险后,为了营救被保险货物所支出的费用。海上费用主要包括施救费用、救助费用、特别费用等。

1. 施救费用

施救费用指被保险的货物在遭遇到承保责任范围内的灾害事故时,被保险人或其代理人、雇用人员或受让人为避免或减少货物损失,采取各种措施进行抢救和防护所支出的合理费用。

2. 救助费用

救助费用指被保险货物在遭受了承保责任范围内的灾害事故时，由保险人和被保险人以外的第三者采取有效的救助措施，在救助成功后，由被救助方付给救助人的一种报酬。

3. 特别费用

特别费用指运输工具在海上遭遇海难后，在中途港、避难港由于卸货、存仓以及运送货物所产生的续运费用，以及被保险人为了证明货损，申请检验所支付的检验费及拍卖所损货物的销售费等额外费用均属于特别费用。

上述这些费用由保险人负责赔偿。

课堂测评

测评要素	表现要求	已达要求	未达要求
知识点	能掌握海运保险承保范围的含义		
技能点	能初步认识海运保险承保范围内容		
任务内容整体认识程度	能概述海运保险承保范围的意义		
与职业实践相联系的程度	能描述海运保险承保范围的作用		
其他	能描述与其他课程、职业活动等的联系		

6.2 认识货物运输保险险别

提示：完成本任务你将了解国际贸易运输保险险别。

职业行动：作为进出口贸易合同中承担投保义务的某一方，在选择对货物进行保险之前，选择险别非常重要。怎样才能做到既使货物运输风险有保障，又使保险费用的支出减少呢？

保险险别是保险人对风险和损失的承保责任范围，它是保险人和被保险人履行权利和义务的基础，也是确认保险人承保责任大小和被保险人缴付保险费多少的依据。

6.2.1 我国海运货物保险险别

我国《海洋运输货物保险条款》规定了海运货物具体险别如下。

1. 基本险

基本险(basic risks)又称为主险，可以单独投保。基本险包括平安险、水渍险和一切险。

(1) 平安险(free from particular average, FPA)，也称为部分损失不赔险。平安险承保责任范围如下。

① 被保险货物在运输途中由于恶劣天气、雷电、海啸等自然灾害造成整批货物的全部损失或推定全损。

② 由于运输工具遭受搁浅、触礁、沉没、失火、爆炸等意外事故造成的全部或部分损失。

③ 在运输工具已经发生搁浅、触礁等意外事故的情况下,货物在此前后再次在海上遭受自然灾害所造成的部分损失。

④ 在装卸或转运时由于一件或整件货物落海造成的全部或部分损失。

⑤ 被保险人对遭受承保责任内危险的货物采取抢救措施,防止或减少货损措施而支付的合理费用,但以不超过该批被救货物的保险金额为限。

⑥ 运输工具遭遇自然灾害或意外事故,需要在中途的港口或者在避难港口停靠,因而引起的卸货、装货、存仓以及运送货物所产生的特别费用。

⑦ 发生共同海损所引起的牺牲、分摊和救助费用。

⑧ 运输契约订有"船舶互撞责任"条款,根据该条款规定应由货方偿还船方的损失。

(2) 水渍险(with particular average/with average,WPA/WA)。水渍险与平安险的保险责任相比,除平安险责任范围外,水渍险还负责被保险货物由于恶劣气候、雷电、海啸、地震、洪水等自然灾害所造成的部分损失。

由此可见,水渍险承保的责任范围较大,它并不只是承保由于水渍引起的损失,同时,它也不是承保所有水渍引起的损失,例如,淡水所导致的损失不赔偿。

(3) 一切险(all risks,AR)。一切险的承保责任范围是在水渍险的基础上,对货物在运输途中由于一切外来风险所导致的全损或部分损失给予补偿。

从上述三种基本险别责任范围来看,一切险承保责任范围大,其保险费在三种基本险中也最高。我国大多数进口货物选择投保一切险。

重要信息 6-3

基本险的责任起讫及除外责任

《中国人民保险公司海洋运输货物保险条款》对基本险的责任起讫作了具体规定。采用了国际保险业中惯用的"仓至仓条款"(warehouse to warehouse,W/W),即保险公司所承担的保险责任,是从被保险货物运离保险单所载明的起运港(地)发货人仓库开始,一直到货物到达保险单所载明的目的港(地)收货人的仓库时为止。当货物一进入收货人仓库,保险责任即行终止。但是,当货物从目的港卸离海轮时起算满60天,不论保险货物有没有进入收货人的仓库,保险责任均告终止。货物意外损失发生在从卖方仓库运往装运港码头途中,而不是在保险单载明的起运港(地)仓库,不符合"仓至仓条款"规定的起讫范围,故保险公司拒赔。

上述基本险还规定了下列除外责任(exclusions):①被保险人的故意行为或过失所造成的损失;②属于发货人责任引起的损失;③在保险责任开始前,被保险货物已存在的品质不良或数量短差所造成的损失;④被保险货物的自然损耗、本质缺陷、特性以及市价跌落、运输延迟所造成的损失和费用;⑤属于海洋运输货物战争险条款和货物运输罢工险条款规定的责任范围和除外责任。

2. 附加险

附加险(addition risks)包括一般附加险、特别附加险和特殊附加险。附加险不能单独投保,只能在投保了一种基本险后投保。

(1) 一般附加险(general addition risks)。我国《海洋运输货物保险条款》规定一般附加险用来赔偿一般外来风险所导致的损失,包括以下内容,如表 6-3 所示。

表 6-3 一般附加险险种

险　　种	释　　义
偷窃及提货不着险(theft, pilferage and non-delivery, TPND Clause)	被保险货物因被偷窃,以及被保险货物运抵目的地后整件未交的损失
淡水雨淋险(fresh water&/or rain damage, FWRD Clause)	货物在运输途中由于淡水或雨水造成的损失,包括船上淡水舱、水管漏水以及舱汗所造成的货物损失
短量险(shortage clause)	货物在运输过程中,因包装破裂或散装货物发生数量损失或重量短缺的损失,但不包括货物在途的正常损耗
混杂玷污险(intermixture & contamination clause)	保险货物在运输过程中,因与其他物质接触而被玷污或混进了杂质,影响货物质量所造成的损失
渗漏险(leakage clause)	流质、油类货物在运输途中因容器损坏而引起的渗漏损失,以及用液体储运的货物因液体渗漏引起货物腐烂变质造成的损失
碰损及破碎险(clash & breakage clause)	保险货物在运输过程中,因震动、碰撞、受压造成货物破碎和碰撞所造成的损失
串味险(taint of odor clause)	保险货物因在运输过程中配载不当而受其他物品影响,引起的串味损失
受潮受热险(sweating & heating clause)	保险货物在运输过程中,因气温骤变或船上通风设备失灵等原因使船舱内水汽凝结、发热或发潮导致的损失
钩损险(hook damage clause)	保险货物(一般是袋装、箱装或捆装货物)在运输过程中用钩子装卸,致使包装破裂或直接钩破货物所造成的损失及其对包装进行修理或调换所支出的费用
包装破裂险(breakage of packing clause)	保险货物在运输过程中因搬运或装卸不慎造成包装破裂所引起的货损,以及因继续运输安全的需要修补或调换包装所支出的费用
锈损险(risk of rust clause)	货物在运输过程中由于生锈而造成的损失

(2) 特别附加险(special addition risks)。特别附加险主要用来承保与国家政策法规、航海贸易习惯有关的风险,主要保险范围如表 6-4 所示。

表 6-4 特别附加险险种

险　　种	释　　义
交货不到险(failure to deliver clause)	保险货物装上船舶时开始,在 6 个月内不能运到原定目的地交货。不论何种原因造成交货不到,保险人都按全部损失予以赔偿

续表

险　　种	释　　义
进门关税险(import duty clause)	保险货物受损后,仍得在目的港按完好货物交纳进口关税而造成相应货损部分的关税损失
拒收险(rejection clause)	货物出于各种原因,在进口港被进口国政府或有关当局拒绝进口或没收而产生损失时,保险人依拒收险对此承担赔偿责任
舱面险(on deck clause)	装载于舱面的货物被抛弃或海浪冲击落水所致的损失
黄曲霉素险(aflation risk clause)	保险货物(主要是花生)在进口港或进口地经卫生当局检验证明,其所含黄曲霉素超过进口国限制标准,而被拒绝进口、没收或强制改变用途所造成的损失
出口货物到香港(包括九龙在内)或澳门存仓火险责任扩展条款(fire risk extension clause for storage of cargo at destination Hongkong, including Kowloon, or Macao)	保险货物自内地出口运抵香港(包括九龙)或澳门,卸离运输工具、直接存放于保险单载明的过户银行所指定的仓库期间发生火灾所受的损失

(3) 特殊附加险(specific additional risks)。特殊附加险主要承保由于战争、武装冲突或海盗行为所导致的货物扣留、扣押、禁制等损失的战争险(war risks)和货物由于罢工者、停工工人或他人的恶意行为造成的损失即罢工险(strike risks)。海上运输货物可以在投保战争险的基础上加保罢工险,不另收费。但如单独加保罢工险,则按战争险保险费费率收取保费。

实务借鉴 6-2

保险公司会怎么赔付

友谊公司出口一批货物,投保一切险和战争险,运输船抵达目的地刚开始卸货时,当地发生了武装冲突,船上部分货物被毁,卸至码头的部分货物也遭到哄抢破坏。请问保险公司会如何赔付?

【评析】 这里的损失是由战争引起的,应遵循战争险的责任起止期限。战争险的责任只限于运输工具上的责任。所以,本案例中保险公司只负责赔偿尚在船上的货物损失,已卸至岸上,遭到哄抢破坏的货物,保险公司不予赔偿。

重要信息 6-4

我国海洋运输专门险

针对海运货物的某些特性,保险业务中还有承保其特性的专门险别,这些专门险也具有基本险的性质,可以单独投保。我国的两种海运货物专门险是海洋运输冷藏货物保险(ocean marine insurance for frozen products)和海洋运输散装桐油保险(ocean marine insurance for woodoil bulk)。

(1) 海洋运输冷藏货物保险。海洋运输冷藏货物保险是专门适用于冷藏货物的海上货物运输保险，分为冷藏险和冷藏一切险，它们的保险责任分别为一般货物险中的水渍险和一切险加上由于冷藏机器停止工作连续 24 小时以上造成的腐败或损失。

(2) 海洋运输散装桐油险。海洋运输散装桐油险是专门以散装桐油作为保险标的物的一种海上货物运输险种。它承保散装桐油在海上运输过程中，因遭受保险范围内的自然灾害或意外事故所造成的损失。海上运输散装桐油保险的保险责任范围，除了承担一般海洋运输货物保险的保险责任以外，还承保下述各项损失和费用：①不论任何原因所致被保险桐油的短少、渗漏(超过保险单规定的免赔率部分)的损失(以每个油舱作为计算单位)。②不论任何原因所致被保险桐油的玷污或变质的损失。③被保险人因对遭受承保风险的桐油，采取抢救、防止或减少货损的措施所支出的合理费用，但以该批被救桐油的保险金额为限。

6.2.2 其他运输方式保险险别

1. 陆上运输险

(1) 陆上运输险险别。根据中国人民保险公司陆上运输货物保险条款规定，陆上运输险适用于保障火车、汽车等陆上运输途中货物遭受的自然灾害或意外事故所造成的全部或部分损失。

(2) 陆上运输险承保范围。根据中国人民保险公司陆上运输货物保险条款规定，陆上货物运输险包括以下几种，如表 6-5 所示。

表 6-5 陆上运输险承保范围

险别	险 种	释 义
基本险	陆上运输险 (overland transportation risks)	货物在运输途中由于恶劣天气、雷电、洪水、地震等自然灾害造成整批货物的全部损失或推定全损或部分损失；由于运输工具遭受碰撞、倾覆、出轨或驳运工具遭受搁浅、触礁、沉没等意外事故造成的全部或部分损失
	陆上运输一切险(overland transportation all risks)	除承担上述陆上运输险的赔偿责任外，还负责赔偿被保险货物在运输途中由于一般外来原因所造成的全部或部分损失
	陆上运输冷藏货物险(overland transportation cargo insurance for frozen product)	除负责赔偿陆上运输险中所包含的自然灾害和意外事故所造成的全部或部分损失外，还负责赔偿由于冷藏机器或隔温设备在运输途中损坏所造成的被保险货物解冻融化而腐败变质的损失
附加险	陆上运输货物战争险(overland transportation cargo war risks by train)	只适用于火车运输的货物，而不适用于汽车运输的货物。保险公司负责赔偿在火车运输途中由于战争、武装冲突或各种常规武器所导致的损失

2. 航空运输险

(1) 航空运输险险别。根据中国人民保险公司航空运输货物保险条款规定，航空运输险(air transportation risks)适用于保障航空运输途中货物遭受的自然灾害或意外事故所造成的全部或部分损失。

(2) 航空运输险承保范围。根据中国人民保险公司航空运输货物保险条款规定,保险责任范围包括以下几种。

① 基本险。航空运输险的责任范围相当于海运的"水渍险";航空运输一切险(air transport all risks)的责任范围相当于海运的"一切险"。

② 附加险。航空运输险的附加险也包括战争险和罢工险。加保方式与海运险相同。

3. 邮包险

(1) 邮包险险别。根据中国人民保险公司邮包保险条款规定,邮包险(parcel post risks)适用于保障邮包在邮政机构运输途中货物遭受的自然灾害或意外事故所造成的全部或部分损失。

(2) 邮包险承保范围。根据中国人民保险公司邮包保险条款规定,邮包险的保险责任范围包括以下几种。

① 基本险。邮包险的责任范围相当于海运的"水渍险";邮包一切险(air transport all risks)的责任范围相当于海运的"一切险"。

② 附加险。邮包险的附加险也包括战争险和罢工险。加保方式与海运险相同。

6.2.3 伦敦保险协会海运保险条款

在国际海运保险业务中,英国是一个具有悠久历史和比较发达的国家。它所制定的保险规章制度,特别是保险单和保险条款对世界各国影响很大。目前世界上大多数国家在海上保险业务中直接采用英国伦敦保险协会所制定的"协会货物条款"(institute cargo clause,ICC.)。"协会货物条款"最早制定于1912年,后来经过多次修改。伦敦保险协会在1981年新修订的保险条款一共有六种:

(1) 协会货物条款(A)[institute cargo clause A,I. C. C. (A)];

(2) 协会货物条款(B)[institute cargo clause B,I. C. C. (B)];

(3) 协会货物条款(C)[institute cargo clause C, I. C. C. (C)];

(4) 协会战争险条款(货物)(institute war clause-cargo);

(5) 协会罢工险条款(货物)(institute strikes clause-cargo);

(6) 恶意损坏条款(malicious damage clause)。这六种保险条款中,前三种即协会货物条款(A)、(B)、(C)是主险或基本险,后三种则为附加险。

2009年1月1日起,伦敦联合货运协会制定的协会货运条款经又一次修订实施,主要修订内容包括:澄清条款所载的不承保事项;条款改用现代化文字,以及加入某些词语的新释义。条款经过修订后,通俗易懂。更重要的是扩大保障范围,使受保人获得更全面的保障。

1. I. C. C(A)险的责任范围及除外责任

(1) I. C. C(A)险的责任范围

根据伦敦保险协会对新条款的规定,I. C. C(A)采用"一切风险减除外责任"的办法,即除了“除外责任”项下所列风险保险人不予负责外，其他风险均予负责。

(2) I. C. C(A)险的除外责任

I. C. C(A)险的除外责任有下列四类。

① 一般除外责任。如归因于被保险人故意的不法行为造成的损失或费用；自然渗漏、自然损耗、自然磨损、包装不足或不当所造成的损失或费用；保险标的内在缺陷或特性所造成的损失或费用；直接由于延迟所引起的损失或费用；由于船舶所有人、租船人经营破产或不履行债务所造成的损失或费用；由于使用任何原子或核武器所造成的损失或费用。

② 不适航、不适货除外责任。指保险标的在装船时，被保险人或其受雇人已经知道船舶不适航，以及船舶、装运工具、集装箱等不适货。

③ 战争除外责任。例如，由于战争、内战、敌对行为等造成的损失或费用；由于捕获、拘留、扣留等(海盗除外)所造成的损失或费用；由于漂流水雷、鱼雷等造成的损失或费用。

④ 罢工除外责任。罢工者、被迫停工工人造成的损失或费用，以及由于罢工、被迫停工所造成的损失或费用等。

课堂讨论：保险公司为什么要规定除外责任？

2. I. C. C(B)险的责任范围和除外责任

(1) I. C. C(B)险的责任范围

根据伦敦保险协会对(B)险和(C)险的规定，其承保风险的做法是采用“列明风险”的方法，即在条款的首部开宗明义地把保险人所承保的风险一一列出。I. C. C(B)险承保的风险是：保险标的物的灭失或损坏可合理地归因于下列任何之一者，保险人予以赔偿：①火灾或爆炸；②船舶或驳船搁浅、触礁、沉没或倾覆；③陆上运输工具的倾覆或出轨；④船舶、驳船或运输工具同水以外的外界物体碰撞；⑤在避难港卸货；⑥地震、火山爆发、雷电；⑦共同海损牺牲；⑧抛货；⑨浪击落海；⑩海水、湖水或河水进入船舶、驳船、运输工具、集装箱、大型海运箱或储存处所；货物在装卸时落海或摔落造成整件的全损。

(2) I. C. C(B)险的除外责任

I. C. C(B)险与 I. C. C(A)险的除外责任基本相同，但有下列两项区别。

① I. C. C(A)险除对被保险人的故意不法行为所造成的损失、费用不负赔偿责任外，对被保险人之外任何个人或数人故意损害和破坏标的物或其他任何部分的损害，要负赔偿责任，但 I. C. C(B)对此均不负赔偿责任。

② I. C. C(A)把海盗行为列入风险范围，而 I. C. C(B)对海盗行为不负保险责任。

3. I. C. C(C)险的责任范围和除外责任

(1) I. C. C(C)险的责任范围

I. C. C(C)险承保的风险比 I. C. C(A)、(B)险要小得多，它只承保“重大意外事故”，而不承保“自然灾害及非重大意外事故”。其具体承保的风险有：①火灾、爆炸；②船舶或驳船触礁、搁浅、沉没或倾覆；③陆上运输工具倾覆或出轨；④在避难港卸货；⑤共同海损牺牲；⑥抛货。

(2) I. C. C(C)险的除外责任

I. C. C(C)险的除外责任与I. C. C(B)险完全相同。

在“协会货物条款”中，除以上所述的(A)、(B)、(C)三种险外，还有战争险、罢工险和恶意损害险三种。应注意的是，其“战争险”和“罢工险”不同于中国保险条款的规定——一定要在投保了三种基本险别的基础上才能加保，而是可以作为独立险别投保的。恶意损害险所承担的是被保险人以外的其他人(如船长、船员等)的故意破坏行为所致被保险货物的灭失和损害。它属于(A)险的责任范围，但在(B)、(C)险中，则被列为“除外责任”。

此外，“协会货物条款”三种基本险别(A)、(B)、(C)的保险责任起讫，仍然采用“仓至仓条款”，同中国保险条款的规定大体相同，只是规定得更为详细。战争险的保障期限仍采用“水上危险”原则。同时，罢工险的保险期限与I. C. C(A)、I. C. C(B)、I. C. C(C)的保险期限完全相同，即也采用“仓至仓”原则。

4. 协会保险主要险别的保险期限

英国伦敦保险协会海运货物条款[I. C. C(A)、(B)、(C)]与上节所述我国海运货物保险期限的规定大体相同，也是“仓至仓”，但比我国条款规定得更为详细。在我国进出口业务中，特别是以CIF条件出口时，有些国外商人如要求我出口公司按伦敦保险协会货物条款投保，我出口企业和中国人民保险公司也可通融接受。

重要信息 6-5

选择保险险别应考虑的因素

(1) 货物的特性。在投保时必须充分考虑货物的性质和特点，据以确定适当的险别。如谷类商品含有水分，经过长途运输水分蒸发，可能造成短量。可以在投保水渍险的基础上加保短量险。

(2) 货物的包装。货物的包装方式会直接影响到货物的完好情况。如果采用集装箱运输，可能因集装箱本身原因使货物玷污受损，或是堆放不妥而出现碰损、混杂等损失，就需在平安险或水渍险的基础上加保碰损、破碎险或混杂、玷污险。但应注意，若因货物包装不足或不当，以致不能适应国际货物运输的一般要求而使货物遭受损失，则属于发货人责任，保险人一般不予负责。

(3) 运输路线及船舶停靠港口。某些航线途经气候炎热的地区，如果载货船舶通风不良，就会增大货损。而在政局动荡不定，或在已经发生战争的海域内航行，货物遭受意外损失的可能性自然增大。投保前要进行适当的调查，以便选择适当的险别予以保障。

(4) 运输情况。根据中国运输货物保险条款，货物采用的运输方式不同，其适用的保险险别也不同，例如海运货物保险的基本险包括一切险、水渍险和平安险，陆运险的基本险别则包括陆运一切险和陆运险。所以投保人或被保险人应根据不同的运输方式和运输工具选择适当的保险险别。

(5) 运输季节。运输季节不同，也会对货物带来不同的风险和损失。例如，载货船舶冬季在北纬60°以北航行，极易发生与流动冰山碰撞的风险；又如，夏季装运粮食、果品，极易出现发霉腐烂或生虫的现象。因此，货主在投保时，可适当加保一定的附加险别。

(6) 货物的用途与价值。食品、化妆品及药品等与人的身体、生命息息相关的商品，一旦发生污染或变质，就会全部丧失使用价值。因此，在投保时应尽量考虑能得到充分全面的保障。对于古玩、字画、金银、珠宝及贵重工艺品之类的商品，由于其价值昂贵，而且一旦损坏对其价值影响很大，所以应投保一切险，以获得全面保障。

(7) 目的地市场的变化趋势。在国际市场上，有些商品的价格波动剧烈。当货物尚在运输途中，目的地的市场价格可能已经上升。因此，为了保证货物在运输途中遭受损失后，仍能按上涨后的市价从保险赔款中获得补偿，就须根据目的地市场价格上涨的趋势，向保险公司另行加保增值保险。

课堂测评

测评要素	表现要求	已达要求	未达要求
知识点	能掌握海运保险险别的含义		
技能点	能初步认识海运保险险别的内容		
任务内容整体认识程度	能概述海运保险险别的意义		
与职业实践相联系的程度	能描述海运保险险别划分的作用		
其他	能描述与其他课程、职业活动等的联系		

6.3 认识货物运输保险实务

提示：完成本任务你将了解国际贸易运输保险实务。

职业行动：作为进出口贸易合同中承担投保义务的某一方，在了解了承保范围、承保险别的基础上，开始进行保险条款的磋商。究竟怎样投保，保险业务实际操作程序及注意的问题有哪些呢？

6.3.1 合同中的保险条款

保险条款是国际货物买卖合同的重要组成部分之一，它涉及买卖双方的利益。

一般来说，保险条款所涉及的内容有投保人、保险金额、保险条款依据、投保险别、保险费负担等。

(1) 投保人。投保人即负责投保的当事人，指出口方或进口方。国际货物贸易中，由哪一方负责投保，取决于合同采用的贸易术语。根据 *INCOTERMS 2000* 的规定，在以 EXW、FAS、FOB、FCA、CFR、CPT 贸易术语签订合同时，保险条款中的投保人可作如下规定：保险由买方办理(insurance is to be covered by the buyers)；在以 DAF、DEQ、DES、DDU、DDP 贸易术语签订合同时，保险条款可作如下规定：保险由卖方办理(insurance is to be covered by the sellers)。根据 *INCOTERMS 2010*，只有引用 CIF 和 CIP 贸易术语成交时，出口方才有投保义务。实际业务中，负责运输途中风险的一方一般会主动投保。

(2) 保险金额。保险金额又称投保金额，是被保险人向保险人投保的金额，也是发生保险责任损失时的最高赔偿限额。保险金额也是计算保险费的基础。习惯上，保险金额一般按照发票金额加一定百分比的预期利润和业务费用来计算。这个百分比就是投保加成。*UCP 600* 规定，如果信用证未规定投保金额，则投保金额须至少为货物 CIF 或 CIP 价格的 110%；*INCOTERMS 2010* 规定，最低投保金额应包括合同规定价款另加 10%(即 CIF 或 CIP 价格的 110%)，并采用合同货币。

保险金额的加成需在合同中作相应规定。

例 6-2 在 CIF、CIP 合同中，保险条款的表述：

“由卖方按发票金额的 110%投保一切险和战争险，按 1981 年 1 月 1 日中国人民保险公司海洋运输货物保险条款投保。”(Insurance is to be covered by the sellers for 110% of the invoice value against All Risks and War Risks as per Ocean Marine Cargo Clanties of the People’s Insurance Company of China dated Jan. 1,1981)。

由于不同货物、不同地区、不同时期的预期利润不一，因此，在洽商交易时，如果买方要求保险加成超过 10% 时，卖方也可以酌情接受。如果买方要求保险加成率过高，则卖方应同有关保险公司商妥后方可接受。

(3) 保险条款依据。订立合同时，还必须订明适用的保险条款，以便进一步明确投保险别以及不同险别的承保范围。我国进出口企业一般采用中国人民保险公司 1981 年 1 月 1 日制定生效的《中国保险条款》。

(4) 投保险别。不同的保险险别承保的责任范围不同，保险费也不同。在险别的选择上，既要考虑足够的经济补偿，又要考虑费用支出。按 CIF 或 CIP 条件成交时，通常按照中国人民保险公司现行的货物运输的保险险别，并根据商品的特点及风险的程度，由双方约定投保的险别。在双方未约定险别的情况下，按惯例，卖方可按最低险别予以投保。投保险别参考如表 6-6 所示。

表 6-6 部分商品投保险别参考表

商品名称	包装	投保险别
土畜产类、废棉麻类	麻布包	平安险或水渍险，附加偷窃提货不着险、淡水雨淋险、染污险、战争险
烟叶	箱装	平安险或水渍险，附加淡水雨淋险、污染险、发霉险、发酵险，战争险
木材	无包装	平安险，偷窃提货不着险，战争险
陶瓷器	箱装	平安险或水渍险，偷窃提货不着险，碰损、破碎险，战争险
活家禽		牲畜运输死亡险，战争险
纺织、服装类棉布	麻布装	平安险或水渍险，偷窃提货不着险，淡水雨淋险，污染险，战争险

续表

商品名称	包装	投保险别
针棉织品	箱装	平安险或水渍险,偷窃提货不着险,淡水雨淋险,污染险,战争险
绸缎	包装	平安险或水渍险,偷窃提货不着险,淡水雨淋险,污染险,战争险(包装:加钩损险)
服装	箱装	平安险或水渍险,偷窃提货不着险,淡水雨淋险,污染险,战争险
手工艺、翠钻、木刻、牙刻、料器,陶瓷器、珐琉器等	箱装	平安险或水渍险,偷窃提货不着险,碰损破碎险,战争险。如系邮包寄递应按邮包险投保
茶叶	箱装	平安险或水渍险,偷窃提货不着险,淡水雨淋险,污染险,受潮受热险,包装破裂险,变味险,战争险
大豆、大米、其他豆类	散装	平安险或水渍险,偷窃提货不着险,淡水雨淋险,受潮受热险,短量险,自然险,战争险
谷类		平安险或水渍险,受潮受热险,战争险
桐油	桶装、散装	平安险或水渍险,短量险,污染险,搀什险(另有散装桐油险),战争险
食盐	袋装	平安险或水渍险,战争险
窗玻璃、玻璃器皿、热水瓶胆、搪瓷、瓷砖、陶瓷制品		平安险或水渍险,偷窃提货不着险,碰损破碎险,战争险
自行车、缝纫机	箱装	平安险或水渍险,偷窃提货不着险,淡水雨淋险,生锈险,战争险
小五金	箱装	平安险或水渍险,偷窃提货不着险,淡水雨淋险,生锈险,战争险
各种矿砂、矿石	散舱	平安险,偷窃提货不着险,战争险
煤	散舱	平安险,短量险,自燃险,战争险

(5) 保险费的负担。通常情况下,保险费由投保责任方承担,合同也无须再作明示。如在CIF、CIP术语下,卖方负责投保,货价中已包含保险费;在FOB、CFR等术语下,应由买方投保,并支付保险费。但是,由于买方原因,委托卖方投保时,若报价未含保险费,则需在合同中约定代理投保的费用由卖方负责。另外,在卖方投保的情形下,买方要求较高的投保加成时,超额保险费也由买方承担。

6.3.2 保险单据

保险单据是保险公司和投保人之间订立的保险合同,也是保险公司出具的承保证明,是被保险人凭以向保险公司索赔和保险公司进行理赔的依据。保险单据的签发日期不得迟于货物装运日期。常用的保险单据有下列几种。

1. 保险单

保险单(insurance policy)又称大保单,是一种正规的保险合同。它是保险人根据投保人的申请,逐批签发的,保险单正面载明被保险人的名称、被保险货物的名称、数量或重量、唛头、运输工具、保险的起讫地点、承保险别、保险金额、期限等项目。背面列有保险人的责任范围以及保险人与被保险人的各自权利、义务等方面的详细条款。保险单也是常见的收汇单据之一，其形式与内容必须符合合同、信用证规定。如同指示性海运提单一样，也可由被保险人背书而转让。

2. 保险凭证

保险凭证(insurance certificate)又称小保单，它有保险单正面的基本内容，但它没有了保险单反面的保险条款，是一种简化的保险合同。

3. 联合保险凭证

联合保险凭证(combined insurance certificate)又称承保证明(risk note)，它是我国保险公司特别使用的一种更为简化的保险单据，由保险公司在出口公司提交的发票上加上保险编号、承保险别、保险金额、装载船只、开船日期等，并加盖保险公司印章，这种单据不能转让。

4. 预约保单

预约保单又称总保险合同，是一种长期性的货物运输保险合同。在合同中规定承保货物的范围、险别、费率、责任、赔款处理等项目，凡属于合同中约定的运输货物，在合同有效期内自动承保。预保合同的好处是可以减少逐笔投保签订保险单的手续，并防止因漏保或迟保而造成的无法弥补的损失。投保人漏保、迟保，在补办手续后保险公司仍承担赔偿责任。而且国外保险公司对于预保合同给予优惠费率。

5. 批单

批单是指保险单已经出立后，因原保险内容不符信用证或合同要求，保险公司应投保人的要求而签发批改内容的凭证，它具有变更、补充原保险单的作用。保险单据批改后，保险人即按批改后的内容承担保险责任，批单原则上须粘贴在保险单上，并加盖骑缝章，作为保险单不可分割的一部分。

课堂讨论：保险单据能转让吗？怎么才能转让？

6.3.3 保险实务

1. 出口货物运输保险

(1) 投保手续。出口企业需要对一笔货物投保时，应根据出口合同与信用证的规定，在备好货物、确定运输工具及装运日期后，按约定的保险险别与保险金额向保险公司投保，投保的日期应不迟于货物装船的日期。一般先填制《出口货物运输保险投保单》(见表6-7)，缴纳保险费后，由保险公司签署后交投保人作为同意承保的凭证。保险合同即告成立。

表 6-7　出口货物运输保险投保单

发票号码		投保条款和险别	
被保险人	客户抬头	(　　)PICC CLAUSE	
	过户	(　　)ICC CLAUSE (　　)ALL RISKS	
保险金额	USD (　　　　)	(　　)W. P. A. /W. A.	
	HKD (　　　　)	(　　)F. P. A. (　　)WAR RISKS	
	(　　) (　　　　)	(　　)S. R. C. C. (　　)STRIKE	
起运港	(　　) SHANGHAI	(　　)ICC CLAUSE A	
	(　　) NANJING	(　　)ICC CLAUSE B	
	(　　) (　　　　)	(　　)ICC CLAUSE C (　　)AIR TPT ALL RISKS	
目的港		(　　)AIR TPT RISKS	
转内陆		(　　)O/L TPT ALL RISKS (　　)O/L TPT RISKS	
开航日期		(　　)TRANSHIPMENT RISKS	
船名航次		(　　)W TO W (　　)T. P. N. D.	
赔款地点		(　　)F. R. E. C.	
赔付币别		(　　)R. F. W. D. (　　)RISKS OF BREAKAGE	
正本份数		(　　)I. O. P.	
其他特别条款			
以下由保险公司填写			
保单号码		费率	
签单日期		保费	

投保日期：　　　　　　　　　　　　　　　　投保人签章：

被保险人确认本保险合同条款和内容已经完全了解。

(2) 缴纳保险费。投保人按约定方式缴纳保险费是保险合同生效的条件，保险费是根据保险费费率表、保险金额计算的。出口货物的保险金额一般按 CIF 或 CIP 货价另加 10%计算，保险费费率(premium rate)是由保险公司根据一定时期、不同种类的货物的赔付率，按不同险别和目的地确定。

保险金额的计算公式为

保险金额＝CIF 或 CIP×(1＋加成率)

在我国出口业务中，CFR 和 CIF 是两种常用的术语。鉴于保险费是按 CIF 货值为基础的保险额计算的，两种术语价格应按下述方式换算。

由 CIF 换算成 CFR 价：

CFR＝CIF×[1－保险费费率×(1＋加成率)]

由 CFR 换算成 CIF 价：

CIF＝CFR/[1－保险费费率×(1＋加成率)]

例 6-3 某公司出口一批袜子到欧洲某港口,原定价为西欧国家西海岸港口每包CFR105 美元,保险费费率为 0.8%,按加成 10%作为保险金额。对方要求改报成 CIF 价格,改报后的保险金额计算为

$$CIF=105/[1-0.8\%\times(1+10\%)]=105.93(\text{美元})$$

$$\text{保险金额}=105.9322\times(1+10\%)=116(\text{美元})(\text{取整})$$

我国进出口保险业务中,保险金额一般保留整数,不设辅币,小数点后零以上的数都应进位取整。

保险费的计算公式为

$$\text{保险费}=\text{保险金额}\times\text{保险费费率}$$

例 6-4 有一批纺织品出口至伦敦,发票金额为 20 000 美元,按发票金额加成 10%投保海运一切险和战争险,试计算保险费(一切险和战争险的费率分别为 0.5%和 0.03%)

计算公式为

$$\text{保险金额}=20\ 000\times110\%=22\ 000(\text{美元})$$

$$\text{保险费}=22\ 000\times(0.5\%+0.03\%)=116.6(\text{美元})$$

2. 进口货物运输保险

(1) 投保手续。我国进口货物大都采用预约保险方式。对进口货物采取事先和保险公司签订海运、空运和陆运货物的预约保险合同,简称"预保合同"。这种保险方式手续简便,在预约保险合同中对外贸企业进口货物的投保险别、保险费费率、适用的保险条款、保险费及赔偿的支付方式等都做了明确规定。可以防止进口货物在国外装运后因信息传递不及时而发生漏保或来不及办理保险等情形。如果进口业务量较少,也可以采用逐笔投保方式。

(2) 缴纳保险费。一般情况下,进口货物保险金额以进口货物的 CIF 价格为准,不再加成。如果按 CFR 或 FOB 条件进口,则按特约保险费费率和平均运费率直接计算保险金额。

按 CFR 进口时:保险金额=CFR 价格×(1+特约保险费费率)

按 FOB 进口时:保险金额=FOB 价格×(1+平均运费率+特约保险费费率)

这里的进口货物保险金额的计算公式,是保险人与被保险人特别约定的。平均运费率和特约保险费费率在预约保险合同中均已列明,目的是简化手续,方便计算。如整船货物发生全部损失或涉及共同海损处理计算,保险需按对外支付的实际费用计算赔款。

例 6-5 进口商品 A 的 CFR 价格为 8 846.4 美元,要投保一切险(保险费费率 0.8%)和战争险(保险费费率 0.08%),试计算进口商应付给保险公司的保险费。

$$\text{保险金额}=8864.4\times(1+0.8\%+0.08\%)=8925(\text{美元})(\text{取整})$$

$$\text{保险费}=8925\times(0.8\%+0.08\%)=78.54(\text{美元})$$

例 6-6 进口商品 B 的 FOB 价为 7296 美元,进口数量为 9120 个,海运费为 1350 美元,要投保一切险(保险费费率为 0.8%)和战争险(保险费费率为 0.08%),试计算应付的保险费用。

保险金额＝7296×(1＋1350÷9120×100％＋0.8％＋0.08％)＝8441(美元)(取整)

保险费＝8441×(0.8％＋0.08％)＝74.28(美元)

3. 保险索赔

保险索赔(insurance claim)是指当被保险人的货物遭受承保责任范围内的风险与损失时,被保险人向保险人提出赔偿的要求。

(1) 保险索赔条件。在国际贸易中,当货物抵达目的港(地),发现残损时,被保险人应就地向保险人或其代理人要求赔偿。但应同时满足4个条件:被保险人要求赔偿的损失必须是保险公司常保责任范围内的风险所造成;被保险人是保险凭证的合法持有人;被保险人必须对保险标的拥有可保利益;索赔必须在规定期限内提出。

(2) 保险索赔。保险索赔按照进出口方向分为出口索赔与进口索赔。

① 出口索赔。出口索赔是指出口货物遭受损失,对方(进口方)向保险单所载明的国外理赔代理人提出索赔申请。中国人民保险公司在世界各主要港口和城市,均设有委托国外检验代理人和理赔代理人两种机构,前者负责检验货物损失。收货人取得检验报告后,附同其他单证,自行向出单公司索赔,后者可在授权的一定金额内,直接处理赔案,就地给付赔款。

重要信息 6-6

国外进口方索赔需提供的单证

进口方在向我国理赔代理人提出索赔时,应提供的单证的种类是:①保险单或保险凭证正本;②运输契约;③发票;④装箱单;⑤向承运人等第三者责任方请求补偿的函电或其他单证,以及证明被保险人已经履行应办的追偿手续等文件;⑥由国外保险代理人或由国外第三方公证机构出具的检验报告;⑦海事报告。海事造成的货物损失,一般均由保险公司赔付,船方不承担责任;⑧货损货差证明;⑨索赔清单。

② 进口索赔。当进口货物运抵我国港口、机场或内地后发现有残损短缺时,应立即通知当地保险公司,会同当地国家商检部门联合进行检验。若经确定属于保险责任范围的损失,则由当地保险公司出具《进口货物残短检验报告》。

凡对于涉及国外发货人、承运人、港务局、铁路或其他第三者所造成的货损事故责任,只要由收货人办妥向上述责任方的追偿手续,保险公司即予赔款。保险人可以代理被保险人向第三者行使请求赔偿权力,叫作代位追偿权。保险人的代位求偿金额以其保险赔款金额为限,如从第三者处获得的金额超过其赔偿额,应偿还给被保险人。但对于属于国外发货人的有关质量、规格责任问题,根据保险公司条款规定,保险公司不负赔偿责任,而应由收货人请国家商检机构出具公证检验书,然后由收货单位通过外贸公司向发货人提出索赔。

课堂讨论:出现货损后就一定能获得保险公司的赔付吗?

进口货物收货人向保险公司提出索赔时,要提交下列单证:进口发票;提单或进出口货物到货通知书、运单；在最后目的地卸货记录及磅码单。

被保险人在索赔时必须履行以下义务：①将损失及时通知保险人；②申请检验；③向有关责任方索赔；④采取施救措施，防止损失扩大；⑤备齐索赔单证。

课堂测评

测评要素	表现要求	已达要求	未达要求
知识点	能掌握海运保险险别的含义		
技能点	能初步认识海运保险险别的内容		
任务内容整体认识程度	能概述海运保险险别的意义		
与职业实践相联系的程度	能描述海运保险险别划分的作用		
其他	能描述与其他课程、职业活动等的联系		

任务6小结

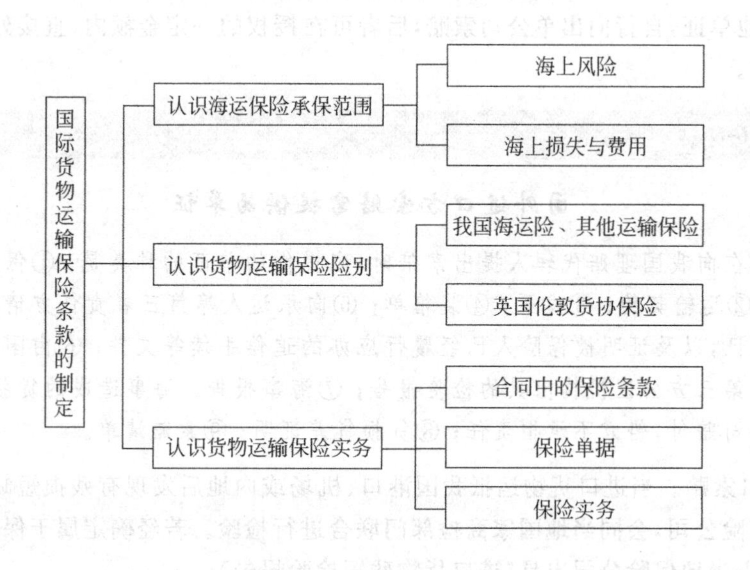

教学做一体化训练

一、重点概念

共同海损　单独海损　实际全损　推定全损　代位追偿权

二、课后演练

（一）选择题

1. 海上风险中的自然灾害包括（　　）。

A. 地震、雷电、火山爆发　　B. 海啸、洪水等
C. 运输工具搁浅、触礁、沉没　　D. 碰撞、失火和爆炸等

2. 中国人民保险公司海洋运输货物保险险别有(　　)。
A. 平安险　　B. 水渍险
C. 一切险　　D. 基本附加险和特别附加险

3. 出口投保的操作步骤包括(　　)。
A. 填写投保单　B. 审核保险单　C. 修改保险单
D. 交纳保险费　E. 保险索赔

4. 保险单的主要分类有(　　)。
A. 预约保险单　B. 保险凭证　C. 联合保险凭证
D. 保险单　E. 出运通知单

5. 我国海洋运输保险责任期限"仓至仓"条款规定，保险公司的责任在(　　)时截止。
A. 货物到达保险单所载明目的地收货人的最后仓库
B. 被保险货物在最后卸载港全部卸离海轮后满 60 天为止
C. 被保险货物需转运至非保险单所载明的目的地为止
D. 货物运抵目的地为止

(二) 判断题

1. 办理保险时，投保人应该尽量提高保险金额，如要求比较高的保险加成，这样货物出险后，如果属于保险责任，就能获得更多赔偿。(　　)

2. 由进出口哪一方投保，一般在合同中有约定。结合贸易术语确定办理保险义务的归属时，投保人还要考虑资金的融通和贸易效益核算。(　　)

3. 投保人在保险公司出具保险单后，如需更改险别、运输工具、航程、保险期限、保险金额等，必须向保险公司提出申请，保险公司立即开出另一张保险单。(　　)

4. 凡属于预约保险范围内的进出口货物，一经起运，即自动按预约保险单所列条件承保，即使被保险人在获悉每批保险货物起运时，也不用通知保险公司。(　　)

5. 仅有临时、间隔期较长的货物进口，可以采取对进口货物逐笔投保的方式办理保险。进口商在接到出口商的发货通知之后，应该立即联系保险公司办理保险手续。(　　)

(三) 简答题

1. 中国人民保险公司海洋运输货物保险险别由哪几部分组成？有哪些是常见的附加险？
2. 业务中应如何确定保险险别？
3. 业务中如何确定保险金额？
4. 为什么要区分基本险与附加险？
5. 填写投保单时应注意什么？

（四）案例分析

一艘20年船龄的希腊籍轮船满载我国进口散装豆油2000余公吨，从美国新奥尔良起运。该批豆油按CFR价格条件成交，由卖方租船，进口公司向保险公司投保进口运输货物一切险。该轮船在驶入我国海域后发生严重海损事故，大量豆油从开裂的船壳板中溢出，使舟山群岛、长江口和吴淞口一带水域严重污染，并造成附近水产资源的损害。由于裂缝不断扩大，漏油不断增加，致使船体向左倾斜，船舶处于危险之中，船方发出求救电讯。打捞部门派出两艘拖轮前往救助，使该轮船于1月10日抵达吴淞口锚地，并立即对开裂处进行抢救堵漏。

经卸货计重，漏失豆油达1136公吨；另有部分豆油遭海水污染，需加工整理。损失金额合计近90万元。

事后，船方称，该轮船在航行途中于12月30日和1月3日到6日遭遇到7～10级风浪。在1月6日到9日先后发现第7号和第6号右舷边货油轮船壳板开裂，大量漏油。据此船方宣布共同海损，要求保险公司提供共同海损担保。同时，在轮船尚在卸油期间派出代表专程到上海同保险公司会谈，一再声明该轮船具备适航条件，有适航证书为依据。其意图十分明确，把事故完全归因于海事造成，并坚持要我方提供共同海损担保。按照习惯做法，如果确如船方所述，保险公司有义务为收货人向船方提供担保。但是在未经查证货损原因之前不宜轻易向其出具共同海损担保。

保险公司一方面派人前往现场查验，另一方面以货物保险人的名义申请船舶检验。经查该轮船第6和第7舷边货舱外板裂开，第7号右舷边货油舱舷侧纵骨断裂处厚度仅剩2～5毫米，强肋骨厚度仅为6～7毫米。说明该轮船外板裂开系由于第7号边货油舱内部骨架严重腐蚀，大部分舷侧纵骨断裂处腐蚀量已达原建造厚度的50%～80%，强肋骨腐蚀量也已是原建造厚度的40%以上，均已超过允许腐蚀极限；船壳外板最大腐蚀量也达原建造厚度的28%。肋位53号强肋骨与外板的连接焊缝部分原已脱焊；肋位52与53号间的第6及第7边舷侧纵骨各有1.5米原已断裂跌落。以上缺陷导致该轮船壳板抵御不住一定的风浪而裂缝漏油。船检部门的结论十分明确：造成货损的根本原因系该轮船陈旧，年久失修，是船舶不适航所致。而且显而易见，该轮船在开航之前和开航之时就不具备适航条件。

在证据确凿，责任清楚之后，我方紧紧抓住该轮船设备陈旧，年久失修，在开航之前不具备适航条件的理由，致电船东，明确指出事故的责任完全在船方，要求其立即电开伦敦某银行以保险公司为受益人，金额为人民币144万元的担保。以后凭中国国际贸易促进委员会海事仲裁委员会的裁决，通过上海中国银行付款。次日，船东保赔协会代表船东来电声称，他们已接到船方告知的货损和要求提供担保的通知，该协会愿意向我方提供保证书。当时对船东保赔协会的资信不了解，为了确保我国权益，我方坚持银行担保，得到对方的同意，提供了人民币144万元的银行担保。同时，我方抓紧收集各项单证和损失鉴定材料，备妥《仲裁申请书》及9个附件，向贸促会海事仲裁委员会提出仲裁申请。当被诉人与船东保赔协会接到贸促会转给的《仲裁申请书》副本后，一方面表示应诉，要求指定仲裁员；另一方面致电保险公司，愿意在实施仲裁之前派代表到上海友好协商解决本案，我方表示同意。

3月26日第一次谈判时，对方提出了包括国外船检报告四份、航海日志摘抄三份、该轮船常规适航证书三份、美国和日本的气象报告两份等各种材料。这些材料说明：船舶是适航的；货损是由于海上风浪所致，是属于不可抗力。这与我方船检结果不符。我方对船的检验时间距离货损发生时间最近，同时，船方也申请了上海船检。验船时，验船师、船方与货方都在场。我方的检验结果得到了双方的认可。

在第二次谈判中，我方表达了观点之后，对方又强调航行中遭遇恶劣天气。我方承认恶劣天气，但着重指出货损的根本原因是由于该轮船的不适航造成的。经过几番商谈，对方同意赔偿全部损失的80%，并同意我方提出的加计从保险公司赔付给客户之日到对方偿付保险公司之间13个月的利息。

阅读以上材料，回答以下问题。

(1) 除了投保之外，还应做哪些准备，就可以避免货损？

(2) 遇到这种情况应该怎么办？

同步实训

1. 我国某公司按CIF条件出口一批价值50万美元的货物，按发票金额加10%向中国人民保险公司投保了WA，货物在转船卸货过程中遇到大雨，货抵目的港后，收货人发现该批货物上有明显的雨水渍浸，损失达60%，因而向我方提出索赔，我方答复："该批货物已投保了WA，请向中国人民保险公司当地代理人索赔"。请分析我方的答复恰当与否？

2. 有一份CIF合同，出售可可共15吨，卖方投保的保险是从非洲内陆仓库起，直到美国波士顿的买方仓库为止。保险单抬头是卖方。货物在从卖方仓库运至码头装船以前发生损失。当买方凭卖方转让的保险单向保险公司索赔时，保险公司以买方对这批货物不具有保险利益为由，拒绝赔偿。试问在上述情况下，买方能否有权凭保险单向保险公司索赔？为什么？

3. 某批货物投保了水渍险，载运该批货物的货轮在航行中遇到大雨，致使货物遭到水渍损失。

问题：

(1) 被保险人能否向保险公司索赔？为什么？

(2) 若另有一载货海轮在航行中遇恶劣天气或者船舶触礁致使海水或海浪涌进船舱使上述货物遭到水渍损失，保险公司是否应给予赔偿？为什么？

【实训目标】 根据保险案例要求，给出解决方案以及原因。

【组织实施】 学生可以先分组，分别承担不同案例。

【操作提示】 在熟悉进出口保险相关规定的基础上，先查找出与案例事实有关的内容，为问题解决做准备。

【成果检测】 完成活动，可以由各组推荐优胜者分别展示，学生讨论，教师进行评价。

学生自我总结

通过完成“任务6　国际货物运输保险条款的制定”，我能够作如下总结。

一、主要知识

完成本任务涉及的主要知识点：

1.

2.

二、主要技能

完成本任务的主要技能：

1.

2.

三、主要原理

我认为，国际货运选择保险的主要原因：

1.

2.

四、相关知识与技能

1. 保险险别选择的要领：
2. 出口投保的要领：
3. 进口投保的要领：

五、成果检验

1. 完成本任务的意义：
2. 学到的经验：
3. 自悟的经验：
4. 货物运输保险与整个业务活动的关系：

任务7　国际货物价格条款的制定

学习目标

1. 知识目标

- 能认识计价货币的含义。
- 能认识佣金与折扣的含义。
- 能认识货物价格构成要素。

2. 能力目标

- 能根据贸易背景进行报价核算。
- 能书写完整的价格条款。
- 能对价格条款形成整体认识。

情境导入

价格条款是指国际贸易合同中表明价格条件的款项，是买卖合同中必不可少的重要组成部分，不仅直接关系到买卖双方的利益，而且与合同中的其他条款也有密切联系。国际货物买卖合同中的价格条款内容应完整、明确、具体、准确。对于进出口业务人员而言，掌握商品的价格是一项复杂而又十分艰巨的工作。为了做好这项工作，进出口业务经营人员必须熟悉交易商品成本核算方法、主要贸易术语的价格构成和换算方法；了解作价方法和国际市场商品价格变动趋势，充分考虑影响价格的各种因素，合理地制定国际货物买卖合同中的价格条款。

学习任务

根据国际贸易职业活动顺序，“国际货物价格条款的制定”这一任务又可以分解为以下子任务。

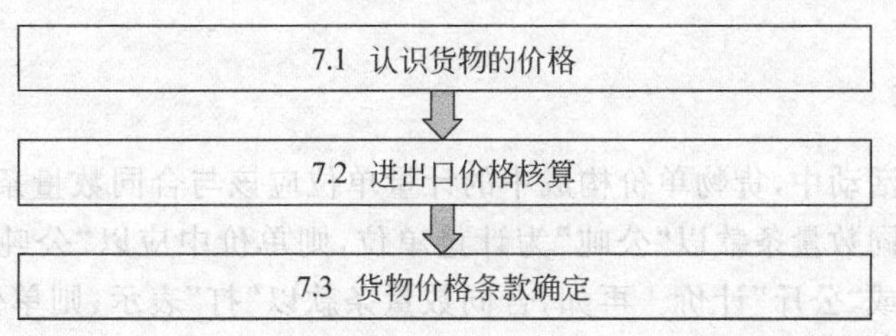

课前故事

我们的第七个故事从一个珠宝店讲起。一个珠宝店的主人要出门，因为店员不在，他就写了一张纸条，说如果东西卖不出，就按纸条上写的价格去卖。他的字写得很模糊，店员看了之后，弄不清楚到底是以什么价格来卖。结果有人来了，他卖不出去。之后，他想了想，干脆我照老板的建议把价格改了，把所有的价格都改成原来的2倍，反正卖贵了老板肯定不会怪我。晚上老板回来，发现店里面所有的东西都卖完了，老板当然很高兴，说："你看，我告诉你的招数很灵吧，你只要把价格都降一半，就都能卖出去。"这个店员说："不对不对，我是把所有的价格都加了一倍，才卖出去的！"

显然，报价实际上是一个心理问题。俄罗斯有一句谚语："每个市场上都有两个蠢人：一个要得太少，一个要得太多。"价格是决策的因素之一，有的时候可能是高价好，有的时候可能是低价好。

7.1 认识货物的价格

提示：完成本任务，你将了解国际贸易货物价格的构成。

职业行动：在国际贸易活动中，货物的价格最直接地体现了买卖双方的利益，双方对此都非常敏感，任意一方都会力争对自己最有利的价格。作为初学者，我们首先应该认识进出口货物价格的构成以及作价原则。

进出口商品的价格直接涉及买卖双方的经济利益，它是国际贸易中的重要问题。在实际进出口业务中，除了选择使用适当的价格术语之外，还要正确贯彻作价原则，并掌握影响价格的各种因素和动向趋势、各种差价，以及价格的各种换算与折算，确保进出口商品价格合理、有利，从而促进成交和方便合同的执行。

7.1.1 货物的单价

货物的单价(unit price)是指买卖双方成交商品的单位价格。相对于国内货物买卖的单价而言，国际货物进出口贸易的单价构成更加复杂，它由计量单位、单位价格金额、计价货币和贸易术语四部分组成。应注意四个部分中外文书写上不同的顺序，不能任意颠倒。

例7-1 每公吨100美元CIF上海，USD350 PER M/T CIF SHANGHAI。其中，USD为计价货币，350为单位价格金额，M/T为计量单位，CIF SHANGHAI为贸易术语。

1. 计量单位

进出口业务活动中，货物单价构成中的计量单位应该与合同数量条款中使用的计量单位一致。如合同数量条款以"公吨"为计量单位，则单价中应以"公吨"为单位计价，而不应采用"千克"或"公斤"计价。再如，合同数量条款以"打"表示，则单价应以"打"计价，而不应采用“个”或“件”。

2. 单位价格金额

单位价格金额是指每单位的货物价格多少。单位价格金额是价格条款的核心，数值的大小直接影响着买卖双方的经济利益。在交易磋商过程中，买卖双方应认真核算成本后慎重报价，以避免误报。

3. 计价货币

计价货币(currency of account)是指买卖双方约定用来计算价格的货币。当合同没有约定用其他货币支付时，计价货币就是支付货币(currency of payment)。

在进出口贸易中，使用哪种货币作为成交商品的计价货币，必须明确规定，以免买卖双方理解不同而引起争议。根据进出口贸易的特点，用来计价的货币，可以是出口国家货币，也可以是进口国家货币或双方同意的第三国货币，也可以是某一种记账单位，由买卖双方协商确定。计价货币通常与支付货币为同一种货币，但计价货币也可以是一种，而支付货币为另一种甚至几种货币。

由于货币的币值不稳定，买卖双方在选择计价货币时，可以采取以下操作。

(1) 使用可自由兑换的货币。世界上有60多个国家或地区接受了《国际货币基金协定》中关于货币自由兑换的规定，也就是说，这些国家或地区的货币被认为是自由兑换的货币，其中主要有：美元(USD)、欧元(EUR)、日元(JPY)、挪威克朗(NKR)、港币(HKD)、加拿大元(CAD)、澳大利亚元(AUD)、新西兰元(NZD)、新加坡元(SGD)。

(2) 避免汇率风险。由于各国使用的货币不同，加上各国间货币汇率经常变化，因此，在国际货款收付结算的时候，就会产生外汇风险。在出口业务中，一般应尽可能争取多使用汇率稳定且有升值趋势的货币，即“硬币”。在进口业务中，一般应尽可能争取多使用汇率有下降趋势的货币，即“软币”。

但在实际业务中，以什么货币作为计价货币，还应视双方的交易习惯、经营意图以及价格而定。如果为达成交易而不得不采取对我方不利的货币，则可设法用下述两种办法补救：一是根据该种货币今后可能的变动幅度，相应调整对外报价；二是在可能的条件下，争取订立保值条款，以避汇率波动的风险。

截至2018年年末，中国人民银行(央行)已与38个国家和地区签署双边本币互换协议，总金额已达3.67万亿元人民币。货币互换使汇率相对固定下来，避免了其波动对双方贸易的影响。

实务借鉴 7-1

如何选择更有利

如果在合同中规定用一种货币计价而用另一种货币支付，且两种货币的汇率都是按付款时的汇率结算的情况下，其中有的为硬币，有的为软币，则作为卖方如何选择更有利？

【评析】 不论计价和支付用的是什么货币，都可以按计价货币的量收回货款。对卖方而言，如计价货币是硬币、支付货币是软币，基本上不会受损失，可起到保值的作用；如计价货币是软币、支付货币是硬币，其收入的硬币就会减少，则对卖方不利。

4. 贸易术语

贸易术语一方面标明商品的价格构成，另一方面也标明合同的性质。在贸易术语的表达中，一方面要注意运用变形来表示术语本身尚不能明确的责任义务的划分(如装、卸货费用，佣金和折扣等)；另一方面必须根据不同术语的含义加注装运港(发货地或目的地)。例如，FCA、FAS和FOB等必须加注装运港(发货地)；*INCOTERMS 2000* 中C组的术语则必须注明目的港(目的地)。由于国际上同名的港口和城市情况不少，所以还必须加注国别或地区名称，以防误解。

7.1.2 佣金与折扣

在国际贸易中，佣金与折扣是价格构成要素之一。进出口商品价格中包含了佣金或折扣，既影响到最终价格的高低，也关系到进、出口双方以及相关第三者的经济收益。

重要概念 7-1

佣　　金

佣金(commission)又称手续费(brokerage)，是指买方或卖方支付给介绍交易或代为买卖的中间商(经纪人或代理人)的、为其对货物的销售或购买提供中介服务的报酬。

1. 佣金

在进出口贸易活动中，进出口双方通常会支付给中间商一定的佣金，这样，中间商会提高其与我公司成交的积极性，但这也意味着出口方费用的增加。因此，佣金率的高低关系到商品的价格和竞争能力，应该根据不同商品、不同市场、不同的交易对象灵活掌握，合理规定，切不可千篇一律，机械行事。一般来说，成交数量大或畅销商品应低一点，对新商品、积压品可高一点。佣金率一般在1%～5%为宜。

(1) 佣金的表示。佣金有明佣和暗佣之分。凡在价格中表明含佣金若干的为明佣。凡在价格中不表明但实际上又另外约定含佣金若干的为暗佣，由当事人按约定另行私下交付。含有明佣和暗佣的价格通称为含佣价(price including commission)。凡价格中不含佣金或折扣的称为净价(net price)。

在商品价格中包括佣金时，通常应以文字来说明。

例 7-2 每公吨200美元CIF旧金山，包括2%佣金(US＄200 per M/T CIF San Francisco including 2% commission)

也可在贸易术语上加注佣金的缩写英文字母“C”和佣金的百分比来表示。

例 7-3 每公吨200美元CIF C2%旧金山(US＄200 per M/T CIF San Francisco including 2% commission)。

商品价格中所包含的佣金，除用百分比表示外，也可以用绝对数来表示。

例 7-4 每公吨付佣金 25 美元（US＄25 per metric ton commission）。

(2) 佣金的计算。在进出口贸易中，计算佣金的方法不一，有的按成交金额约定的百分比计算，也有的按成交商品的数量来计算，即按每一单位数量收取若干佣金计算。

在我国进出口业务中，佣金的计算方法也不一致，按成交金额和成交商品的数量计算的都有。在按成交金额计算时，有的以发票总金额作为计算佣金的基数，有的则以FOB总值为基数来计算佣金。如按 CIFC 成交，而以 FOB 值为基数计算佣金时，则应从 CIF 价中减去运费和保险费，求出 FOB 值，然后以 FOB 值乘佣金率，即得出佣金额。

计算佣金的公式如下：

单位货物佣金额＝含佣价×佣金率

净价＝含佣价－单位货物佣金额

上述公式也可写成：

净价＝含佣价×(1－佣金率)

假如已知净价，则含佣价的公式应为：

含佣价＝净价/(1－佣金率)

例 7-5 在洽商交易时，我方报价为 10 000 美元，对方要求 3%的佣金，在此情况下，我方应报价多少？

含佣价＝净价/(1－佣金率)＝10 000/(1－0.03)＝10 309.3(美元)

显然，净价改报含佣价，按上述公式算出应为 10 309.3 美元，这样才能保证实收10 000 美元。

(3) 佣金的支付。佣金的支付要根据中间商提供服务的性质和内容而定，通常有三种支付方法：①出口企业收到全部货款后再支付佣金给中间商或代理商；②中间商在付款时直接从货价中扣除佣金；③买卖双方达成交易后就支付佣金给中间商。

我国出口业务中通常采用第一种方法支付佣金；第二种方法通常是在货款经中间商结算时使用；第三种方法由于不能保证交易的顺利履行而很少使用。

2. 折扣

折扣如同佣金一样，都是市场经济的必然产物。正确运用折扣，有利于调动采购商的积极性和扩大销路，在国际贸易中，它是加强对外竞销的一种手段。

重要概念 7-2

折　扣

折扣(discount，rebate，allowance)是指卖方给予买方一定的价格减让，即在原价基础上给予适当的优惠。在我国对外贸易中，使用折扣主要是为了扩大对外销售。

国际贸易中使用的折扣名目很多，除一般折扣外，还有为扩大销售而使用的数量折扣(quantity discount)，为实现某种特殊目的而给予的特别折扣(special discount)及年终回扣(turnover bonus)等。凡在价格条款中明确规定折扣率的，叫作“明扣”；凡交易双方就折扣问题已达成协议，而在价格条款中不明示折扣率的，叫作“暗扣”。折扣直接关系到商品的价格，货价中是否包括折扣和折扣率的大小，都影响商品价格，折扣率越高，则价格越低。

(1) 折扣的表示。折扣一般在合同的价格条款中明确规定(明扣)，也有双方私下就折扣问题达成协议而不在合同中表示出来的(暗扣或回扣)。

在国际贸易中，折扣通常在合同价格条款中用文字明确表示出来。

例 7-6 CIF 伦敦每公吨 200 美元，折扣 3%(US $ 200 per Metric ton CIF London including 3% discount)。

例 7-7 CIF 伦敦每公吨 200 美元，减 3%折扣(US $ 200 per metric ton CIF London less 3% discount)。

例 7-8 每公吨折扣 6 美元(US $ 6 per metric ton discount)。

在实际业务中，也有用 CIFD 或 CIFR 来表示 CIF 价格中包含折扣。这里的 D 和 R 是 Discount 和 Rebate 的缩写。鉴于在贸易往来中加注的 D 或 R 含义不清，可能引起误解，故最好不使用此缩写语。

(2) 折扣的计算。折扣的计算较为简单，一般按实际发票金额乘以约定的折扣百分率，即为应减除的折扣金额，而不存在按 FOB 或 FCA 价值还是按 CIF 或 CIP 价值计算的问题。其公式为

单位货物折扣额＝原价(或含折扣价)×折扣率

卖方实际净收入＝原价－单位货物折扣额

例 7-9 CIF 伦敦，每公吨 2000 美元，折扣 2%，卖方的实际净收入为每公吨 1960 美元。

(3) 折扣的支付。折扣通常是在买方付款时或开立信用证时预先扣除。也有的折旧金额不直接从货价中扣除，而按暗中达成的协议另行支付给买方，这种做法通常在给“暗扣”时采用。

7.1.3 进出口货物价格的影响因素

进出口贸易活动中，由于价格构成因素不同，影响价格变化的因素也是多种多样的。因此，在确定进出口商品价格时，必须充分考虑影响价格的种种因素，加强成本和盈亏核算，并注意同一商品在不同情况下应有合理的差价。

1. 商品的质量和档次

在国际市场上，一般都贯彻按质论价的原则。品质的优劣，档次的高低，包装装潢的好坏，式样的新旧，商标、品牌的知名度，都会影响商品的价格。

2. 运输的距离

运输距离的远近，影响运费和保险费的开支，从而影响商品的价格。因此，确定商品价格时，必须认真核算运输成本，做好比价工作，以体现地区差价。

3. 交货地点和交货条件

确定商品进出口价格时，必须考虑到交货地点和交货条件。例如，同一距离内成交的同一商品，按 CIF 条件成交同按 DES 条件成交，其价格应当不同。

4. 季节的变化

在国际市场上，某些节令性商品，如赶到节令前到货，抢行应市，即能卖上好价。过了节令的商品，往往售价很低。因此，应充分利用季节性需要的变化，掌握好季节性差价，争取按对我方有利的价格成交。

5. 成交数量

按国际贸易的习惯做法，成交量的大小影响价格，成交量大，在价格上应予适当优惠，或采用数量折扣办法。反之，成交量小，可适当提价。

6. 支付条件和汇率变动的风险

支付条件是否有利和汇率变动风险的大小，都影响商品的价格。例如，同一商品在其他条件相同的情况下，采取预付货款和凭信用证方式付款，其价格应当有所区别。同时，确定商品价格时，一般应争取采用对自身有利的货币成交，如果采用对自身不利的货币成交时，应当把汇率变动的风险考虑到货价中，即适当提高出售价格或压低购买价格。

此外，交货期远近、市场销售习惯和消费者的爱好等因素，对确定价格也有不同的影响，我们必须通盘考虑和正确掌握。

课堂测评

测评要素	表现要求	已达要求	未达要求
知识点	能掌握进出口货物价格的含义		
技能点	能初步认识进出口货物价格的组成		
任务内容整体认识程度	能概述进出口货物价格的意义		
与职业实践相联系的程度	能描述进出口货物价格的作用		
其他	能描述与其他课程、职业活动等的联系		

7.2 进出口价格核算

提示：完成本任务，你将了解进出口价格核算的要点。

职业行动：在国际贸易活动中，对外报价时要做到心中有数。业务人员除了知道价格影响因素外，还应该精确地了解货物价格的构成与换算。在此基础上，才能进行合理的报价核算。作为初学者，首先应该认识进出口货物价格的构成以及核算过程。

7.2.1 出口价格核算

1. 出口价格构成

出口货物价格包括实际进货成本、费用、出口关税、预期利润。

(1) 实际进货成本。实际进货成本是指出口企业或外贸单位为出口其产品进行生产或加工或采购所实际支付的生产成本或加工成本或采购成本。如果为生产或加工或采购该出口产品而支付的进货价格中包含出口退税收入,则还要从该进货价格中扣除退税收入。计算公式为

实际进货成本=进货价(含增值税)-出口退税收入

出口退税收入=[进货价(含增值税)/(1+13%)]×出口退税率

实际进货成本=进货价(含增值税)×[1-出口退税率/(1+13%)]

(2) 费用。费用的核算比较复杂,主要包含国内费用和国外费用两部分。

国内费用的计算公式为

国内费用=国内运费+订舱费+港杂费+报关费+报检费+财务费用+经营管理费

① 国内运费是指货物从仓库到码头、车站、空港、集装箱货运站、集装箱堆场等地的运费。

② 订舱费是指因为货代为货主订舱而发生的费用。订舱费的收费标准因船务公司、货代和货柜标准的不同而不同。一般情况下,20 英尺的货柜 100~300 元不等,40 英尺的货柜 200~400 元不等。

③ 港杂费是指货物在港口码头发生的费用,不同码头的收费项目和内容各不相同。一般包括港口安保费、铅封费、信息费、单证费/文件费、场地装箱费、码头操作费(terminal handling charge,THC)等。其中,港口安保费、铅封费、信息费一般均在每个集装箱 50 元以内;单证费/文件费一般是一笔业务 200 元以内;20 吋集装箱的装箱费 150~700 元不等,40 吋集装箱的装箱费 400~1200 元不等;20 吋集装箱的码头操作费 450~500 元不等,40 吋集装箱的码头操作费 700~800 元不等。

④ 报关报检费是指由代理报关公司为货主代理报关和报检时收取的费用。一般按照一笔业务一次性收取,每笔业务收取 100~400 元不等。

⑤ 财务费用是指企业为筹集生产经营所需资金等而发生的费用,包括利息支出、汇兑损失以及相关的手续费等。其中利息支出所占比例最大,周转期越长的业务,其利息支出越多,反之则越少。

⑥ 经营管理费又称为业务定额费,包括邮电通信费、交通差旅费、招待客户费用等。

课堂讨论:财务费用与出口货物成本有哪些关系?

国外费用包含国外运费、国外保险费,以及支付给中间商的佣金。计算公式为

国外费用=国外运费+国外保险费+佣金

国外运费是指货物从装运港到目的港之间的运输费用,包括基本运费和附加费。国外保险费是指货物因投保国际运输保险而缴纳的保险费。计算公式为

国外保险费=CIF×投保加成×保险费费率

(3) 出口关税。出口关税是指海关以出境货物为课税对象所征收的关税。征收出口关税的目的是限制、调控某些商品的过度、无序出口，特别是防止一些重要自然资源和原材料的无序出口。为鼓励出口，世界各国一般不征收出口关税，或仅对少数商品征收出口关税。我国出口关税主要以货物的价格作为计税标准。计算公式为

出口关税＝出口货物完税价格×出口关税税率

出口货物完税价格＝FOB价/(1＋出口关税税率)

(4) 预期利润。预期利润是指以成交价为基数按一定百分比算出的卖方收益。计算公式为

预期利润＝报价×预期利润率

根据以上价格构成介绍，可知FOB、CFR和CIF价格的构成分别是：

FOB报价＝实际进货成本＋国内费用＋出口关税＋预期利润

CFR报价＝实际进货成本＋国内费用＋出口关税＋国外运费＋预期利润

CIF报价＝实际进货成本＋国内费用＋出口关税＋国外运费＋国外保险费＋预期利润

课堂讨论：FCA、CPT和CIP之间怎样进行价格换算？

2. FOB、CFR和CIF之间的价格换算

CIF＝CFR＋国外保险费(I)＝FOB＋国外运费(F)＋国外保险费(I)

国外保险费＝CIF×投保加成×保险费费率

(1) 已知FOB价时，CFR价＝FOB价＋F

CIF价＝(FOB价＋F)/(1－投保加成×保险费费率)

(2) 已知CFR价时，FOB价＝CFR价－F

CIF价＝CFR价/(1－投保加成×保险费费率)

(3) 已知CIF价时，FOB价＝CIF价×(1－投保加成×保险费费率)－F

CFR价＝CIF价×(1－投保加成×保险费费率)

实务借鉴7-2

该报多少价

我国某公司向荷兰出口一批农产品，向客户发盘为每公吨800欧元CIF鹿特丹，按CIF金额120%投保，对方要求改报FOB价格，我方同意，经查自中国口岸至鹿特丹运费为每公吨100欧元，保险费费率为2%，请计算我方改报价格应为多少？

【评析】 FOB价格＝CIF价格×(1－保险费费率×投保加成)－国外运费

＝800×(1－2%×120%)－100＝680.8(欧元)

3. 报价核算

下面分别以FOB、CFR和CIF为例，说明出口报价的主要步骤以及运用的公式。根

据术语价格换算可知：

FOB 报价＝实际进货成本＋国内费用＋出口关税＋预期利润

预期利润＝FOB 报价×预期利润率

出口关税＝FOB 报价×出口关税税率/(1＋出口关税税率)

$$\text{FOB 报价}\times\left(1-\frac{\text{出口关税税率}}{1+\text{出口关税税率}}-\text{预期利润率}\right)=\text{实际进货成本}+\text{国内费用}$$

由于出口关税税率通常为零，所以 FOB 报价的计算公式通常为

FOB 报价＝(实际进货成本＋国内费用)/(1－预期利润率)

同理，如果所报 FOB 价格含佣价，由于佣金＝含佣价×佣金率，因此，

FOBC 报价＝(实际进货成本＋国内费用)/(1－佣金率－预期利润率)

根据 FOB、CFR 和 CIF 之间的换算公式，可以得出

CFR 报价＝(实际进货成本＋国内费用＋国外运费)/(1－预期利润率)

CFRC 报价＝(实际进货成本＋国内费用＋国外运费)/(1－佣金率－预期利润率)

CIF 报价＝(实际进货成本＋国内费用＋国外运费)/(1－预期利润率－投保加成×保险费费率)

CIFC 报价＝(实际进货成本＋国内费用＋国外运费)/(1－佣金率－预期利润率－投保加成×保险费费率)

重要信息 7-1

出口报价示例

上海某食品公司收到日本商人求购 13 吨冷冻水产(计一个 20 英尺集装箱)的询盘，经了解该级别水产品每吨的进货价格为 5600 元人民币(含增值税 13%)；出口包装费每吨 500 元；该批货物国内运杂费计 1200 元；出口商检费 300 元；报关费 100 元；港区港杂费 950 元；其他各种费用共计 1500 元。该食品进出公司向银行贷款的年利率为 8%；预计垫款时间 2 个月；银行手续费费率为 0.5%(按成交价格计)，出口冷冻水产的退税率为 3%；海洋运费从装运港青岛至日本神户一个 20 英尺冷冻集装箱的包箱费率是 2200 美元，用户要求按成交价的 110% 投保，保险费费率 0.85%；日本商人要求在报价中包括 3% 的佣金，若该食品进出口公司的预期利润率是 10%(以成交金额计)，人民币对美元汇率为 6.94∶1，试报出每吨水产出口的 FOB、CFR 和 CIF 价格。为保持数据的相对准确性，运算过程保留四位小数，最终报价保留两位小数。

(1) 成本核算

实际购货成本＝购货成本×(1＋13%－退税率)÷(1＋13%)

＝5600×(1＋13%－3%)÷(1＋13%)

＝5600×1.1÷1.13＝5451.3274(元/吨)

(2) 费用核算

国内费用＝500＋(1200＋300＋100＋950＋1500)÷13＋5600×8%÷6

＝886.2051(元/吨)

注：贷款利息通常根据进货成本来核算。

银行手续费 ＝ 报价 ×0.5％

客户佣金 ＝ 报价 ×3％

出口运费 ＝ 2200 ÷ 13 ＝ 169.2308(美元) ＝ 1396.1541(元)

出口保费 ＝CIF 价 ×110％ ×0.85％

预期利润 ＝ 报价 ×10％

(3) 报价核算

FOBC3＝ 实际购货成本 ＋ 国内费用 ＋ 佣金 ＋ 银行手续费 ＋ 预期利润

＝ 5451.3274 ＋ 886.2051 ＋ 报价 ×3％ ＋ 报价 ×0.5％ ＋ 报价 ×10％

FOBC3＝ (5451.3274 ＋ 886.2051) ÷ (1－3％－0.5％－10％) ÷ 6.94

＝ 6337.5325 ÷ 0.865 ÷ 6.94 ＝ 1055.71(美元/吨)

CFRC3＝ 实际购货成本 ＋ 国内费用 ＋ 出口运费 ＋ 佣金 ＋ 银行手续费 ＋ 预期利润

＝ 5451.3274 ＋ 886.2051 ＋ 1396.1541 ＋ 报价 ×3％ ＋ 报价 ×0.5％

＋ 报价 ×10％

CFRC3＝ (5451.3274 ＋ 886.2051 ＋ 1396.1541) ÷ (1－3％－0.5％－10％)

＝ 7733.6866 ÷ 0.865 ÷ 6.94 ＝ 1274.90(美元/吨)

CIFC3＝ 实际购货成本 ＋ 国内费用 ＋ 出口运费 ＋ 佣金 ＋ 银行手续费

＋ 出口保险费 ＋ 预期利润

＝ 5451.3274 ＋ 886.2051 ＋ 1396.1541 ＋ 报价 ×3％ ＋ 报价 ×0.5％

＋ 报价 ×110％ ×0.85％ ＋ 报价 ×10％

CIFC3＝ (5451.3274 ＋ 886.2051 ＋ 1396.1541) ÷ (1－3％－0.5％－110％

×0.85％－10％)

＝ 7733.6866 ÷ 0.85565 ÷ 6.94 ＝ 1302.36(美元/吨)

通过以上计算，13 吨冷冻水产品的出口报价如下：

US＄1055.71 PER METRIC TON FOBC3 QINGDAO

US＄1274.90 PER METRIC TON CFRC3 KOBE

US＄1302.36 PER METRIC TON CIFC3 KOBE

7.2.2 进口价格核算

进口商品价格构成包括进口总成本、进口税费、国内费用、预期利润。

1. 价格构成

(1) 进口总成本。进口总成本是指进口商品的进货价，以及在销售前发生的一切费用和税费，即进口 CIF 价加上国内费用和进口税费。计算公式为

进口总成本＝CIF 价＋进口税费＋国内费用

显然，进口总成本不能高于国内销售价(进口货物在国内进行一级批发的价格)。如果已知进口货物的国内分销价，可以倒算出进口货物的 CIF 最高价，即进口商不能以高于该 CIF 最高价的价格进口货物，否则将亏损。计算公式为

CIF 最高价＝国内销售价－进口税费－国内费用

(2) 进口税费。进口税费是指货物在进口环节中由海关依法征收的一切税费。根据我国《海关法》和《关税条例》,进口税费包括关税和进口环节海关代征税。进口环节海关代征税包括消费税和增值税。计算公式为

进口税费=进口关税+消费税+增值税

进口关税是指一国海关以进境货物为课税对象所征收的关税。大部分国家的海关以货物的价格作为计税标准。计算公式为

进口关税=CIF价×进口关税税率

消费税是以消费品或消费行为的流转额作为课税对象而征收的一种流转税。计算公式为

消费税=消费税组成计税价格×消费税税率

消费税组成计税价格=(CIF价+进口关税)/(1-消费税税率)

增值税是以商品的生产、流通和劳务服务各个环节所创造的新增价值为课税对象的一种流转税。除了粮食、食用植物油、自来水、暖气、石油液化气、天然气、图书、报纸、饲料、化肥、农药等少数货物采用低税率外,其他的均适用基本税率。计算公式为

增值税=增值税组成计税价格×增值税税率

增值税组成计税价格=CIF价+进口关税+消费税

(3) 国内费用。进口货物的国内费用和出口的相同。

(4) 预期利润。预期利润是指以成交价为基数按一定百分比算出的买方收益。计算公式为

预期利润=报价×预期利润率

根据以上价格构成介绍,可知CIF、CFR和FOB价格的构成分别是:

CIF报价=国内分销价-进口税费-国内费用-预期利润

CFR报价=国内分销价-进口税费-国内费用-国外保险费-预期利润

FOB报价=国内分销价-进口税费-国内费用-国外运费-国外保险费-预期利润

2. 报价核算

下面以CIF、CFR和FOB为例,说明进口报价的步骤及运用的公式。

CIF报价 = 国内分销价 - 进口税费 - 国内费用 - 预期利润

预期利润 = 报价 × 预期利润率

进口税费= 进口关税 + 消费税 + 增值税

= CIF价 × 进口关税税率 + CIF价 × (1 + 进口关税税率) × 消费税税率 / (1 - 消费税税率) + CIF价 × (1 + 进口关税税率) × 增值税税率 / (1 - 消费税税率)

= CIF价 × [进口关税税率 + (1 + 进口关税税率) × (消费税税率 + 增值税税率)/(1 - 消费税税率)]

当消费税税率为0时,进口税费的计算公式为

进口税费=CIF价×[进口关税税率+(1+进口关税税率)×增值税税率]

当消费税税率和增值税税率都为0时，进口税费的计算公式为

进口税费＝CIF价×进口关税税率

CIF报价＝(国内分销价－进口税费－国内费用)/(1＋预期利润)

同理，如果所报CIF价格含佣价的话，则

佣金＝含佣价×佣金率

因此：

CIFC报价＝(国内分销价－进口税费－国内费用)/(1＋预期利润＋佣金率)

根据FOB、CFR和CIF之间的换算公式，可以得出：

CFR报价＝(国内分销价－进口税费－国内费用－国外保险费)/(1＋预期利润)

CFRC报价＝(国内分销价－进口税费－国内费用－国外保险费)/(1＋预期利润＋佣金率)

FOB报价＝[(国内分销价－进口税费－国内费用)(1－投保加成×保险费费率)－国外运费]/(1＋预期利润)

FOBC报价＝[(国内分销价－进口税费－国内费用)(1－投保加成×保险费费率)－国外运费]/(1＋预期利润＋佣金率)

课堂测评

测评要素	表现要求	已达要求	未达要求
知识点	能掌握进出口价格核算的过程		
技能点	能初步认识进出口价格核算的公式		
任务内容整体认识程度	能概述进出口价格核算的意义		
与职业实践相联系的程度	能描述进出口价格核算的作用		
其他	能描述与其他课程、职业活动等的联系		

7.3 货物价格条款确定

提示：完成本任务，你将了解进出口合同价格条款确定的要点。

职业行动：在国际贸易活动中，在进行对外报价核算、了解价格影响因素的基础上，通过货物价格，结合进出口业务意图，开始确定价格条款。看似简短的一句话，里面蕴含着多次核算。作为初学者，我们应该认识进出口货物价格条款确定的过程。

7.3.1 进出口盈亏核算

外贸企业的盈亏是考核外贸企业经营管理水平的重要指标。为了控制亏损，增加盈利，我外贸企业在对外报价或磋商交易前，都必须对拟出口的商品进行成本核算。一般只有在盈利的情况下，才能对外组织成交。

1. 出口盈亏核算

出口成本的核算工作涉及三个数据，即出口总成本、出口外汇净收入和出口人民币净收入，根据这三个数据可以计算出口换汇成本和出口盈亏率。

(1) 出口总成本。出口总成本是指外贸企业为出口商品支付的国内总成本，其中包括进货成本和国内费用。如需缴纳出口税的商品，则出口总成本中还应包括出口税。计算公式为

出口总成本＝出口商品进货价＋国内费用－出口退税收入

(2) 出口外汇净收入和出口人民币净收入。出口外汇净收入是指出口外汇总收入扣除劳务费用如运费、保险费、佣金等非贸易外汇后的外汇收入，即以 FOB 价格成交所得的外汇收入。如按 CFR、CIF 价格成交，则扣除国外运费和保险费等劳务费用支出后，即为外汇净收入。如果是按照含佣金价成交的，还要扣除佣金。

出口人民币净收入是指出口外汇净收入按当时外汇牌价折算的人民币总额。

(3) 出口盈亏率。出口盈亏率是指出口盈亏额与出口总成本的比率。出口盈亏额是指出口人民币净收入与出口总成本的差额，前者大于后者为盈利，反之为亏损。计算公式为

出口盈亏率＝(出口人民币净收入－出口总成本)/出口总成本×100%

例 7-10 出口某商品 1 200 000 只，出口总价为 USD95 000FOB 上海。商品进货价为 368 000 元人民币(含增值税 13%)，国内费用为进货价的 6%，出口退税率为 9%，当时银行汇价美元买入价为 6.0821 元人民币。求该笔业务出口盈亏率。

解：出口盈亏额＝出口人民币净收入－出口总成本

出口人民币净收入＝95 000×6.0821＝577 799.5(元)

出口总成本＝进货价＋国内费用－出口退税收入

$$=368\,000+368\,000\times6\%-\frac{368\,000\times9\%}{1+13\%}=360\,770.27(\text{元})$$

出口盈亏额＝577 799.5－360 770.27＝217 029.23(元)

$$\text{出口盈亏率}=\frac{\text{出口盈亏额}}{\text{出口总成本}}\times100\%=\frac{217\,029.23}{360\,770.27}\times100\%\approx60.16\%$$

(4) 出口换汇成本。出口换汇成本是指出口商品净收入一个单位的外汇所需的人民币成本。在我国，一般是指出口商品每净收入一美元所耗费的人民币成本，即用多少元人民币换回一美元。出口商品换汇成本如高于银行的外汇牌价，则出口为亏损；反之，则说明出口盈利。出口换汇成本是衡量外贸企业出口盈亏状况的重要指标，其计算公式为

出口换汇成本＝出口成本(人民币)/出口外汇净收入

(5) 出口创汇率。出口创汇率又称外汇增值率，是指加工后成品出口的外汇净收入与原料外汇成本的比率。如原料为本国产品，其外汇成本可按原料的 FOB 出口价计算。如原料是进口的，则按该原料的 CIF 价计算。计算公式为

出口创汇率＝(成品出口外汇净收入－原料外汇成本)/原料外汇成本×100%

2. 进口盈亏核算

进口业务盈亏核算的原理和出口盈亏核算相同，主要通过计算进口总成本、进口盈亏额来核算进口盈亏率。

进口盈亏率是指进口盈亏额与进口总成本的比率。进口盈亏额是指国内分销人民币净收入(即进口货物在国内销售的人民币净收入)与进口总成本的差额，前者大于后者为盈利，反之为亏损。计算公式为

进口盈亏率＝(国内分销人民币净收入－进口总成本)/进口总成本×100%

进口总成本＝CIF价＋进口税费＋国内费用

7.3.2 合同作价方法

1. 固定价格

固定价格是指在价格条款中明确规定商品的单价和总额。如：USD12 per pound CIF New York，No price adjustment shall be allowed after conclusion of this contract。

2. 非固定价格

非固定价格与固定价格相对，即在合同中不具体规定价格，也称为活价，主要适用于交货期比较长(1年或2年)的交易。它可以分为下列几种情形。

(1) 具体价格待定。即在合同中只规定定价时间和方法，而没有具体的价格。如由双方在某年某月某日协商确定具体价格。

(2) 暂定价格。如HK＄5000 per bale，CIF Hong Kong。

Remarks：The above is a provisional price，which shall be determined through negotiation between the buyer and the seller 15 days before the month of shipment。

(3) 部分固定价格，部分非固定价格。部分固定、部分不固定作价法又称“半死半活价”，多用于分批交货的买卖合同，交货期近的价格在订约时固定下来，余者在交货前一定期限内作价。

3. 滑动价格

非固定作价方法的合同具有不稳定性，买卖双方事先必须订明作价的标准。对于机器设备类的买卖合同，由于交货期较长，可考虑采用“价格调整(修正)条款”(Price Adjustment (Revision) Clause)，在合同中规定初步价格，同时还规定如原料价格、工资发生变化，卖方保留调整价格的权利。

7.3.3 合同中的价格条款

1. 价格条款内容

合同中完整的价格条款应包含单价(unit price)、金额(amount)和总值(total value)。

如果一个合同中成交一种以上的商品时，每种商品均需要分别计算金额（即单价×数量），所有商品的金额合计就是合同的总值。合同的总值必须分别以大小写表示。总值除用阿拉伯数字填写外，一般还用文字表示。填写金额要求认真细致，计算正确，防止差错。

2. 订立价格条款应注意事项

（1）合理确定商品的单价，防止作价偏高或偏低。

（2）根据经营意图和实际情况，在权衡利弊的基础上选用适当的贸易术语。

（3）争取选择有利的计价货币，以免遭受币值变动带来的风险，如采用不利的计价货币时，应当加订外汇保值条款。

（4）灵活运用各种不同的作价办法，以避免价格变动的风险。

（5）参照国际贸易的习惯做法，注意佣金和折扣的合理运用。

（6）如交货品质和数量约定有一定的机动幅度，则对机动部分的作价也应一并规定。

重要信息 7-2

进出口商品的作价

进出口商品的作价原则包括：根据国际市场价格水平作价；要结合国别、地区水平作价；要结合购销意图作价。

国际市场商品价格是以商品的国际价值为基础，并受供求变化的影响而上下波动的，有时甚至会出现瞬息万变和大涨大落的情况，因此，在确定成交价格时，必须考虑供求状况和价格变动的趋势。当商品供不应求时，国际市场价格就会呈上涨趋势；反之，当商品供过于求时，国际市场商品价格就会呈下降趋势。由此可见，切实了解国际市场供求变化状况，有利于对国际市场价格的走势作出正确判断，也有利于参照国际市场价格合理地确定进出口商品的成交价格，该涨则涨，该落则落，避免价格掌握上的盲目性。在国际市场上，大宗商品的国际集散中心的市场价格是具有代表性的国际市场价格。如芝加哥谷物交易所的大豆、小麦的交易价格，伦敦五金交易所内的金属的交易价格等，它们对相应的商品出口定价具有指导意义。

课堂测评

测评要素	表现要求	已达要求	未达要求
知识点	能掌握进出口货物价格条款的含义		
技能点	能初步认识进出口货物价格条款的内容		
任务内容整体认识程度	能概述进出口货物价格条款的意义		
与职业实践相联系的程度	能描述进出口货物条款的作用		
其他	能描述与其他课程、职业活动等的联系		

任务7小结

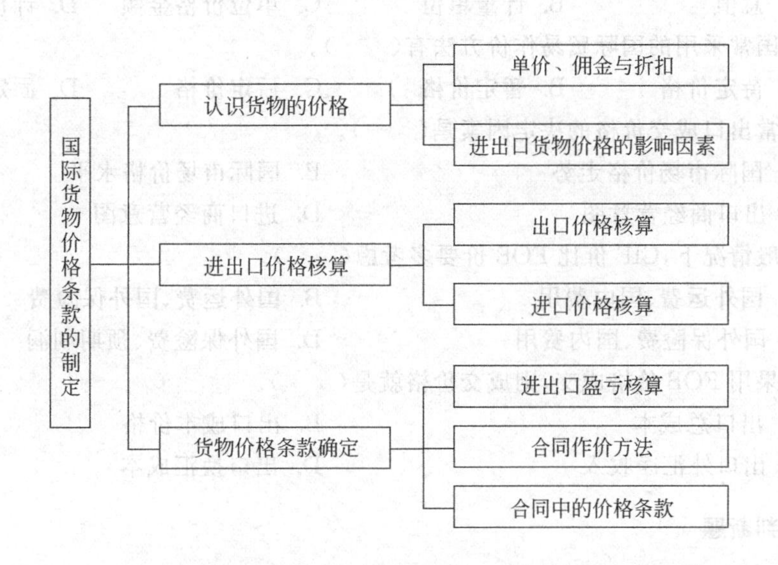

教学做一体化训练

一、重点概念

佣金　折扣

二、课后演练

(一) 选择题

1. 某买卖合同中规定："如果卖方因国内原材料价格指数上升1%，对本合同未执行的数量，双方协商调整价格。"这是(　　)。

A. 固定价格　　B. 非固定价格　　C. 暂定价格　　D. 价格调整条款

2. 某合同价格条款规定为"每公吨 CIF 大阪 100 美元"，这种价格是(　　)。

A. 净价　　B. 含佣价　　C. 离岸价　　D. 成本价

3. 某公司对外报价为 CIF 价 150 美元，外商要求改报 CIFC5%，我方应报价(　　)美元。

A. 157.0　　B. 157.4　　C. 157.8　　D. 157.9

4. 下列单价条款对佣金描述正确的有(　　)。

A. 每公吨 150 美元 CIF 上海，包括 20%的佣金

B. 每公吨 150 美元 CIF 上海，每公吨付佣金 3 美元

C. 每公吨150美元CIF上海

D. 每公吨150美元CIF上海,包含佣金

5. 合同中的单价条款不包括(　　)。

A. 总值　B. 计量单位　C. 单位价格金额　D. 计价货币

6. 我国常采用的国际贸易作价方法有(　　)。

A. 待定价格　B. 暂定价格　C. 后定价格　D. 固定价格

7. 通常出口成交价格的决定因素是(　　)。

A. 国际市场价格走势　B. 国际市场价格水平

C. 出口商经营意图　D. 进口商经营意图

8. 一般情况下,CIF价比FOB价要多考虑(　　)。

A. 国外运费、国内费用　B. 国外运费、国外保险费

C. 国外保险费、国内费用　D. 国外保险费、预期利润

9. 如果用FOB价格成交,则成交价格就是(　　)。

A. 出口总成本　B. 出口成本价格

C. 出口外汇净收入　D. 出口换汇成本

(二) 判断题

1. CIF价不包括国外保险费。(　　)
2. 在采用价格调整条款时,合同价格的调整是有条件的。(　　)
3. 在合同中选择固定价格是最佳的做法。(　　)
4. 出口成本价格就是出口成交价格。(　　)
5. 佣金是卖方给买方的价格减让。(　　)

(三) 简答题

1. 影响商品成交价格的因素有哪些?
2. 简述采用固定价格的优缺点。
3. 简述佣金与折扣的支付方法。
4. 简述"暗佣"及"暗扣"的含义。
5. 如何在合同中规定折扣?

(四) 案例分析

1. 某公司A与另一公司B签订一份为期10年的供货合同。规定:A公司每月向B公司供应10公吨1级菜油,价格每季度议订一次。同时规定:如双方发生争议,应提交仲裁处理。但该合同执行了半年后,甲方提出因合同价格不明确,主张合同无效,后报经仲裁裁决。合同中价格条款是否明确,你认为应该如何处理争议?

2. 我国某出口公司拟出口化妆品去中东某国,正好该国某中间商主动来函与该出口公司联系,表示愿为推销化妆品提供服务,并要求按每笔交易的成交额给予5%的佣金。不久,经中间商介绍与当地进口商达成CIFC5%总金额5万美元的交易,装运期

为订约后2个月内从中国港口装运，并签订了销售合同。合同签订后，该中间商即来电要求我出口公司立即支付佣金2500美元。我出口公司复电称：佣金需待货物装运并收到全部货款后才能支付。于是，双方发生了争议。请分析这起争议发生的原因是什么？

同步实训

说明：本实训为进出口价格核算练习，请根据要求，安排学生完成以下所有价格核算训练。

1. 我国某公司出口商品国内总成本为每箱1200元人民币。外商向我发盘，价格为每箱140美元CIF纽约。当日中国银行外汇牌价为100美元＝694元人民币。问：我公司可否接受？若我方发盘，价格应该是多少？（海运费为每箱10美元，保险费费率为0.5%）（保留1位小数）。

2. 我国某公司对美国客商出口一批商品，报价为每千克100元人民币CFR纽约，美国客商要求改报CIFC5美元价（投保一切险，加一成投保，保费率为4%，人民币兑美元比价为1∶6.9）。试确定在不影响收汇额的前提下，准确的CIFC5价应报多少？

3. 我国某出口公司向法国出口一批货物，出口报价为CFR巴黎840美元/吨，法国客商还价为CIFC5巴黎880美元/吨（保费率1.5%，投保加成10%），我方如果想保持出口净收益不变，对此能否接受？报价应该是多少？

4. 我国某工艺品进出口公司拟向其客户出口某种工艺品100箱。该产品国内采购价为每件28元人民币，按每50件装一箱，包装费用每箱100元，国内运杂费合计共1500元，商检报关费500元，港口各种费用400元，公司各种相关费用1000元，经核实，该批货物出口需运费800美元，如由我方保险，保险金额按CIF成交价加一成投保一切险，保险费费率0.5%，另外，这种产品出口有退税13%。现假设该公司欲获得10%的预期利润，且国外客户要求价格中含5%佣金，试报该产品的FOBC5及CIFC5美元价格。（注：美元对人民币汇率为1∶6.9，计算过程保留4位小数，计算结果保留2位小数。）

【实训目标】 进出口价格核算。

【组织实施】 学生分组，认真研读内容，按照计算公式及核算步骤，进行进出口报价核算。

【操作提示】 先熟悉题意，再按照内容要求计算。

【成果检测】 完成活动项目任务，各组分别展示，学生讨论，教师进行评价。

学生自我总结

通过完成“任务7　国际货物价格条款的制定”，我能够作如下总结。

一、主要知识

完成本任务涉及的主要知识点： 1. 2.

二、主要技能

完成本任务的主要技能： 1. 2.

三、主要工作

我认为,进出口货物价格条款制定的主要工作： 1. 2.

四、相关知识与技能

1. 进出口货物价格的影响因素： 2. 出口货物价格： 3. 进口货物价格：

五、成果检验

1. 完成本任务的意义： 2. 学到的经验： 3. 自悟的经验： 4. 我认为,进出口货物价格确定的原则：

任务8 货款收付条款的制定

学习目标

1. 知识目标

- 能认识票据。
- 能认识汇付与托收方式。
- 能认识信用证支付方式。

2. 能力目标

- 能熟练办理汇付与托收业务。
- 能熟练办理信用证业务。
- 能熟练书写货款收付条款。

情境导入

早在18世纪中叶至19世纪末，山西票号“汇通天下”曾经辉煌一时。的确，贸易货款的结算肯定不会是大量“真金白银”的现金交易，必须通过一些金融工具实现支付。在今天，金融全球化为进出口贸易货款结算提供了便捷的服务，多种支付工具满足了不同贸易条件下进出口双方的选择，汇票、本票和支票等金融票据是我们主要的支付工具，通过汇付、托收和信用证等支付方式将金融票据进行传递，进出口贸易货款的收付就得以实现。在业务中，我们可以从自身角度、所具备的贸易条件出发，选择支付工具、支付方式，来完成贸易货款的收付。

学习任务

根据国际贸易职业活动顺序，“货款收付条款的制定”这一任务又可以分解为以下子任务。

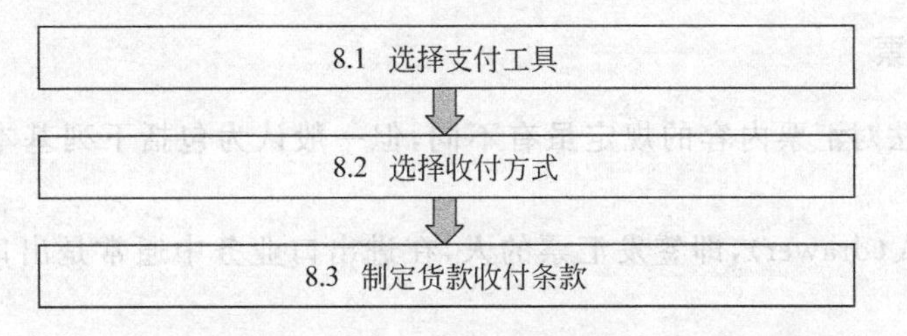

课前故事

我们的第八个故事讲到了晋商。晋商诚信经营一直是商界典范。即便乔家大德通票号没落,乔致庸的后人也都在延续着乔致庸的信誉。20世纪30年代,经济衰退,晋钞贬值,晋钞跟新币之间的兑换比例大概是250 000∶1。这对当时的金融业来说无疑是个危机,但对于已经奄奄一息的乔家大德通票号来说,完全有望借机翻身。如果对所有的储蓄户都以晋钞而非新币支付,那么大德通票号就可以利用差价大赚一笔。但是,如果这样做,乔家辛苦积累的信誉将毁于一旦。为了维护信誉,乔家毅然决定收晋钞,支新币,让百姓手上的钱可以在各地自由流通。大德通票号最终还是倒闭了,可是乔家所留下来的商业精神却成为晋商的骄傲,成为整个商界的财富。

8.1 选择支付工具

提示:完成本任务你将了解国际贸易货款收付中的主要支付工具。

职业行动:在国际贸易货款收付中,涉及多个支付工具。作为进出口贸易合同中承担付款义务的一方,在运用之前,必须认识它们,再结合自身条件以及贸易实际,合理选择支付工具。

国际贸易货款的收付中常常用到金融票据。票据,有广义和狭义概念之分。广义上的票据包括各种有价证券和商业凭证,如股票、股息单、国库券、发票、提单、保险单等。狭义的票据则是指以支付金钱为目的的特种证券,这些证券可以定义为由出票人约定自己或委托付款人在见票时或于指定的日期向收款人或持票人无条件支付一定金额并可流通转让的有价证券。若约定由出票人本人付款,则是本票;若由另一人付款,则是汇票或支票。进出口贸易中一般指的是狭义的票据,也可称为支付工具,即汇票、本票和支票。

8.1.1 汇票

大多数国家都引用英国《票据法》中汇票的概念,我国《票据法》规定,汇票是由出票人签发的,要求付款人在见票时或在一定期限内,向收款人或持票人无条件支付一定款项的票据。汇票是票据法中最重要的一种票据,由于它最能反映票据的性质、特征和规律,最能集中地体现票据所具有的信用、支付和融资等各种经济功能,是票据的典型代表。汇票也是国际结算中使用最广泛的一种信用工具。

1. 认识汇票

各国票据法对汇票内容的规定虽有不同,但一般认为包括下列基本内容,如图8-1所示。

(1) 出票人(drawer),即签发汇票的人,在进出口业务中通常是出口人或其指定的银行。

汇　票

凭　　信用证号码

*Drawn under*____________________ *L/C No.*________

日期　　支取 *Payable with Interest*@_____%_____按____息______付款

*Dated*__________________

号码　　汇票金额　　出票地点__________出票日期______

*No.*________Exchange *for*__________

见票__________日后付交　　金额

*At*______________________*sight of this* **FIRST** *of Exchange Pay to the order of the sum of*

____

款已收讫

Value received

此致　　出票人签章

To__________________ Issuer________________________

图 8-1　汇票图样

(2) 受票人(drawee),又称付款人(payer),即汇票的付款人,在进出口业务中通常就是进口人或其指定的银行。

(3) 受款人(payee),即受领汇票所规定的金额的人,在进出口业务中,通常是出口人或其指定的银行,即与出票人一致,但由于汇票可以自由转让,因此受款人也可能是与进出口双方毫无关系的第三者。

(4) 付款的金额,即汇票规定的受票人须无条件支付的一定金额。

(5) 付款的时间与地点。

(6) 出票时间和地点。

(7) 出票人签字。

(8) 表明“汇票”的字样。

重要信息 8-1

汇票的种类

依据分类标准的不同,汇票可以分为以下几种。

(1) 按出票人的不同,分为银行汇票和商业汇票。银行汇票(banker's draft)是指出票人是银行,受票人也是银行的汇票。商业汇票(commercial draft)是指由出口商签发的,向进口商或银行收取货款或其他款项的汇票,即出票人为商号或个人,受票人可以是商号、个人,也可以是银行。

(2) 按是否随付货运单据,可分为光票和跟单汇票。光票(clean bill)指不附带任何货运单据的汇票,付款人只凭汇票付款,银行汇票多是光票。跟单汇票(documentary bill)指附有货运单据的汇票,出票人必须提交约定的货运单据才能取得货款,受票人也必须在付清货款后才能取得货运单据,提取货物。

(3) 按付款时间的长短,可以分为即期汇票与远期汇票。即期汇票(sight draft;demand draft)就是见票即付的汇票。远期汇票(time draft;issuance draft)是指在一定期限或特定日期付款的汇票。远期汇票的付款时间通常有以下几种规定方法:见票后若干天付款;出票后若干天付款;提单签发日后若干天付款;固定日期付款。

(4) 按汇票是否凭信用证签发,可分为凭信用证汇票和不凭信用证汇票。

凭信用证汇票即凭信用证签发的汇票,付款人通常为信用证的开证行,但有时也可能是其联号或进口商,而由开证行承担付款责任。

不凭信用证汇票即不凭信用证签发的汇票。付款人通常为进口商,这种汇票银行不接受押汇,因而出口商只能委托银行代为收款。

(5) 根据承兑地与付款地是否相同,可分为直接汇票与间接汇票。

远期汇票须经过承兑,即付款人承诺到期付款。直接汇票(direct draft)即付款地与承兑地为同一地点的汇票。国际贸易中大多数汇票属于直接汇票。

间接汇票(indirect draft)是指付款地与承兑地不是同一地的汇票。此种汇票承兑时,付款人除签名并注上日期外,通常还要注明付款地。

2. 申请签发汇票

(1) 向银行提出申请。填写一式三联"银行汇票申请书"。

(2) 签章并支付手续费。在"银行汇票申请书"的第二联支付凭证联上盖预留银行印鉴,支付银行规定的手续费。

3. 运用汇票

在进出口贸易业务中,汇票的使用一般有以下操作步骤(见图 8-2)。

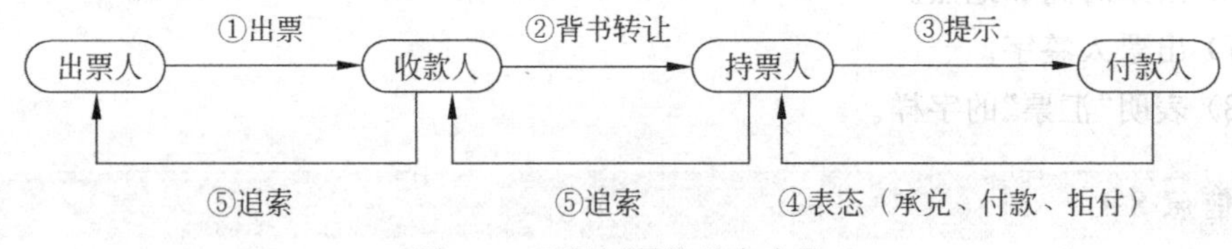

图 8-2　运用汇票的基本步骤

(1) 出票(to draw)。出票人在汇票上填写付款人、付款金额、日期、地点及受款人名称等内容,并签字后交给受款人的行为。在出票时,对受票人通常有三种写法。

① 限制性抬头。这种写法的汇票不能流通转让,只有指定的对象才能收取货款。

② 指示式抬头。这种抬头的汇票必须由持票人背书方可转让。

③ 持票人抬头。这种抬头的汇票无须由持票人背书即可转让。

(2) 提示(presentation)。持票人将汇票提交付款人要求承兑或付款的行为。付款人看到汇票叫作见票,提示可分为两种。

① 付款提示。持票人向付款人提交汇票,要求付款。

② 承兑提示。远期汇票持票人向付款人提交汇票,付款人见票后办理承兑手续,到

期付款。

(3) 承兑(acceptance)。付款人对远期汇票表示承诺到期付款的行为。其手续是由付款人在汇票正面写明“承兑”字样并签字,同时注明承兑日期,然后交给持票人。付款人一旦承兑,即成为承兑人,承兑人负有在远期汇票到期时付款的责任。

(4) 付款(payment)。即期汇票在持票人提示汇票时,付款人即应付款。远期汇票则在经过承兑后,在到期时由付款人付款。

(5) 背书(endorsement)。背书就是转让汇票权利的一种法定手续,即由汇票持有人在汇票背面签上自己的名字,或再加上受让人的名字,然后把汇票转让给受让人的行为。经背书后汇票的收款权利便转让给受让人。受让人还可以通过背书方式再次转让,这样汇票就可以通过背书不断转让下去。

背书有三种方式:①特别背书。在背书时记载被背书人,然后再签上背书人名。经记名背书的汇票,被背书人可以再作背书继续转让。②空白背书。即仅在汇票背面签上背书人自己的名字,而不记载谁是被背书人,因此又称无记名背书、略式背书。持票人抬头的汇票经空白背书后即成为来人汇票,受让人不用再背书,仅凭交付即可转让汇票权利。③限制背书。即对被背书人作出限制性规定,从而使汇票不能再被继续转让的背书。

(6) 贴现(discount)。一张远期汇票的持有人如想在汇票到期日付款人付款之前先取得票款,可以经过背书转让汇票,即将汇票贴现。所谓贴现是指汇票持有人向受让人背书,受让人受让时扣除从转让日起到汇票付款日止的利息及一定手续费后,将余额付给持票人的行为。作为受让人的银行可以继续转让,也可要求受票人在到期日付款。

(7) 拒付(dishonor)。持票人进行付款或承兑提示时,付款人拒绝付款或承兑。除了拒绝承兑和拒绝付款外,付款人拒不见票,死亡或宣告破产从而使付款事实上不可能时,也称为拒付。

(8) 追索(recourse)。出现拒付,持票人有追索权,即有向其前手(背书人、出票人)要求偿付汇票金额、利息和其他费用的权利。

4. 汇票的适用范围

汇票是委托(委托他人付款)证券,汇票传统上用于异地付款,属于银行信用。在国内贸易中,收款人可在一城市银行做了汇票带到另一城市银行进账。在进出口贸易货款收付中也被大量采用。

重要概念 8-1

商业汇票承兑与商业汇票贴现

商业汇票承兑是指银行作为付款人,根据出票人的申请,承诺在汇票到期日对收款人或持票人无条件支付汇票金额的票据行为。商业汇票自出票日至到期日最长不得超过 6 个月。建设银行每张承兑汇票金额不得超过 1000 万元人民币。

商业汇票贴现是指商业汇票的持票人将未到期的商业汇票转让于银行,银行按票面金额扣除贴现利息后,将余额付给持票人的一种融资行为。主要用于申请人短期资金周转。贴现期限自贴现之日起至汇票到期日止,最长期限不超过 6 个月。商业汇票贴现包括商业承兑汇票贴现和银行承兑汇票贴现。办理商业承兑汇票贴现须由总行特别授权。

8.1.2 本票

根据英国《票据法》规定,本票(promissory note)是一个人向另一个人签发的,保证在见票时或一定时期内,对后者或其指定人或持票人无条件支付一定金额的书面承诺。简言之,本票是出票人对受款人承诺无条件支付一定金额的票据。按出票人的不同,本票可分为商业本票和银行本票。由工商企业或个人签发的称为商业本票或一般本票,由银行签发的称为银行本票。一般本票又可按付款期限分为即期本票和远期本票,银行本票都是即期的。

中国《票据法》第七十三条规定本票的定义是:本票是由出票人签发的,承诺自己在见票时无条件支付确定的金额给收款人或持票人的票据。第二款接着规定,本法所指的本票是指银行本票,不包括商业本票,更不包括个人本票。

1. 认识本票

本票一般据有以下主要内容。样式如图 8-3 所示。

Promissory Note

Lndon, 9. 30. 2014　　　　Amount USD980 000

On 25 Dec. 2014 **we promise to pay against this promissory note**

The sum of US Dollars Nine hundered and eighty thousand only

To the order of AB Export Company Ltd

For value Received

Payable at:	**For and on behalf of**
AB Export Banking Company plc	Import Buyer Company
Yanan Street	London
Shanghai, AB	
	Managing Director

图 8-3 本票图样

(1) 标明"本票"字样。

(2) 无条件支付一定金额的承诺。

(3) 付款时间和地点。

(4) 受款人名称或其指定人。

(5) 出票日期和地点。

(6) 出票人签名。

2. 运用本票

我国《票据法》规定的本票,限于银行本票。银行签发的见票即付不记名本票,可以代替现金流通，因此，各国对签发银行本票均有一定的限制。我国《票据法》第七十五条规定：本票出票人的资格由中国人民银行审定，具体管理办法由中国人民银行规定。在进出口贸易结算中使用的也大都是银行本票。

(1) 银行本票的要式必须齐全。出票金额、出票日期、收款人名称不得更改。

(2) 银行本票可以用于转账。填明“现金”字样的银行本票，可用于支取现金，但现金本票只限于个人之间结算。

(3) 银行本票见票即付，当场抵用。

(4) 银行本票的提示付款期限自出票日起最长不得超过2个月。

(5) 银行本票丧失，失票人可以凭人民法院出具的其享有票据权利的证明，向出票银行请求付款或退款。未填明“现金”字样的银行本票丧失，不得挂失止付。

课堂讨论：为什么各国政府对签发本票有较多限制？

3. 本票的适用范围

本票是约定(约定本人付款)证券，在同城和异地都能使用，交到银行就立即到账(即可提取现金)，对于收款人来讲，加速了资金流动，降低了融资成本。在我国，单位和个人在同一票据交换区域的款项结算均可以使用银行本票。银行本票的出票人为在经中国人民银行当地分支行批准办理银行本票业务的银行机构。

重要信息 8-2

票据的风险与防范

票据种类繁多，性质各异，在票据的使用过程中也存在着许多风险。在票据的风险防范方面，要注意以下几点。

(1) 贸易成交以前，一定要了解客户的资信，做到心中有数，防患未然。特别是对那些资信不明的新客户以及那些外汇紧张、地区落后、国家局势动荡地区的客户。

(2) 对客商提交的票据一定要事先委托银行对外查实，以确保能安全收汇。

(3) 贸易成交前，买卖双方一定要签署稳妥、平等互利的销售合同。

(4) 在银行未收妥票款之前，不能过早发货，以免货款两空。

(5) 即使收到世界上资信最好的银行为付款行的支票，也并不等于将来一定会收到货款。近年来，许多不法商人利用伪造票据及汇款凭证行骗的案件屡屡发生，且发案数呈上升趋势，对此不能掉以轻心。

8.1.3 选择支票

根据英国《票据法》规定，支票(cheque，check)是以银行为付款人的即期汇票，即存款人要求银行无条件支付一定金额的书面命令。出票人在支票上签发一定金额，要求受票的银行于见票时立即支付一定金额给特定人或其指定人或持票人。我国《票据法》规定，支票的出票人为在经中国人民银行当地分支行批准办理支票业务的银行机构开立可以使用支票的存款账户的单位和个人。

1. 认识支票

支票的出票人必须是在付款银行设有往来存款账户的存户。出票人在签发支票时，应在付款银行存有不低于票面金额的存款。如果存款不足，持票人在向银行提示支票要求付款时，就会遭到拒付，这种支票就叫作“空头支票”。禁止签发空头支票，凡发现空头支票、签章与预留银行签章不符的支票、使用支付密码错误的支票，银行会予以退票，并按票面金额处以5%但不低于1000元的罚款；持票人有权要求出票人赔偿支票金额2%的赔偿金。

签发支票必须记载所需款项，欠缺记载事项之一的，支票无效。出票人必须预留银行签章或支付密码，不得签发与其预留银行签章不符的支票；使用支付密码的，出票人不得签发支付密码错误的支票。

我国《票据法》规定，支票一般具有以下内容：

(1) 标明“支票”的字样；

(2) 无条件支付的委托；

(3) 确定的金额；

(4) 付款人名称；

(5) 出票日期；

(6) 出票人签章。

支票上未记载前述规定事项之一的，支票无效。支票上的金额、日期、收款人名称不得更改，票据金额以中文大写和数码同时记载，二者必须一致，如果违反这些规定，都将导致支票无效。

课堂讨论：为什么不能签发“空头支票”？

2. 运用支票

(1) 签发支票。必须记载标明“支票”的字样、无条件支付的委托、确定的金额、付款人名称、出票日期、出票人签章。缺少以上记载事项之一的，支票无效。支票的金额、收款人名称可由出票人授权补记，未补记前不得背书转让和提示付款。

(2) 支票取现。收款人须在支票背面背书。

(3) 支票转账。委托收款的支票或经背书转让的支票须按规定背书。

(4) 支票挂失。已签发的支票(必须已填写收款人名称)遗失，可以在付款期内向银行申请挂失，如挂失前已经支付，银行不予受理。

(5) 支票的领用与注销。存款人领用支票须填写“支票领用单”，再加盖预留银行印鉴。账户结清时，须将全部剩余空白支票还回开户行注销。

3. 支票适用范围

支票是委托支付证券，但受托人只限于银行或其他法定金融机构。对于付款人来讲,运用支票实现支付,收款人划款时才从本单位账户支付,可以拥有一定时间的资金融通机会。长期以来,在我国支票只能在同一城市使用。随着金融领域的改革,2006年12月我国在广东、河北和北京、天津、上海等5省(市)之间进行了试点改革,企事业单位和居民个人签发的支票可以互相通用。2007年7月,支票异地使用在全国推广开来。随着支票影像交换系统的进一步完善,2011年6月25日起,支票可以全国通用,支票票面金额规定上限为50万元。

重要信息 8-3

支票圈存

支票圈存是持票人将支票票面的出票人账号、出票日期、凭证号码、金额、支付密码等要素通过相关设备和网络传输到出票人开户银行,银行核验支付密码正确后,对该账户余额是否足以支付支票票面金额进行圈存,并作账务处理后,将圈存信息的处理结果返回圈存受理终端。圈存的支票通过同城票据交换并经银行审核无误后将支票票面金额转入收款人(或持票人)账户。支票圈存的过程:

(1) 出票人将填写有支付密码的支票交付持票人;

(2) 持票人使用支付密码器将支票上记载的出票人账号、出票日期、凭证号码、金额、支付密码等相关要素信息通过网络发送到出票人(或持票人)开户银行,发起支票圈存请求;

(3) 出票人(或者持票人)开户行的票据圈存服务器转发该支票圈存请求信息给出票人开户银行;

(4) 出票人开户银行收到支票的圈存信息后,通过该张支票的支付密码完成支票的真伪验证,并检查出票人的付款账户是否有足够余额用于该圈存请求中票面金额的支付;

(5) 根据不同情况,生成支票圈存回应信息,通过服务器,最终返回给支付密码器。

课堂测评

测评要素	表现要求	已达要求	未达要求
知识点	能掌握支付工具的含义		
技能点	能初步认识进出口支付工具的类型		
任务内容整体认识程度	能概述支付工具选择的意义		
与职业实践相联系的程度	能描述支付工具之间的差异		
其他	能描述与其他课程、职业活动等的联系		

8.2 选择收付方式

提示:完成本任务你将了解国际贸易货款收付方式。

职业行动:在国际贸易活动中,通过运用不同的支付工具,就可以实现国际货款的收付，而这一收付过程有赖于金融票据通过一定方式的传递。汇付、托收信用证就是三种非常重要、必须掌握的传递方式。

8.2.1 汇付

汇付(remittance)又称为汇款，是付款人委托银行采用各种支付工具，将款项汇交收款人的支付方式。汇付方式下，资金的流向与支付工具的传递方向相同，属于顺汇法。汇付方式中，银行作为中介，利用自己在全球的业务网络为进出口双方办理货款收付业务，银行不承担进口人付款和出口人提供货运单据的任务，而是由买卖双方根据贸易合同相互提供信用。所以说，汇付方式属于商业信用。

1. 汇付方式的当事人

通常情况下，汇付方式一般涉及四个当事人。

(1) 汇款人(remitter)，即付款人，通常是进口人。

(2) 收款人(payee;beneficiary)，有时也被称为受益人，通常就是出口人。

(3) 汇出行(remitting bank)，是接受汇款人的委托，代其汇出款项的银行。

(4) 汇入行(receiving bank)，有时被称为解付行，是接受汇出行的委托，将款项付给收款人的银行。汇入行通常在收款人所在地，而且事先与汇出行订有代理合同。

汇款人在委托汇出行办理汇款时，要出具汇款申请书。此项申请书是汇款人与汇出行之间的契约。汇出行有义务按照汇款申请书的指示，用信汇、电汇或票汇方式通知汇入行。汇出行与汇入行之间，事先订有代理合同，在代理合同规定的范围内，汇入行对汇出行承担解付汇款的义务。

2. 汇付方式操作

根据采用的支付工具的不同，可以将汇付方式分为电汇、信汇、票汇种。不同的汇付方式对于卖方收汇的时间和买方的费用负担有不同的影响。所以，在采用汇付时，应就汇付的具体方式作出明确规定。

重要概念 8-2

电汇、信汇和票汇

电汇(telegraphic transfer,T/T)是指汇出行应汇款人的委托和申请，拍发加密电报或电传给其在国外的分行或代理行(汇入行)，指示其解付一定金额给收款人的一种汇款方式。

信汇(mail transfer,M/T)是指汇出行应汇款人的委托和申请，用邮寄信汇委托书或支付委托书的方式，授权汇入行解付一定金额给收款人的一种汇款方式。

票汇(remittance by bankers demand draft,D/D)是指汇出行应汇款人的申请，开立以汇出行的海外分行或代理行为付款人的银行即期汇票，列明收款人名称、金额等，交由汇款人自行寄交给收款人，凭票向付款行取款的一种汇付方式。

(1) 选择电汇方式支付

如果汇款数额较大,考虑节约在途资金利息,就选择电汇方式。交货前电汇付款称为前 T/T,交货后电汇付款称为后 T/T。如交货时电汇付款,即进口商收到提单传真件后电汇付款,也称作前 T/T。

电汇方式采用加注密押的电传电报发出电讯指示,具有收款快捷、资金安全的特点。尽管汇款人将因此承担较高的国际电信费,但在电汇方式下,资金的在途时间极短。所以,电汇方式适用于金额大、需求急的汇款。

电汇、信汇方式的收付操作流程如图 8-4 所示。

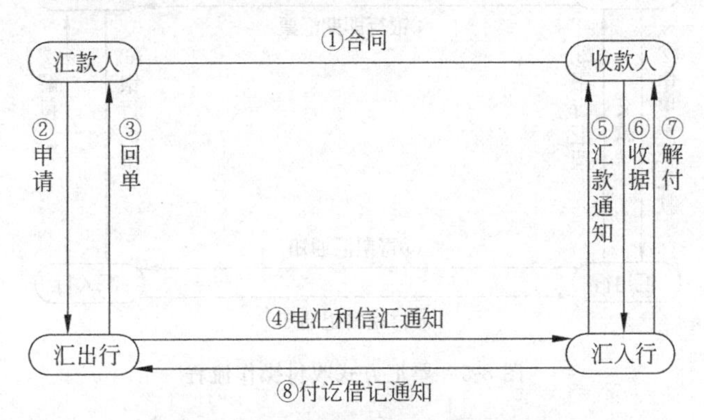

图 8-4 电汇、信汇方式收付操作流程

① 买卖双方订立合同,并规定采用电汇方式付款。

② 汇款人填写电汇申请书,委托汇出行使用电汇方式汇款;同时,向汇出行交付金额款项,并支付一定的汇费和使用国际电信工具的费用。

③ 汇出行交汇款人回单。

④ 汇出行根据电汇申请书的指示,向汇入行发出电汇通知单,委托汇入行向指定收款人解付汇款。汇出行在使用电报电传时要注意加注与汇入行事先约定的密押(test key)。

⑤ 汇入行在收到电报电传并核对密押无误后,向收款人发出汇款通知。

⑥ 收款人出示收据和适当证明文件向汇入行取款。

⑦ 汇入行付款。

⑧ 汇入行向汇出行收回垫款或邮寄付讫借记通知进行转账,并将收据交汇出行或转交汇款人,作为款项已付的凭证。

(2) 选择信汇方式支付

如果不急于收款,可以选择信汇方式。信汇方式的操作程序与电汇方式大致相同。区别在于,信汇方式是将信汇委托书或付款委托书通过邮局以航邮方式寄给汇入行,委托银行解付汇款的;而电汇则采用电讯方式。而且,信汇委托书不必加注密押,但须有汇出行有权签字人员的签名或印鉴,汇入行经核对证实无误后,解付汇款。

由于信汇方式是以航邮方式将信汇委托书或支付委托书寄交汇入行,因此费用较电汇低廉;但邮寄速度慢,收款人收款比较迟缓。

(3) 选择票汇方式支付

如果想要收款权转让,可以选择票汇方式。采用票汇方式时,因汇票可以背书转让,银行利用汇款资金的平均时间较电汇、信汇长。因为汇票在到达付款行手中时,可能经过许多人的转让。因此,票汇为银行提供了更多的利润。这种情况下,收款人可能是中间商。

票汇方式的收付操作流程如下(图 8-5)。

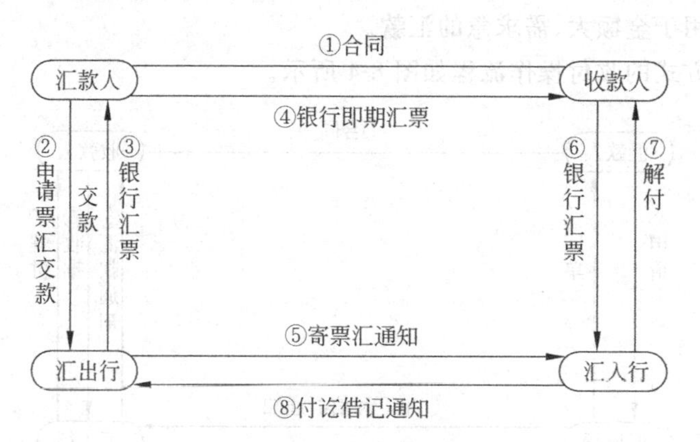

图 8-5　票汇方式收付操作流程

① 买卖双方订立合同,并规定采用票汇方式付款。

② 汇款人填写票汇申请书后,向汇出行交付金额款项及支付一定费用。

③ 汇出行向汇款人开出以其分行或代理行为付款人的银行即期汇票,列明收款人名称、汇款金额等。

④ 汇款人自行将银行即期汇票寄给收款人。

⑤ 汇出行在开出汇票的同时,要向付款行邮寄一份票汇通知书(通常称票根),以供付款行核对。

⑥ 收款人收到汇票后,须先在汇票上背书,然后向汇入行提示汇票,要求付款。

⑦ 付款行核验收款人身份后,对其付款。

⑧ 付款行向汇出行邮寄付讫借记通知并进行转账。

重要信息 8-4

汇付方式的性质及运用

在进出口贸易支付中,无论是电汇、信汇还是票汇,银行都不经手货运单据,而由出口人自行寄交进口人,所以这种支付方式又称为单纯支付。因此,汇付属于商业信用性质。

在进出口贸易中,根据付款与货物运送时间的不同,汇付方式有预付货款、货到付款和凭单付款等情形。

(1) 预付货款。预付货款方式对出口商来说,是预收货款,风险小并可以利用对方资金,所以对出口商最为有利。但对进口商来说,预付货款不但积压了资金,而且要承担出口企业可能不按合同规定交货的风险。

(2) 货到付款。采用货到付款方式,对买方极为有利;而对卖方来说,不仅要占压资金,还要承担货物已发出而货款不能收回或不能按时收回的风险。此种付款方式对卖方风险较大。货到付款常用于记账交易、寄售等贸易方式中。

(3) 凭单付汇。凭单付汇(remittance against documents)是指进口人通过银行将款项汇给出口人所在地银行(汇入行),并指示该行凭出口人提供的某些商业单据或某种装运证明即可付款给出口人。汇入行根据汇出行的指示向出口人发出汇款通知书,作为有条件付汇的证明。

8.2.2 托收

托收(collection)是指债权人(一般为出口商)开具汇票,委托当地银行通过它在进口地的分行或代理行向债务人(一般为进口商)收取货款的一种支付方式。在托收业务中,作为支付工具的票据传送与资金的流通呈相反方向,属于逆汇方式。

1. 认识托收方式的当事人

托收方式的基本当事人有四个。

(1) 委托人(principals)是指委托银行办理托收业务的人。委托人为债权人。由于委托人通常开具汇票委托银行向国外债务人收款,所以也称为出票人。

(2) 委托行(remitting bank)又称为托收行,是指受委托人委托办理托收的银行,通常是出口地银行。

(3) 代收行(collecting bank)是指接受托收行的委托向付款人收取票款的银行,通常是进口地银行,并且多数是委托行在进口地的分行或代理行。

(4) 付款人(payer)是指汇票中指定的付款人,也就是代收银行向之提示汇票和单据的债务人,通常是进口商。

除了上述基本当事人外,采用托收方式还可能有提示银行和需要时的代理两个当事人。

提示银行(presenting bank)是指向付款人提示汇票和单据请求其付款的银行。通常,代收行就兼有提示的责任,但有时代收行可以委托与付款人有往来账户关系的银行作为提示行。

重要概念 8-3

需要时的代理

需要时的代理(customer's representative in case of need)是委托人为了防止因为付款人拒付而发生无人照料货物情形而在付款地事先指定的代理人。这种代理人通常只被授权当发生拒付时代为料理货物存仓、转售或运回等。

2. 托收方式的具体操作

(1) 即期付款交单。即期付款交单收付操作如下(图 8-6)。

① 进出口商在贸易合同中,规定采用即期付款交单方式支付。

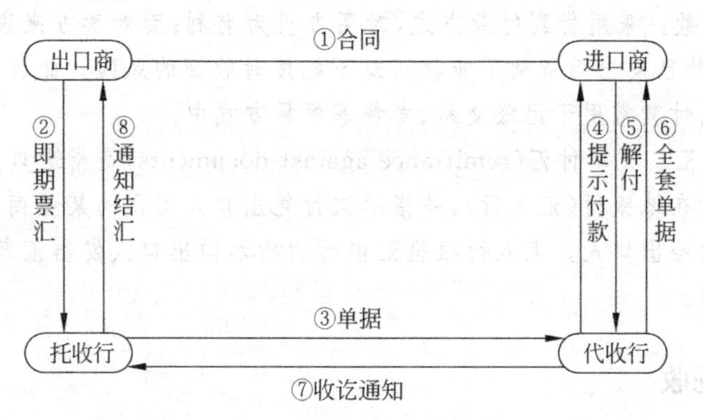

图 8-6　即期付款交单操作流程

② 出口商按照合同规定装货并取得货运单据后，填写托收申请书，开具即期汇票，连同全套货运单据交托收银行，委托代收货款。

③ 托收行按照托收指示书中的规定，核实所收到的单据；确定单据表面与托收指示书所列一致时，寄送进口地代收行。

④ 代收行收到全套单据后，按托收委托书指示立即向进口商提示付款。

⑤ 进口商见票后立即付清全部货款。

⑥ 代收行将全套货运单据交进口商。

⑦ 代收行电告或邮告托收行款项已收妥转账。

⑧ 托收行收到全部货款，通知出口商结汇。

(2) 远期付款交单。远期付款交单收付操作如下(图 8-7)。

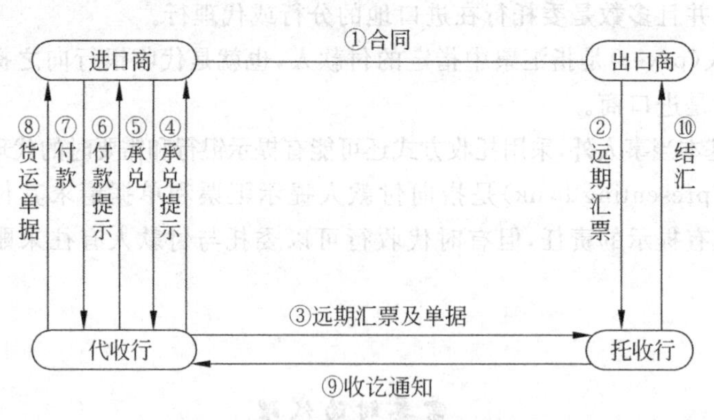

图 8-7　远期付款交单操作流程

① 进出口商在贸易合同中，规定用远期付款交单方式支付。

② 出口商按照合同规定装运并取得货运单据后，填写托收委托书，声明“付款交单”，并开出远期汇票，连同全套货运单据送交托收行代收货款。

③ 托收行将远期汇票连同货运单据，根据委托书的指示寄交代收行。

④ 代收行收到汇票和货运单据后，向进口商作出承兑提示。

⑤ 进口商验单无误后承兑汇票，代收行保留汇票及全套货运单据。

⑥ 在汇票到期日，代收行作出付款提示。

⑦ 进口商付清货款。

⑧ 代收行将全套货运单据交进口商。

⑨ 代收行通知(电告或函告)托收行,款已收妥转账。

⑩ 托收行将货款交给出口商。

重要概念 8-4

付 款 交 单

即期付款交单(documents against payment at sight,D/P at sight)是指出口商按照买卖合同发货后开具即期汇票,连同货运单据,通过银行向进口商提示;进口商见票审核无误后,立即付款;进口商付清货款后向银行领取货运单据。这种票款和单据两讫的手续,就进口人来说,也称付款赎单。

远期付款交单(documents against payment after sight,D/P after sight)是指出口商发货后开具远期汇票,连同货运单据通过银行向进口商提示。进口商审核无误后先在汇票上承兑,于汇票到期日付清货款后再领取货运单据。

(3) 承兑交单。承兑交单收付操作如下(图 8-8)。

承兑交单(document against acceptance,D/A)是指出口商的交单以进口商在汇票上的承兑为条件。即出口商在按照买卖合同发运货物后开具汇票,连同货运单据,通过银行向进口商提示;进口商在审核无误后,应即在汇票上承兑。进口商在承兑汇票后即可向银行领取货运单据,于汇票到期日再行付款。

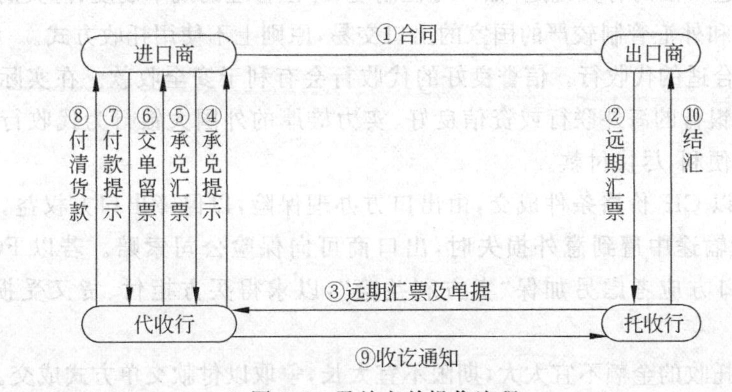

图 8-8　承兑交单操作流程

① 进出口商在贸易合同中,规定用承兑交单方式支付。

② 出口商按照合同规定装运并取得货运单据后,填写托收委托书,声明“承兑交单”,并开出远期汇票,连同全套货运单据送交托收行代收货款。

③ 托收行将远期汇票连同货运单据,根据委托书的指示寄交代收行。

④ 代收行收到汇票和货运单据后,向进口商作出承兑提示。

⑤ 进口商承兑汇票。

⑥ 代收行交单,并保留汇票。

⑦ 在汇票到期日代收行作出付款提示。

⑧ 进口商付清货款。

⑨ 代收行通知(电告或函告)托收行,款已收妥转账。

⑩ 托收行将货款交给出口商。

实务借鉴 8-1

汇票到期能收回货款吗

我方出口一批货物,付款方式为 D/P 90 天。汇票及货运单据通过托收行寄到国外代收行后,买方进行了承兑。但货到目的地后,恰好这时行情上涨,于是,付款人出具信托收据(T/R)向银行借取了单证,并提货出售,货售出后,由于其他原因,买方倒闭。请问我方于汇票到期时还能否收回货款?

【评析】 能收回货款,代收行应承担付款责任。D/P 远期托收,买方如果想提前取得货运单据可提前付款赎单,若无其他规定,出口人还应承担提前付款的利息。本例中,进口人并未提前付款,而是向代收行融通借单。出口方并未授权代收行凭 T/R 提前借单,因此,汇票到期时,代收行应承担付款责任。

3. 选择采用托收方式的注意事项

(1) 不很了解的客户,尽量不使用托收方式。

(2) 熟悉进口国的有关规定,如许可证制度、外汇管理的规章制度、海关商业惯例等。对于进口管制和外汇管制较严的国家的出口交易,原则上不使用托收方式。

(3) 选择合适的代收行。信誉良好的代收行会有利于安全收款。在实际业务中,通常选择出口地银行的海外联行或资信良好、实力雄厚的外国大银行为代收行,以便进口商可以有融资便利,尽快付款。

(4) 争取以 CIF 价格条件成交,由出口方办理保险,以保障出口方权益。万一进口商拒付或在运输途中遭到意外损失时,出口商可向保险公司索赔。若以 FOB 或 CFR 条件成交,出口方应考虑另加保"卖方利益险",以求得买方拒付、货又受损时的保险保障。

(5) 每批托收的金额不宜太大,期限不宜太长,争取以付款交单方式成交。对于承兑交单方式,除非确有把握,一般不予接受。

(6) 对托收业务应建立健全管理和检查制度,注意定期检查、及时催收清理。

8.2.3 信用证

信用证(letter of credit,L/C),是指开证银行根据开证申请人的请求和指示,或开证行以自身的名义,向受益人开立的,具有一定金额,在一定期限内凭规定的单据实现支付的书面保证文件。信用证跟汇票、本票和支票不一样,不是一种有价证券,只是银行开立的有条件的保证付款的文件。这里的"条件"就是受益人必须提交符合信用证规定的各种单据。信用证结算方式是在托收方式的基础上演变出来的一种较为完善的逆汇方式。它主要是把托收方式由进口商履行跟单汇票的付款责任转由银行负责，从而保证双方的货款和代表货权的单据不致落空。这是以银行信用代替了原来的商业信用。

1. 信用证的当事人

信用证在流转使用过程中，会出现以下当事人。

(1) 开证申请人(applicant)是指向银行申请开立信用证的人，通常是进口商。

(2) 开证行(opening bank，issuing bank)是指接受开证人的委托以其自身名义开立信用证并承担付款责任的银行，一般是进口地的银行。

(3) 受益人(beneficiary)是指信用证上所指定的有权开具汇票向开证银行或其指定的付款银行索取货款的人，通常是出口商。

(4) 通知行(advising bank，notifying bank)是指受开证行的委托将信用证转交或通知出口商的银行，一般是出口人所在地的银行。

(5) 议付行(negotiating bank)是指根据开证行的授权买入或贴现受益人开立和提交的符合信用证规定的跟单汇票的银行。议付行若遭开证行的拒付，有权向受益人追索。

(6) 付款行(paying bank，drawer bank)是指信用证上指定的付款银行。

(7) 偿付行(reimbursing bank)是指信用证指定的代开证行向议付行清偿垫款的银行。偿付行的出现往往是由于开证行的资金调度集中在该第三国银行的缘故。

(8) 保兑行(confirming bank)是指根据开证行的请求在信用证上加具保兑的银行。保兑行对信用证独立负责，承担必须付款或议付的责任。

重要信息 8-5

信用证的性质与特点

(1) 信用证是一种银行信用。信用证是由开证银行以自己的信用作出的付款保证，意味着在规定付款条件下，开证行承担第一性付款人的责任。*UCP 600* 中明确规定，在L信用证业务中，开证行对受益人的付款责任是一种独立的责任，即使进口商事后失去偿付能力，只要出口商提交的单据符合信用证条款规定，开证行就要承担付款责任。

(2) 信用证是一种自足的文件。信用证的开立是以买卖合同作为依据的，但信用证一经开出，就成为独立于买卖合同以外的另一种契约，不受买卖合同的约束。简言之，信用证一旦开出并被受益人接受，受益人能否顺利收汇的依据是信用证条款，而非买卖合同本身。

(3) 信用证是一种单据的买卖。信用证业务所处理的是单据而非货物。在信用证方式下，实行的是凭单付款的原则，也就是说，银行只凭正确的单据付款，并不过问实际货物如何。银行只根据表面上符合信用证条款的单据付款、承兑或收付，但这种符合的要求却十分严格。

概括起来,信用证结算方式的主要特点就是"两个只凭,一个原则"。"两个只凭"就是只凭 L/C 条款办事,不受有关合同的约束;只凭单据办事,不问有关货物的真实情况。"一个原则"就是严格符合的原则,即单据必须与信用证 C 规定一致。不仅要求"单证一致",还要求各种单据之间的一致,即"单单一致"。

2. 信用证业务程序

信用证方式支付的一般程序,主要有以下基本环节(图 8-9)。

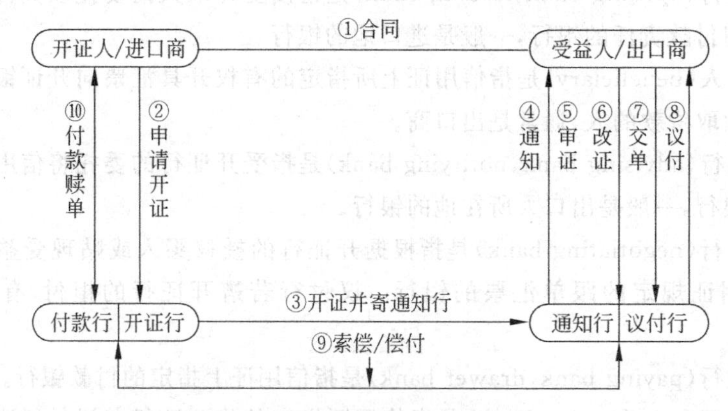

图 8-9 跟单信用证业务操作流程

跟单信用证支付操作环节解释如下。

① 贸易双方在贸易合同中规定使用跟单信用证支付。

② 进口方向当地银行(开证行)申请开立以卖方为受益人的信用证。

③ 开证行接受申请,开立信用证,请求另一银行通知或保兑信用证,正本寄送通知行,指示其通知受益人。

④ 通知行通知受益人,信用证已开立。

⑤ 受益人收到信用证,对信用证进行详细审核,如需要修改,通知行负责转达并发出修改通知书。

⑥ 受益人审核信用证与合同是否相符,如发现不符,可要求进口方通过开证行进行修改。在确保其能履行信用证规定的条件后,即准备、装运货物。

⑦ 受益人将单据向指定银行提交。该银行可能是开证行,或是信用证内指定的付款、承兑或议付银行。

⑧ 议付行接到单据后,按照信用证审核单据。如单据符合信用证规定,银行将按信用证规定进行支付、承兑或议付,并将单据寄送开证行,向其索偿。

⑨ 开证行审核单据无误后,以事先约定的形式,对已按照信用证付款、承兑或议付的银行偿付。

⑩ 开证行在进口方付款后交单,然后进口方凭单取货。

实务借鉴 8-2

你知道这样做的后果吗

我方向中东某国出口素色绒10万码，国外信用证上的产品品名误为"考花"，出口公司为了做到"相符交单"，决定将错就错，将所有单据上的品名都按"考花"制作。你知道这样做会有什么后果吗？

【评析】 这样做虽然银行不会提出异议，可以顺利结汇。但货到目的地后，进口商报关时，必然会遭到海关的盘查，有可能被罚款，扣押货物，甚至以走私论处。所以在审证时发现这样的错误，就应该及时通知对方改正。

3. 信用证的内容

各国银行所开立的信用证内容，因信用证的种类不同而有所区别。但是，信用证的基本内容大致相同，一般包括以下内容。

(1) 对信用证本身的说明。它包括信用证关系人的名称、地址；信用证的种类、号码、金额及使用货币；信用证议付有效期和到期地点(有效期在何地终止)等。

(2) 对货物的需求。主要是应装运货物的内容，包括品名、规格、牌号、数量、包装、单价、唛头等。有时还要注明买卖合同或订货单等。

(3) 对运输的要求。即运输条款，包括装运地、目的地(港)名称、装运期以及是否准许分批装运与转船等。

(4) 对单据的要求。汇票随附单据条款，规定单据的份数和种类。随附单据通常有三类：①以发票为中心的货物单据，包括装箱单、重量单、产地证、商检证书等；②提单等运输单据；③保险单据。

(5) 特殊需求，即特别条款。它是根据进口国政治、经济、贸易情况的变化或每笔交易的具体需要，可能作出的一些不同规定。

(6) 开证行保证条款。信用证内一般都表明开证行对按信用证规定所开立的汇票之出票人、背书人和汇票持有人保证履行付款。此外，还有按照*UCP 600*办理等。

重要信息 8-6

信用证的种类

在进出口贸易中所使用的信用证种类很多，而且从不同的角度可作不同的划分，在业务中使用较多的信用证有以下几种。

(1) 跟单信用证和光票信用证。跟单信用证(documentary L/C)，是指凭跟单汇票或仅凭货运单据付款的信用证。光票信用证(clean L/C)，是指仅凭汇票付款的信用证。

(2) 保兑信用证和不保兑信用证。保兑信用证(confirmed L/C)，是指开证行开出的信用证，由另一家银行保证对符合信用证条款规定的单据履行付款义务。对信用证承担保证兑付义务的银行叫保兑行(confirming bank)。不保兑信用证(unconfirmed L/C),是未经其他银行保证兑付的信用证。

(3) 即期信用证和远期信用证。即期信用证(sight L/C),是指开证行或付款行在收到符合信用证规定的跟单汇票或单据时,立即履行付款义务的信用证。这种信用证的特点是出口商收汇迅速安全,有利于资金周转。远期信用证(usance L/C),是指开证行或付款行收到远期汇票和单据后,在规定的期限内保证付款的信用证。

(4) 可转让信用证和不可转让信用证。可转让信用证(transferable L/C),是指开证行应开证申请人的要求,在信用证上明确注明"可转让"字样,允许受益人(第一受益人)要求接受委托付款、承担迟期付款、承兑或议付的银行。不可转让信用证(non-transferable L/C),是指受益人不得将信用证的权利转让给第三者的信用证。凡未在信用证上注明"可转让"者,将被视为不可转让信用证。

(5) 循环信用证(revolving L/C),是指信用证在金额部分或全部使用后,其金额又恢复到原金额并再度使用,周而复始,直至达到该证规定的次数或总金额为止的信用证。

(6) 对开信用证(reciprocal L/C),是指在对等贸易中,交易双方互为买卖双方,对其进口部分,各以对方为受益人所开出的信用证。

(7) 背对背信用证(back to back L/C),是指中间商在收到进口商开来的信用证后,以该证作为抵押,要求该证的通知行或自己的往来银行以该证为基础,另行开立以实际供货人为受益人的新信用证,即背对背信用证。

(8) 预支信用证(anticipatory L/C),是指开证行授权付款行在受益人交单以前向受益人预先垫付信用证金额的全部或部分,待受益人交单议付时,再从议付金额中扣还预先垫款的本息,将余款付给受益人。如遇出口商事后不交单议付,出口地垫款银行可向开证行追索,开证行保证偿还并负担利息,然后再向开证申请人追索

(9) 付款信用证、承兑信用证和议付信用证。凡是在信用证上明确指定某一家银行付款的信用证就称为付款信用证(payment L/C)。凡是在信用证上明确指定某一银行承兑的信用证就称为承兑信用证(acceptance L/C)。凡在信用证中明确指示受益人可以在某一指定的银行或任何银行议付的信用证就叫议付信用证(negotiation L/C)。

8.2.4 其他收付方式

在进出口业务中,在交易的标的特殊、金额较大、交货期限较长的贸易中不宜采用信用证方式结算;而在贸易的一方对另一方所做的履约承诺又缺乏信任的情况下,可以要求对方出具银行保证书或备用信用证,以约束对方履约。

1. 银行保证书

银行保证书(letter of guarantee,L/G),又称为银行保函,是指银行(保证人)根据委托人(被保证人)的申请,向受益人开立的担保委托人履行某项契约义务的、承担有条件的经济赔偿责任的书面担保。银行保证书与信用证虽然都是银行应申请人的要求开出的银行信用文件,但却有本质的区别。

(1) 就银行的责任而言,在信用证中,开证行承担第一性付款责任;而银行保证书是

在委托人不履行合同义务的情况下,银行才负责偿付。因此,银行保证书的开证行一般只负第二性的付款责任。

(2) 在信用证业务中,开证行只负责根据信用证的规定办事。它处理的是有关货运单据,而与买卖合同无关。但出具银行保证书的银行,当受益人以对方不履行合同义务,提交书面陈述或证明,要求银行履行赔偿诺言时,银行一般需要证实不履约的情况,从而会被牵连到交易双方的合同纠纷中去。

(3) 在信用证业务中,受益人通常可通过议付取得资金融通。在保证书业务中,单据不成为索汇的根据,受益人不能通过议付取得资金。

2. 备用信用证

备用信用证(stand by L/C),又称为商业票据信用证(commercial paper L/C)、担保信用证、保证信用证(guarantee L/C)或履约信用证(performance L/C),是指开证行根据开证申请人的要求,向受益人开立的保证在开证人未能履行其应履行的义务时,承担有条件的偿付责任的一种特殊的信用证。备用信用证属于跟单信用证,适用《跟单信用证统一惯例》。

受益人在信用证的有效期和金额内,如开证人未履约,应开具汇票(或不开汇票)并随附关于开证申请人不履约的书面证明或证件,提交开证行要求付款以取得补偿。如开证人按期履约,则该证备而不用,这也就是"备用"(stand by)的由来。

实务借鉴 8-3

开证行能这样做吗

某公司从国外进口一批钢材,分两批装运,支付方式为不可撤销即期信用证,每批分别由中国银行开立一份信用证。第一批装运后,卖方在有效期内向银行交单议付,议付行审单后,即向该外商议付货款,随后,中国银行对议付行作了偿付。我方在收到第一批货物后,发现品质与合同不符,要求开证行对第二份信用证项下的单据拒绝付款,但遭开证行拒绝。

【评析】 开证行这样做是合理的。因为在信用证业务中,银行只对单据负责,即只要买方提交单据符合信用证的规定,银行即履行付款义务。

课堂测评

测评要素	表现要求	已达要求	未达要求
知识点	能掌握收付方式的含义		
技能点	能初步认识收付方式的类型		
任务内容整体认识程度	能概述收付方式选择的意义		
与职业实践相联系的程度	能描述收付方式的作用		
其他	能描述与其他课程、职业活动等的联系		

8.3 制定货款收付条款

提示：完成本任务你将了解国际贸易货款收付条款。

职业行动：在国际贸易活动中，收付条款关系到贸易效益的最终实现。双方通过约定相应支付方式，明确了支付方式的选用以及相关单证要求。在此基础上，制定完善合同中的货款收付条款。

8.3.1 不同支付方式的运用

在国际贸易实际业务活动中，一笔交易一般只使用一种支付方式。但有时也根据具体情况，如客户信用、交易情势、贸易术语、运输单据、融资需求等，采用几种不同的支付方式结合使用的办法，以确保安全收汇和妥善付汇，加速资金周转和促成交易。

1. 信用证和汇付的结合使用

信用证和汇付的结合使用如下两种方式。

(1) 先汇付后信用证。这种支付方式多用于成套设备。先由进口方以汇付方式支付定金，其余货款在货物装运前由进口商申请开立信用证，在货物装运后，出口商凭信用证和规定的单证收取。这种支付方式，发票金额大于信用证金额。

(2) 先信用证后汇付。这种支付方式多用于交货数量不易控制的初级产品贸易上，部分货款在货物装运后即采用信用证支付，另一部分货款在货物运抵目的地并经过商品检验确定其品质或数量后，根据检验结果计算出余额再进行汇付。

2. 信用证与 D/P 托收的结合使用

信用证与 D/P 托收的结合使用指部分货款以信用证支付，余数用 D/P 托收结算。一般做法是信用证规定出口商开立两张汇票，受益人凭光票支取信用证款项。凭跟单汇票采用 D/P 方式支取余款。为了防止在远期付款交单的条件下发生开证行提前交单给进口方可能造成的托收款项落空的情况，信用证上必须订明“在发票金额全部付清后才交单”的条款。采用这种做法，主要是为了减轻进口商资金周转的压力，减少开证的押金。对出口商来说，开证行待全部货款付清后交单，保证了安全收汇。即使发生进口商拒付 D/P 款项时，出口商也可以凭光票收回信用证项下金额后将货物就地出售或运回国内。

3. 跟单托收与汇付的结合使用

跟单托收与汇付的结合使用指在跟单托收方式下，出口商要求进口商以汇付方式支付一定金额的预付货款或押金(down payment)作为保证。在货物运出后，出口商可从货款中扣除已预付的款项，其余金额通过银行托收。如托收金额被拒付，出口商可将货物运回而以预收金额来抵偿运费、利息等一切损失。预付货款或押金多少，视客户资信和商品在该市场上的供销情况而定。

4. 跟单托收与备用信用证或银行保证书结合使用

跟单托收对出口人来说有一定的风险。如果在使用跟单托收时，结合使用备用信用证或银行保证书，由开证银行进行保证，则出口商的收款就基本得到保障。如果跟单托收项下的货款被拒付，就可利用备用信用证或银行保证书以光票与受益人签订的声明书向银行收回货款。使用这种方式时，备用信用证的有效期必须晚于托收付款期限后一定时间，以便被拒绝后能有足够的时间办理追偿手续。

5. 汇付与备用信用证或银行保证书的结合使用

汇付与备用信用证或银行保证书的结合使用一般用在大型设备、成套设备以及大型运输工具等生产周期较长的商品交易中。由于这类交易成交金额大，买方一时难以付清全部货款，故可采用按工程进度和交货进度分若干期付清货款，即分期付款和延期付款的方法，同时结合使用汇付、备用信用证或银行保证书。

8.3.2 货款收付合同条款

合同中的收付条款直接关系到贸易双方的切身利益。收付条款也是贸易合同的主要条件之一，内容主要包括付款时间、地点、方式和条件。不同的结算方式下，双方承担的风险和涉及的信用也不同，收付条款的内容也有不同。

1. 汇付条款

在采用汇付方式时，应在合同条款中明确规定汇付的时间、方式、金额以及卖方需提交的单据等内容。

(1) 汇付的时间和金额。由于单纯的前 T/T 或后 T/T 对于进口商或出口商都存在较大风险，业务实践中常常将两者结合使用。即由买方在合同生效后若干天内，卖方发货之前支付一部分货款，作为预付款。待卖方发货，并将有关货物的全套单据传真至买方之后若干天内，买方再支付余款。卖方确认买方已付清货款后，将全套正本单据寄送给买方。

(2) 汇付方式。汇付方式是指在合同中明确规定选择电汇、信汇，还是票汇方式来支付货款。

(3) 单据。在前 T/T 方式下，大多数情况下，买方在收到卖方提交的单据副本或正本之后付清货款，或者买方通过“凭单付现”以降低风险。业务实践中，很多合同不列明卖方应提交的单据名称，或列明了卖方需提交的单据名称，但未说明其内容和份数。所以，为了避免卖方发货后买卖双方仍需商讨单据问题，应尽量事先在合同中约定对单据的具体要求。

例 8-1 全额前 T/T：买方应在 2014 年 9 月 15 日前将 100%的货款以电汇方式预付给卖方。

The buyer shall pay 100% of the sales proceeds in advance by T/T to reach the seller not later than Sep. 15,2014.

例 8-2 部分前 T/T：买方应于 9 月 15 日前将 30%货款电汇至卖方，其余货款在收到正本提单传真件后3日内支付。所需单据：签署的商业发票一式三份。

The buyer shall pay 30% of the sales proceeds by T/T to reach the seller not later than Sep. 15. the remaining part will be paid to the seller within 3 days after receipt of the fax concerning original B/L by the buyer. Documents required: Signed commercial invoice in 3 copies.

2. 托收条款

在采用托收方式时，买卖合同中的支付条款一般应先列明由卖方装运货物后，开立汇票并其他单据办理托收。同时，还应规定交单条件、买方付款和(或)承兑责任以及付款期限等。具体托收方式包括即期付款交单、远期付款交单和承兑交单。在托收方式下，还应该明确规定卖方须提交的单据种类和要求。

例8-3 即期付款交单。在合同中应规定："买方应凭卖方开具的即期跟单汇票，于第一次见票时立即付款，付款后交单。"(Upon first presentation the buyers shall pay against documentary draft drawn by the sellers at sight。The shipping documents are be delivered against payment only).

例8-4 远期付款交单。在合同中应规定："买方对卖方开具的见票后××天付款的跟单汇票，于第一次提示时应即予以承兑，并应于汇票到期日立即予以付款，付款后交单。"(The buyers shall duly accept the documentary draft drawn by the sellers at ×× days sight upon first presentation and make payment on its maturity。The shipping documents are to be delivered against payment only).

例8-5 承兑交单。在合同中应规定："买方对卖方开具的见票后××天付款的跟单汇票，于第一次提示时应即予以承兑，并应于汇票到期日立即付款，承兑后交单。所需单据：手工商业发票一式四份。"(The buyers shall duly accept the documentary draft drawn by the sellers at ×× days sight upon first presentation and make payment on its maturity。The shipping documents are to be delivered against acceptance. Docunments required: Manually signed commercial invoice in 4 copies).

3. 信用证条款

在采用信用证方式结算时，买卖合同中的支付条款一般应规定开证行、开证时间、信用证付款期限、信用证有效期和到期地点、兑用方式、单据、开证申请书经卖方确认、适用惯例等内容。

(1) 开证行。由于开证行的实力和国际声誉直接关系到卖方发货后能否及时足额地凭单收汇，合同中常常规定买方选择的开证行应该获得卖方的认可，即买方应选择卖方能够接受的银行作为开证行。

(2) 开证时间。即买方(进口商)向开证行办理开证手续的时间。信用证开立日期和开到日期的含义有所不同。对卖方来说，买卖合同应争取规定在装运月份前××天开到，这对卖方备货、装运等工作的进行较为有利。另外，为了避免信用证传递过程的失误，应在合同中规定信用证开到卖方所在地的时间，而不是信用证开立的时间。

(3) 信用证付款期限。即期信用证下，卖方凭即期跟单汇票或仅凭单据就可以安全迅速地收取货款。远期信用证下，买方在见单后，在未来某个时间付款。付款期限的不同，获得的资金融通机会也不同。显然，信用证即期付款对卖方有利；远期付款则对买方有利。

（4）信用证有效期。信用证有效期是卖方发货后到银行交单议付的时间。业务中，常常规定为提单日后 15 天。如果未作规定，则按照 *UCP 600* 的规定，为提单日后 21 天。一般情况下，卖方不宜接受有效期太短的信用证。

（5）信用证到期地点。即信用证有效期到期的地点。按照 *UCP 600* 的规定："可在其兑用信用证的银行所在地即为交单地点。"卖方应争取到期地点为其所在国，以便于交单议付。

（6）兑用方式。信用证有付款、承兑和议付三种兑用方式。卖方通常愿意选择自由议付信用证，这样，他可以自由选定一家对自己有利的银行来办理议付。

（7）单据。信用证所需单据应作明确规定。包括单据的种类、内容及其具体要求。

（8）开证申请书经卖方确认后，再提交开证行办理开证。这样可以避免卖方收到信用证后反复修改的问题。

（9）适用惯例。合同中应明确规定开立信用证适用的信用证惯例，如适用 *UCP 600*，以免在执行过程中出现争议。

课堂测评

测评要素	表现要求	已达要求	未达要求
知识点	能掌握收付条款的含义		
技能点	能初步认识收付条款的内容		
任务内容整体认识程度	能概述收付条款制定的意义		
与职业实践相联系的程度	能描述收付条款的作用		
其他	能描述与其他课程、职业活动等的联系		

任务 8 小结

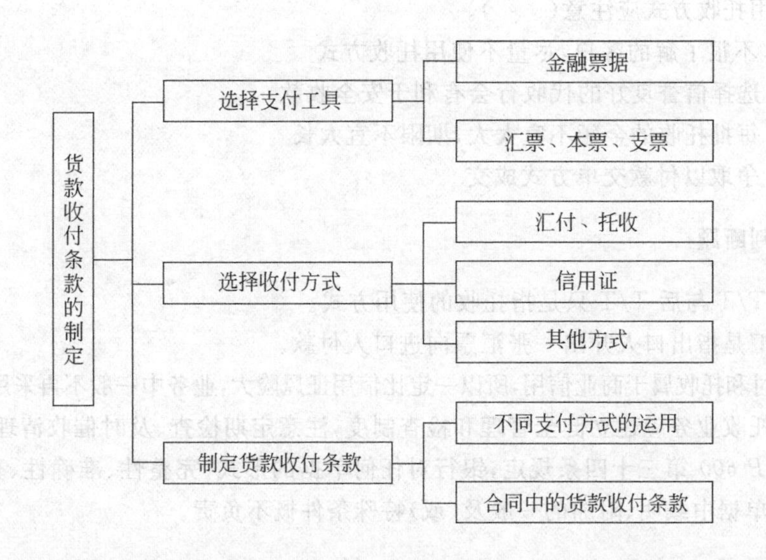

教学做一体化训练

一、重点概念

商业汇票承兑　商业汇票贴现　电汇　信汇　票汇　需要时的代理　付款交单

二、课后演练

(一) 选择题

1. 汇票在出票时,通常对受票人的写法是(　　)。

A. 限制性抬头,这种写法的汇票不能流通转让,只有指定的对象才能收取货款

B. 指示式抬头,这种抬头的汇票必须由持票人背书方可转让

C. 持票人抬头,这种抬头的汇票无须由持票人背书即可转让

D. 空白抬头

2. 本票是约定(约定本人付款)证券,(　　)。

A. 在同城和异地都能使用,交到银行就立即到账

B. 对于收款人来讲,加速了资金流动,降低了融资成本

C. 在我国,单位和个人在同一票据交换区域的款项结算均可以使用银行本票

D. 银行本票的出票人为在经中国人民银行当地分支行批准办理银行本票业务的银行机构

3. 根据采用的支付工具的不同,可以将汇付方式分为(　　)。

A. 电汇　　B. 信汇　　C. 票汇　　D. 航汇

4. 托收方式的具体操作有(　　)。

A. 即期付款交单　　B. 远期付款交单　　C. 承兑交单　　D. 货到付款

5. 采用托收方式应注意(　　)。

A. 不很了解的客户,尽量不使用托收方式

B. 选择信誉良好的代收行会有利于安全收款

C. 每批托收的金额不宜太大,期限不宜太长

D. 争取以付款交单方式成交

(二) 判断题

1. 前 T/T 与后 T/T 只是指托收的使用方式。(　　)

2. 逆汇是指出口人开出一张汇票向进口人付款。(　　)

3. 汇付和托收属于商业信用,所以一定比信用证风险大,业务中一般不再采用。(　　)

4. 对托收业务应建立健全管理和检查制度,注意定期检查、及时催收清理。(　　)

5. *UCP 600* 第三十四条规定,银行对任何单据的形式、完整性、准确性、真实性或法律效力,或单据中载明、附加的一般及(或)特殊条件概不负责。(　　)

（三）简答题

1. 为什么说信用证业务就是银行信用？
2. 业务中，信用证履行有哪些步骤？
3. 业务中，受益人（出口方）如何防范信用证风险？
4. 信用证与银行保函的区别有哪些？
5. 为什么托收方式下，要有需要时代理？
6. 信用证为什么会成为国际贸易中被广泛使用的支付方式？
7. 在国际贸易中常见的信用证有哪些种类？

（四）案例分析

1. 甲交给乙一张经付款银行承兑的远期汇票，作为向乙订货的预付款，乙在票据上背书后转让给丙以偿还原先欠丙的借款，丙于到期日向承兑银行提示取款，恰遇当地法院公告该行于当天起进行破产清理，因而被退票。丙随即向甲追索，甲以乙所交货物质次为由予以拒绝，并称10天前通知银行止付，止付通知及止付理由也同时通知了乙。在此情况下丙再向乙追索，乙以汇票系甲开立为由推诿不理。丙遂向法院起诉，被告为甲、乙与银行三方。

问题：你认为法院将如何依法判决？理由何在？

2. 2013年6月6日，某托收行受理了一笔付款条件为D/P at sight的出口托收业务，金额为USD100 000，托收行按出口商的要求将全套单据整理后撰打了托收函一同寄给英国一家代收行。单据寄出5天后委托人声称进口商要求托收将D/P at sight改为D/A at 60 days after sight，最后委托行按委托人的要求发出了修改指令，此后一直未见代收行发出承兑指令。当年8月19日委托行收到代收行寄回的单据，发现3份正本提单只有两份。委托人立即通过英国有关机构了解到，货物已经被进口商提走。此时，委托行据理力争，要求代收行要么退回全部单据，要么承兑付款，但是代收行始终不予理睬。货款始终没有着落。

问题：代收银行能够不理睬吗？为什么？应该如何解决？

3. 中东某商人从西欧购买一项商品，买卖双方约定采用信用证方式付款，并明确分两批交货和分两批开立信用证。第一张信用证开出后，已经顺利结汇。第二张信用证开出后，买方因第一批货物质量有问题，向卖方索赔的事项尚未了结，便通知银行停止使用其开出的第二张信用证，但银行仍凭卖方第二批正确的票据付了款。当银行通知买方对第二批货物付款赎单时，遭到买方拒绝，银行向法院起诉，结果银行胜诉。请分析原因。

4. 国外一家贸易公司与我国某进出口公司订立合同，购买小麦500吨。合同规定，某年1月20日前开出信用证，2月5日前装船。1月28日买方开来信用证，有效期至2月10日。由于卖方按期装船发生困难，故电请买方将装船期延至2月17日并将信用证有效期延长至2月20日，买方回电表示同意，但未通知开证银行。2月17日货物装船后，卖方到银行议付时，遭到拒绝。

问题：

(1) 银行是否有权拒付货款？为什么？

(2) 作为卖方，应当如何处理此事？

同步实训

【实训材料】 国内银行信用证样本中文翻译。

××银行

信用证(正本)2

编号：

开证日期 年 月 日

开户行申请人 全称　　受益人 全称

地址、邮编　　地址、邮编

账号　　账号

开户行　　开户行

开证金额　　人民币(大写)¥

有效日期及有效地点

通知行名称及行号

运输方式：　交单期：

分批装运：允许□ 不允许□　付款方式：即期付款□ 延期付款□

转 运：允许□ 不允许□ 议付□

货物运输起止地：自____至____　议付行名称及行号：

最迟装运日期年____月____日____　付款期限：即期□

运输单据日后____天

货物描述：

受益人应提交的单据：

其他条款：

本信用证依据中国人民银行《国内信用证结算办法》和申请人的开正申请书开立。本信用证为不可转让信用证，受益人开户行应将每次提交单据情况背书记录。

开证行地址及邮编：

电传：

电话：

传真：　　编押：开证行签章

注：1. 信开信用证一式四联，第一联副本；第二联正本；第三联副本；第四联开证通知。用途及联次应分别印在“信用证”右端括弧内和括弧与编号之间。

2. 电开信用证一式两联，第一联副本；第二联开证通知。用途及联次应按第 1 点的要求印在各联上。

3. 货物描述、提交的单据等按开证申请书记载。

正本信用证背面

议付或付款日期 业务编号 增额 议付或付款金额 信用证金额 议付行名称 备注 议付行或开证行签章

【实训目标】 开立信用证。

【组织实施】 学生分组,搜寻一份合同,依据其内容,填列上述信用证空白处。

【操作提示】 先熟悉合同内容,再按照信用证的内容要求填列。

【成果检测】 完成活动项目任务,各组分别展示,学生讨论,教师进行评价。

学生自我总结

通过完成“任务 8 货款收付条款的制定”,我能够作如下总结。

一、主要知识

完成本任务涉及的主要知识点:

1.

2.

二、主要技能

完成本任务的主要技能:

1.

2.

三、主要原理

国际贸易活动中,运用支付工具的主要原理:

1.

2.

四、相关知识与技能

1. 支付工具选择的要领:
2. 汇付与托收的要领:
3. 信用证支付的要领:

五、成果检验

1. 完成本任务的意义：
2. 学到的经验：
3. 自悟的经验：
4. 国际贸易货款收付条款对于业务活动的意义：

任务9　争议预防条款的制定

学习目标

1. 知识目标

- 能认识商品检验的作用。
- 能认识检验机构、形式和程序。
- 能认识不可抗力与仲裁的含义。
- 能认识争议预防条款的意义。

2. 能力目标

- 能熟练订立检验条款。
- 能熟练界定不可抗力事件范围。
- 能正确选择仲裁地点与机构。

情境导入

买卖双方在履行合同过程中，因对合同权利行使、义务履行及利益分配存在不同的观点、意见和请求，发生的合同争议也越来越多。这些争议可能是因为对货物品质、数量、包装等方面出现较大分歧；也可能是一方故意不履行合同，或是基于一些客观原因，不能履行合同。这时，另一方就可能受到损失。双方的争议由此出现。由于是跨国交易，不同的争议解决方式对买卖双方意味着不同的利益。考虑到这种情形，买卖双方往往事先在合同中将一些可能发生的争议事项作出明确规定。

学习任务

根据国际贸易职业活动顺序，“争议预防条款的制定”这一任务又可以分解为以下子任务。

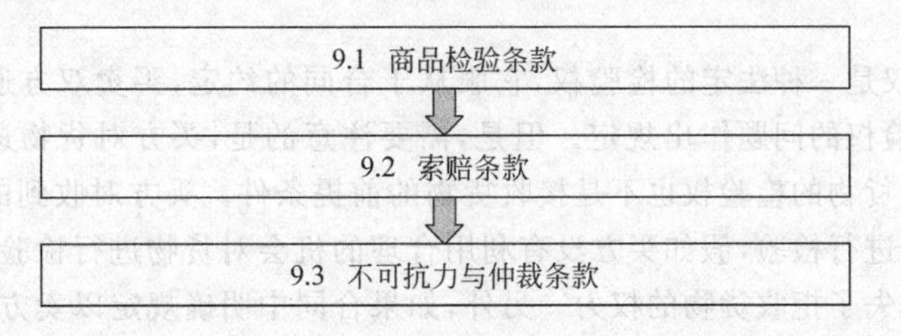

课前故事

我们的第九个故事从成语"曲突徙薪"讲起。说的是有一位客人,看到主人家炉灶的烟囱是直的,旁边还堆积着大量柴草,便对主人说:"应改造为弯曲的烟囱,将柴草移到远处。不然会有发生火灾的隐患。"主人沉默不答应。不久,家里果然失火,邻居们一同来救火,幸好把火扑灭了。于是,主人杀牛摆酒来感谢他的邻居们。因救火烧伤的人坐在上位,其他的按功劳大小依次排座。但是,唯独没有请那位建议改"曲突"的人。有人对主人说:"当初如果听了那位客人的话,就不用破费摆设酒席,更不会有火灾的隐患。现在论功劳邀请宾客,为什么建议'曲突徙薪'的人没有受到邀请,而被烧伤的人却被奉为上宾呢?"主人这才醒悟去邀请那位提建议者。

这一成语讲的是未雨绸缪、防患未然。进出口贸易活动线长面广,涉及众多参与者,稍有不慎就可能引发争议。签订合同时,一定要未雨绸缪,才能抵减各种意外情况可能带来的影响。

9.1 商品检验条款

提示:本任务引领你认识商品检验条款。

职业行动:如果你是出口商,在货物发运前,必须申请对货物进行检验;如果作为进口商,你对货物的关心肯定异乎寻常,货物的品质、数量和包装等是否符合合同要求关系到贸易的成败及经济效益核算。请根据提示完成本任务,获取商定商品检验条款的业务能力。

国际贸易活动中,卖方收取货款,买方获得货物。显然,货物的数量、质量等情况直接关系到买方贸易效益的实现。因而,买方十分关注货物本身。国际货物买卖双方在交接过程中,通常要经过交付(delivery)、检验或查看(inspection or examination)、接受或拒收(acceptance or rejection)三个环节。买方收到(received)货物并不等于他已经接受货物。为保障买方利益,合同检验条款一般规定买方检验权,即买方收到货物后有权检验。

9.1.1 商品检验

根据各国的法律、国际惯例及国际公约规定,除双方另有约定外,当卖方履行交货义务后,买方有权对所收到的货物进行检验,如发现货物不符合合同规定,而且确属卖方责任,买方有权要求卖方进行损害赔偿或采取其他补救措施,甚至可以拒收货物。这就是买方检验权。

买方检验权是一种法定的检验权,它服从于合同的约定,买卖双方通常都在合同中对如何行使检验权的问题作出规定。但是,需要注意的是,买方对货物进行检验并不是强制的,买方对货物的检验权也不是接收货物的前提条件。买方对收到的货物可以进行检验,也可以不进行检验,假如买方没有利用合理的机会对货物进行检验,就是放弃了检验权,他也就丧失了拒收货物的权力。另外,如果合同中明确规定以卖方检验为准,也可以排除买方对货物的检验权。

重要概念 9-1

商品检验

商品检验是检验检疫机构对进出口商品的质量、数量(重量)和包装等进行检验或鉴定,以确定其是否符合贸易合同的规定;或在进出口商品发生残损、短缺时进行检验与鉴定,以确定其原因和责任归属,并出具商品检验证明,作为双方交接货物、银行结算和处理索赔的必要依据;或作为进出口通关的有效凭证及征收和减免关税的有效依据。

1. 检验时间与地点

尽管在业务活动中都承认买方在接受货物前有权检验货物,但是,国际上对于何时何地检验并无统一规定。根据国际惯例,商品检验时间和地点,一般有以下几种做法。

(1) 在出口国检验。在出口国检验包括:在产地检验、在装运港(地)检验。

在产地检验,即货物离开生产地点(如工厂、产地)之前,由卖方或其委托的检验机构人员或买方的验收人员对货物进行检验或验收。在货物离开产地之前的责任,由卖方承担。

在装运港/地检验,即以离岸质量、重量(或数量)(shipping quality, weight or quantity as final)为准。货物在装运港(地)装运前,由双方约定的检验机构对货物进行检验,该机构出具的检验证书作为决定交货质量、重量或数量的最后依据。按此做法,货物运抵目的港(地)后,买方如对货物进行检验,即使发现质量、重量或数量有问题,但也无权向卖方提出异议和索赔。

(2) 在进口国检验。在进口国检验包括:在目的港(地)检验、在买方营业处所或最终用户所在地检验。

在目的港(地)检验,即以到岸质量、重量(或数量)为准(landing quality, weight or quantity as final)。在货物运抵目的港(地)卸货后的一定时间内,由双方约定的目的港/地的检验机构进行检验,该机构出具的检验证书作为决定交货质量、重量或数量的最后依据。如果检验证书证明货物与合同规定不符并确属卖方责任,卖方应予负责。

在买方营业处所或最终用户所在地检验。对一些需要安装调试进行检验的成套设备、机电产品及在卸货口岸开件检验后难以恢复原包装的商品,双方可约定将检验时间与地点延伸和推迟至货物运抵买方营业所或最终用户的所在地后的一定时间内进行,并以该地约定的检验机构所出具的检验证书作为决定交货质量、重量或数量的依据。

(3) 出口国检验、进口国复验。装运港(地)的检验机构进行检验后,出具的检验证书作为卖方收取货款的依据,货物运抵目的港(地)后由双方约定的检验机构复验,并出具证明。如发现货物不符合合同规定,并证明这种不符情况系属卖方责任,买方有权在规定的时间内凭复验证书向卖方提出异议和索赔。这一做法对买卖双方来说,比较公平合理,它既承认卖方所提供的检验证书是有效的文件,作为双方交接货物和结算货款的依据之一,又给予买方复验权。因此,我国进出口贸易中一般都采用这一做法。

重要信息 9-1

检验时间与地点的新规定

在进口方有复验权的情况,合同中应对复验期限、复验地点、复验机构及复验方法作出明确规定。近年来,在检验的时间、地点及具体做法上,国际上也出现了一些新的做法和变化。例如,在出口国装运前预检验,在进口国最终检验,即在买卖合同中规定货物在出口国装运前由买方派员自行或委托检验机构人员对货物进行预检验,货物运抵目的港(地)后,买方有最终检验权和索赔权。采用这一做法,有的还允许买方或其指定的检验机构人员在产地或装运港或装运地实施监造或监装。对进口商品实施装运前预检验,这是当前国际贸易中较普遍采用的一种行之有效的质量保证措施。在我国进口交易中,对关系到国计民生、价值较高、技术又复杂的重要进口商品和大型成套设备,必要时也应采用这一做法,以保障我方的利益。

2. 检验机构

在国际货物买卖中,交易双方除了自行对货物进行必要的检验外,还必须由某个机构进行检验,经检验合格后方可出境或入境。这种根据客户的委托或有关法律的规定对进出境商品进行检验、鉴定和管理的机构就是商品检验机构。

在业务中,确定检验机构时,应考虑有关国家的法律法规、商品的性质、交易条件和交易习惯。检验机构的选定还与检验时间、地点有一定的关系。一般来讲,规定在出口国检验时,应由出口国的检验机构进行检验;在进口国检验时,则由进口国的检验机构负责。但是,在某些情况下,双方也可以约定由买方派出检验人员到产地或出口地点验货,或者约定由双方派员进行联合检验。

(1) 国际检验机构。国际检验机构大致可分为官方检验机构、半官方检验机构与非官方检验机构,如表 9-1 所示。

表 9-1 国际检验机构

分类	主 办 方	世界范围内的著名机构
官方检验机构	国家或地方政府投资,按国家有关法律、法令对出入境商品实施强制性检验、检疫和监督管理的机构	美国食品药物管理局(FDA)
半官方检验机构	国家政府授权、代表政府行使某项商品检验或某一方面检验管理工作的民间机构	美国担保人实验室(UL)
非官方检验机构	私人创办、具有专业检验、坚定技术能力的公正行或检验公司,也称民间检验机构	瑞士日内瓦通用鉴定公司(SGS)、日本海外货物检验株式会社(OMIC)美国保险人实验室(UL)、英国劳合氏公证行(Lloyd's Surveyor)、法国船级社(B. V)及中国香港天祥公证行等

(2) 中国检验机构。在我国,中华人民共和国国家质量监督检验检疫总局简称"国家质检总局"是主管全国出入境卫生检验、动植物检疫、商品检验、鉴定、认证和监督管理的

行政执法机构。其设在各地的出入境检验检疫直属机构,即地方出入境检验检疫机构管理其所辖地区内的出入境检验检疫工作。

重要概念 9-2

法定检验与公证检验

法定检验是指根据国家法律、法规的规定,对指定的重要进出口商品的品质进行强制性的检验。凡属法定检验范围的商品,由海关凭合格的检验证书验收放行。无检验证书或检验不合格的,一律不准进口、出口。

公证鉴定即检验鉴定业务,是商检机构根据进出口贸易关系人(进、出口商,承运人,保险人等)的申请或外国检验机构的委托而办理的对商品的鉴定工作,鉴定的范围包括商品的品质、数量、重量、包装、残损、装运技术条件、价值、产地证明等。

根据《中华人民共和国进出口商品检验法》(以下简称《商检法》),我国商检机构在进出口商品检验方面的基本任务有三项:实施法定检验;办理检验鉴定业务;对进出口商品的检验工作实施监督管理。

重要信息 9-2

检验检疫机构的检验范围

国家质检部门对进出口商品实施法定检验检疫的范围包括:

(1) 列入《出入境检验检疫机构实施检验检疫的进出境商品目录》(简称《检验检疫商品目录》);

(2)《中华人民共和国食品卫生法(试行)》规定,应施卫生检验检疫的进出口食品;

(3) 危险货物的包装容器、危险货物运输设备和工具的安全技术条件的性能与使用鉴定;

(4) 装运易腐烂变质食品、冷冻品的船舱、货仓、车厢和集装箱等运载工具;

(5) 国家其他有关法律、法规规定须经出入境检验检疫机构检验的进出口商品、物品、动植物等。

3. 检验标准与检验方法

商品检验的标准很多,有生产国标准、进口国标准、国际通用标准及买卖双方协议的标准等。采用什么标准应在合同中明确。

根据我国《商检法》规定,凡列入目录的进出口商品,按照国家技术规范的强制性要求进行检验;没在国家技术规范的强制性要求的,可以参照国家商检部门指定的国外有关标准进行检验。法律、行政法规规定由其他检验机构实施检验的进出口商品或者检验项目,依照有关法律、行政法规的规定办理。此外,买卖合同中规定的质量、数量和包装条款通常也是进出口商品检验的重要依据。

检验方法不同,其结果不一,容易引起争议。为了避免争议,必要时应在合同中订明检验方法。在我国,检验方法的标准,由国家商检局制定。一般情况下,商品品质的检验方法有感官检验法、理化检验法;商品数量的检验方法有称量法、点数法、理论计算法等。

课堂讨论:检验标准与方法不明确,会出现什么情况?

4. 检验证书

检验证书(inspection certificate)是商检机构对进出口商品实施检验或鉴定后出具的证明文件。在具体业务中,卖方究竟需要提供哪种证书,要根据商品的种类、性质、贸易习惯及政府的有关法律法规而定。不同种类的检验证书,其证明效力也不同。

重要信息 9-3

检验证书的作用

检验证书是商检机构对进出口商品实施检验或鉴定后出具的证明文件。常用的检验证书有品质检验证书、重量检验证书、数量检验证书、兽医检验证书、卫生检验证书、消毒检验证书、植物检疫证书、价值检验证书、产地检验证书等。商品检验证书的作用主要如下。

(1) 买卖双方交接货物的依据。国际货物买卖中,卖方有义务保证所提供货物的质量、数(重)量、包装等与合同规定相符。因此,合同或信用证中往往规定卖方交货时须提交商检机构出具的检验证书,以证明所交货物与合同规定相符。

(2) 索赔和理赔的依据。如合同中规定在进口国检验,或规定买方有复验权,则若经检验货物与合同规定不符,买方可凭指定检验机构出具的检验证书,向卖方提出异议和索赔。

(3) 买卖双方结算货款的依据。在信用证支付方式下,信用证规定卖方须提交的单据中,往往包括商检证书,并对检验证书名称、内容等作出了明确规定。当卖方向银行交单,要求付款、承兑或议付货款时,必须提交符合信用证要求的商检证书。

检验证书还可作为海关验关放行的凭证。凡属于法定检验的商品,在办理进出口清关手续时,必须提交检验机构出具的合格检验证书,海关才准予办理通关手续。

9.1.2 合同中的检验条款

合同中,进出口商品检验条款关系到贸易的成败和经济效益核算。出口商品能否顺利交货履约,进口商品能否保证符合订货的质量要求,以及发生问题时能否对外索赔挽回损失,都与合同的商品检验条款密切相关。

检验条款主要包括发货人的检验机构、检验标准与方法、检验费用、检验证书、检验或复验的时间与地点等。

1. 检验机构

在制定检验条款时,对检验机构应当要有明确的规定。如在我国检验,应订明"由中国出入境检验检疫部门进行检验”。在出口合同中，如允许买方有复验权，我方最好争取在合同中规定“须以卖方同意的公证机构出具的检验报告作为索赔的依据”。近年来，随着我国出口量的大幅度增长，越来越多的国际买家要求选择国际性的公证行进行检验。数量众多的国际检验机构在检验方法、工作组风、收费标准方面差异较大，在选用时，一定要详细了解其背景、检验方法、费用水平、权威性及技术水平。

2. 检验标准与方法

各国对同一商品规定的品质标准不完全一致，而且每个国家的标准（包括各同业工会的标准）各年的版本又有可能不同，内容也有差异，因此，在签订合同时，如按标准确定商品的品质，不仅要规定是按哪个国家的标准，而且需规定是按照哪个版本的标准。特别是对于一些规格复杂的商品，应根据不同的特点，规定详细检验标准。但应注意，合同规定的检验标准不应与国家有关法律、法规及国际惯例相抵触。

检验方法一般由检验机构决定。有些商品，在检验时常因所采用的检验方法不同，而出现不同的结果。所以在签订合同时，对于可能有几种检验方法检验的商品，应明确采用哪一种检验方法。

3. 检验费用

根据 *INCOTERMS 2000* 中的规定：除非另有规定，买方应承担（装运前）检验的费用，这种检验是为了他自身利益安排的，但出口国有关当局强制进行的检验除外。由此，在检验条款中，还应根据检验的具体情况订明费用的承担者。

4. 检验证书

根据不同的业务需要，商品检验出具的检验证书也不尽相同。常常需要卖方提交的检验证书包括原产地证明书、品质证书、重量/数量证书。如纺织品只需要提供品质、数量或质量证书即可，有些农产品除需出具品质、重量证书外，还需提供卫生证书、植物检疫证书等。

在我国，根据《商检法》授权和国家规定，国家出入境检验检疫总局及其各地分支机构签发法定商品检验证书。除法定检验商品之外，如果合同、信用证无相反规定，也可由中国对外贸易促进委员会或中国进出口商品检验总公司或生产企业出具检验证书。

5. 检验或复验的时间与地点

在业务活动中，商品的检验应在货物交接时进行，即卖方向买方交付货物时，买方就应该立即检验。经检验合格后，买方即受领货物，卖方在货物风险转移之后，不再承担货物发生的品质、数量、重量等方面的变化责任。这一做法适合按照实际交货的贸易术语成交的合同，如果按照装运港（地）交货的 FOB、CIF、CFR、FCA 等术语成交时，卖方按时交货、交单就算履行了交货义务，而此时，买方并未收到货物，自然无从检验。因此，按照装运港（地）成交的合同，一般会规定“出口国检验、进口国复验”。

买方有复验权时，复验期限就是其索赔期，买方必须在规定的期限内行使其权利，索赔才有效。复验时间不能过长,也不宜过短,否则对其中一方会有影响。在规定进口商品复验时间时,应考虑商品特性、复验地点、港口装卸、调拨、输运等情况及口岸的检验力量等因素。

我国出口一般采用出口国检验、进口国复验的办法。检验条款的具体规定如下:"双方同意以装运港中国进出口商检局签发的品质和数量(重量)检验证书作为信用证项下议付单据的一部分。买方有权对货物的品质、数量(重量)进行复验。复验费由买方负担。如发现品质或数量(重量)与合同不符,买方有权向卖方索赔,索赔期限为货到目的港××天内。"

课堂测评

测评要素	表现要求	已达要求	未达要求
知识点	能掌握商品检验的含义		
技能点	能初步认识商品检验条款的内容		
任务内容整体认识程度	能概述商品检验条款的合同规定		
与职业实践相联系的程度	能描述检验条款的作用		
其他	能描述与其他课程、职业活动等的联系		

9.2 索赔条款

提示:完成本项任务,你将认识索赔条款。

职业行动:在国际贸易中,进口商如发现商品质量、数量、包装等有不符合合同的情况,在弄清事实、分清责任归属的基础上向责任方提出索赔;进口方不按期接运货物或无理拒收货物和拒付货款的情况也时有发生,因此也有卖方向买方索赔的情形。

合同争议是指交易一方认为另一方未能全部或部分履行合同的责任,即出现违约而引发的纠纷。进出口交易中,因彼此之间权利和义务问题引起争议而导致索赔、仲裁,甚至诉讼的情况屡见不鲜。进出口合同中的索赔条款有两种规定方式:一种是异议和索赔条款(discrepancy and claim clause);另一种则是罚金(penalty)条款。

9.2.1 违约

在进出口交易中,合同一经订立,当事人各方就应受合同约束。任何一方当事人如不履行合同中所规定的义务或履行合同中的义务不符合约定的条件均构成违约。对违约的处理各国法律不尽一致,概括起来有三种办法:要求实际执行;损害赔偿;撤销合同。

1. 英国法的规定

英国《1893 年货物买卖法》把违约分成违反要件和违反担保两种。前者是指违反合同的主要条款,一般认为违反了与商品有关的品质、数量、交货期等条件,属于违反要件。若违反要件,就会危及合同的基础,受害方有权因此解除合同,并要求损害赔偿。后者是指违反合同的次要条款，一般指违反了与商品无直接联系的次要条款。如果违反担保，受害方不能解除合同，只能要求损害赔偿。

可见，英国法对于违约的认定划分是以涉及的合同条款本身性质而确定的。

2. 美国法的规定

美国法把违约划分为两类轻微的违约和重大的违约。所谓轻微的违约（minor breach of contract），是指债务人在履约中虽然存在一些缺陷，但债权人已经从合同履行中得到该交易的主要利益。当一方轻微违约时受损方可以要求赔偿损失但不能拒绝履行合同的义务或解除合同；所谓重大的违约（material breach of contract），是指债务人没有履行合同或履行合同有缺陷致使债权人不能获得该项交易的主要利益。在重大违约的情况下，受损的一方可以解除合同，同时还可以要求赔偿全部损失。

3. 大陆法的规定

大陆法国家一般将违约的形式概括为不履行合同和延迟履行合同两种情况。不履行合同也称为给付不能，是指债务人由于种种原因不可能履行其合同义务；延迟履行合同也称为给付延迟，是指债务人履行期已届满而且是可能履行的，但债务人没有按期履行其合同义务。违约方是否要承担违约责任则要看是否有归责于他的过失。如果有过失违约，方才承担违约责任。

4.《公约》的规定

《联合国货物销售公约》（简称《公约》）将违约分为根本违约和非根本违约两类。前者指“一方当事人违反合同的结果，如使另一方当事人蒙受损害，以致实际上剥夺了他根据合同规定有权期待得到的东西”。这种根本违约是由于当事人的主观行为造成的，以致给另一方当事人造成实质性的损害，如卖方完全不交付货物，或买方无理拒收货物、拒付货款。后者是指由于当事人不能预知，而且处于相同情况的另外一个通情达理的人也不能预知会发生这种结果，那么就不构成根本违约。

《公约》规定，如果一方当事人根本违约，另一方当事人可以宣告合同无效，并要求损害赔偿。否则，不能解除合同，只能要求损害赔偿。

5. 我国法律的规定

我国《合同法》第七章第一百零七条规定了“不履行合同义务或者履行合同义务不符合约定”两种违约形态。第一百零七条、第一百二十条又规定了严格责任原则，即只要不存在免责事由，违约行为本身就可以使违约方承担责任，而在过错责任原则下，只有在不能证明其对违约行为无过错的情况下，才承担违约责任。

9.2.2 争议

争议（disputes）也称作异议（discrepancy），是指交易的一方认为另一方未能全部或部分履行合同规定的责任而引起的业务纠纷。在国际贸易业务中，这种纠纷屡见不鲜。

1. 争议出现的原因

交易双方因争议引发索赔的原因很多,概括起来主要有以下几个方面。

(1) 卖方违约,不履行或不完全履行合同义务。如不交货,或未按合同规定的时间、品质、数量、包装条款交货,或单证不符等。

(2) 买方违约,不履行或不完全履行合同义务。如买方不开或缓开信用证,不付款或不按时付款赎单,无理拒收货物,在 FOB 条件下不按时派船接货。

(3) 合同条款的规定欠明确,买卖双方国家的法律或对国际贸易惯例的解释不一致,甚至对合同是否成立有不同的看法。

(4) 在履行合同过程中遇到了买卖双方不能预见或无法控制的情况,如某种不可抗力,双方有不一致的解释等。

由上述原因引起的争议,概括起来是:是否构成违约、双方对违约的事实有分歧、对违约的责任及其后果的认识差异较大。

2. 争议解决的方式

在国际贸易合同中,双方应事先规定争议解决的方式。考虑争议解决成本、商业机密保护等因素,争议解决方式依次有以下几种,如图 9-1 所示。

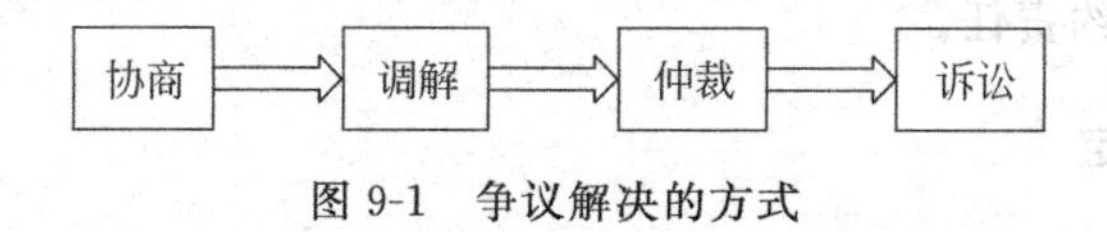

图 9-1 争议解决的方式

(1) 协商(consultation)。协商是指进出口当事人双方在自愿互谅的基础上,就已经发生的争议进行协商并达成协议,自行解决争议的一种方式。协商能够节省大量费用和时间,从而使当事人之间的争议得以较为经济和及时地解决。

(2) 调解(conciliation)。调解是指第三人(即调解人)应纠纷当事人的请求,依法或依合同约定,对双方当事人进行说服,居中调停,使其在互相谅解、互相让步的基础上解决其纠纷的一种途径。我国在诉讼和仲裁中,均采用了先行调解的程序。

(3) 仲裁(arbitration)。双方当事人达成书面协议,自愿把争议提交给双方同意的仲裁机构,仲裁机构作出的裁决是终局的,对双方都有约束力。仲裁方式具有解决争议时间短、费用低、能为当事人保密、裁决有权威性、异国执行方便等优点。

(4) 诉讼(litigation)。一方当事人向法院起诉,控告合同的另一方,一般要求法院判令另一方当事人以赔偿经济损失或支付违约金的方式承担违约责任,也有要求对方实际履行合同义务的。诉讼是当事人单方面的行为,只要法院受理,另一方就必须应诉。但诉讼方式的缺点在于立案时间长,诉讼费用高,异国法院的判决未必是公正的,各国司法程序不同,当事人在异国诉讼比较复杂。

综观上述几种解决争议的方式,在国际贸易实践中,仲裁是最被广泛采用的一种方式。

课堂讨论：进出口贸易争议解决中，为什么要注意商业机密的保护？

9.2.3 索赔与理赔

索赔(claim)是国际贸易活动中受损一方根据合同或法律向违约方提出赔偿要求，而违约方受理受损方的赔偿要求就是理赔(settle)。因此，索赔与理赔实际上是一个问题的两个方面。

重要概念 9-3

索赔与理赔

索赔是指在进出口货物买卖过程中，由于一方违反进出口买卖合同的规定，直接或间接地给另一方造成损失，而由受损方向违约方提出弥补其损失的要求。理赔是指违约方受理或接受受损方提出的赔偿要求的表示。

在进出口货物买卖中，任何一方违反合同的规定，不履行自己的义务，一般来说就构成违约行为。违约的一方需要承担损害赔偿责任，对方有权利提出赔偿要求，直至解除合同。只有当履约过程中发生了不可抗力事故，致使一方不能履约或不能如期履约时，才可根据合同规定或法律规定免责。

在进出口活动中，提出损害赔偿是最重要、最常用的补救措施，特别是在市场剧烈变动的情况下，索赔更是经常出现。按照法律、惯例规定，受损方在采取其他违约救济措施时，如要求交付替代物、修理、降价、规定额外时间让对方履行合同义务、宣告合同无效等，都不影响其向违约方提出损害赔偿的权利。

进出口活动涉及的索赔除了上述贸易索赔以外，还可以向承运人或保险人进行索赔。

重要信息 9-4

索赔的类型和对象

在进出口贸易中，一般会涉及三种类型的索赔，即贸易索赔、运输索赔和保险索赔，如表 9-2 所示。

表 9-2 索赔的类型与对象

索赔类型	索赔依据	索赔情形	索赔对象
贸易索赔	国际贸易合同	一方当事人违反合同规定时，受害方可依据合同规定和违约事实提出索赔	大多是卖方
运输索赔	国际货物运输合同	一方当事人违反运输合同规定时，受害人可以依据运输合同规定和违约事实提出索赔	承运人
保险索赔	国际货物运输保险合同	发生保险合同承保范围内的风险并由此造成损失，被保险人向保险公司索赔	保险人

9.2.4 买卖合同中的索赔条款

进出口买卖合同中的索赔条款主要有两种规定方式：一种是异议索赔条款；另一种是罚金条款。在一般的进出口货物买卖合同中，多数只订立异议索赔条款，并与检验条款相结合，但在大宗货物买卖和机器设备之类的进出口买卖合同中，除订立异议索赔条款外，还要约定罚金条款。

1. 异议索赔条款

异议索赔条款(discrepancy and claim clause)是进出口买卖合同中对于处理违约责任及索赔的规定。它主要适用于货物品质、规格和数量方面的索赔。这类索赔由于事先对违约的环节、性质和程度难以确定，所以在合同中对索赔的金额不事先作具体的规定，而是根据实际损失的大小确定。就其条款内容而言，主要包括索赔依据、索赔期限、索赔处理办法和索赔金额。

(1) 索赔依据。索赔依据主要规定提出索赔必须具备的证据及出证的机构。索赔依据包括法律依据和事实依据两个方面。法律依据是指进出口买卖合同、信用证、双方往来传真或电子邮件，以及有关国家的法律规定和国际贸易惯例。事实依据是指违约的事实真相及其书面证明，以求证明违约的真实性。索赔依据就索赔情形、对象而定。向贸易对方索赔，销售合同为主要依据；向承运人索赔须提供运输合同；向保险公司索赔，保险单据为主要凭证，而检验证书则是任何索赔均须出具的。

(2) 索赔期限。索赔期限是指索赔的一方向违约方提出索赔要求的有效期。索赔一定要在索赔的有效期内提出，逾期提出的索赔是无效的。索赔期限的长短应结合不同商品的特性而定。对于食品、农产品及易腐商品，索赔的期限应规定得短一些；一般商品的索赔期限可规定得长一些，通常限定为货物到目的地后30～45天；成套设备的索赔期则可更长一些，按照全套设备安装、调试所需时间而定。对于质量比较稳定的商品，如机电产品，其索赔期限相对较长，通常规定为货物到达目的地后60天或90天，一般不超过180天。在保险索赔问题上，根据中国人民保险公司的规定，索赔期从保险标的物到达最后卸货港卸离海船时算起，最长不得超过2年。

规定索赔期限时，应对索赔期限的起始时间作出具体规定。通常有以下几种起算办法：货物到达目的港后起算若干天；货物到达目的港卸离海船后起算若干天；货物到达买方营业地或用户所在地后起算若干天；货物经过检验后起算若干天；等等。

实务借鉴 9-1

德方要求合理吗

某公司以CFR条件对德国出口一批小五金工具。合同规定货到目的港后30天内检验，买方有权凭检验结果提出索赔。我公司按期发货，德国客户也按期凭单支付了货款。半年后，我公司收到德国客户的索赔文件，称上述小五金工具有70%已锈损，并附有德国某内地一个检验机构出具的检验证书。对德国客户的索赔要求，我公司应如何处理？

【评析】 我公司可以拒绝，因为早已超过了索赔期限。双方在合同中规定货到目的港后30天内检验，尽管这是一个买方复验的期限，但实质上是索赔的期限。而德国客户却在半年后方向我公司提出索赔，显然该索赔已超过索赔的期限。因此，按照有关法律，德国客户也就丧失了向我方公司索赔的权利。

(3) 索赔处理办法和索赔金额。关于索赔的处理办法，因为事先无法预测违约的后果，因此，合同中不做具体规定，一般只做笼统规定，如整修、换货、退货、还款等。有时与商品检验条款合订在一起，称为"检验与索赔条款"(inspection and claim clause)。

例 9-1 异议与索赔条款：买方对装运货物的任何索赔必须于货物到达提单及/或运输单据所指定目的港之日起15天内提出，并须提供卖方同意的公证机构出具的检验报告。

Any claim by the buyer regarding the goods shipped be filed within 15 days after the arrival of the goods at the ports of destination specified in the relative bill of lading and/or transport document and supported by survey report issued by a surveyor approved by the seller.

2. 罚金条款

罚金条款(penalty clause)又称为罚则，是指在进出口买卖合同中规定的一方当事人如果未履行或未完全履行合同规定的义务时，应向另一方当事人支付一定数量约定罚款金额的条款。它主要适用于卖方延期交货、买方迟开信用证或延期接货、延迟付款、无理拒收货物或拒付货款等情况。此时，由违约方向对方支付预先约定的金额，以补偿对方的损失，可见，罚金从其性质上来看就是违约金。

罚金条款一般应包括其适用范围、计算方法及最高限额等。例如，有的合同规定：如果卖方不能如期交货，每延误7天，买方应收取0.5%的罚金，不足7天按7天计算；延误10周，买方有权撤销合同，并要求卖方支付延期交货罚金，罚金数额不得超过货物总额的5%。需要注意的是，卖方支付罚金后并不能解除继续履行合同的义务。如果买方要求继续履行合同，卖方则必须继续履行合同。如果卖方拒不履行其交货义务，仍要承担因此而给买方造成的损失。

明确规定罚金的起算日期是十分必要的。罚金的起算日期主要有两种规定方法：一种是以合同规定的交货期或信用证有效期终止后立即起算。另一种是规定一个优惠期，即在合同规定的有关期限终止后再宽限一段时间，在优惠期内免予罚款，待优惠期届满后起算罚金。

我国《合同法》规定"当事人可以在合同中约定，一方违反合同时，向另一方支付一定数额的违约金"，又规定"合同中约定的违约金，视为违反合同的损失赔偿，但是，约定的违约金过高于或者低于违反合同所造成的损失的，当事人可以请求仲裁机构或者法院予以适当减少或者增加"。

除上述两种赔偿条款外，也可以根据具体情况作其他的规定。如买方不开或者迟开信用证，在FOB出口合同中，买方不派船或不按时派船，可以规定卖方有权解除合同或延迟交货，并要求给予损害赔偿。

对于进口合同，除索赔条款与检验条款合并订立之外，可单独订立索赔处理条款。例如，有的进口合同规定"如货物不符合本合同规定，应由卖方负责，同时买方按本合同规定在索赔期限内或质量保证期限内提出索赔，卖方在取得买方同意后，按以下方式予以补救：①同意买方退货，将退货金额以成交的计价货币偿还买方，并负担因退货而发生的一切直接损失和费用，包括利息、银行费用、运费、保险费、商检费、仓租费、码头装卸费及为保管退货而发生的一切其他必要费用；②按照货物次劣程度、损害的范围和买方遭受的损失，降低货价；③调换有瑕疵的货物，换货必须里外全新并符合本合同规定的规格、质量和性能，卖方并负担因此而产生的一切费用和买方遭受的一切直接损失。对被换的货物质量，卖方仍应符合本合同规定的质量要求，保证期为1年"。

3. 订立索赔条款注意事项

国际贸易活动中，订立索赔条款应注意以下事项。

(1) 各国对罚金条款的不同理解。各国的法律对于罚金条款持有不同态度，有不同的解释与规定。法国、德国等国家的法律对合同中的罚金条款是予以承认和保护的，但在美国、英国、澳大利亚和新西兰等英美法系国家的法律上则有不同的解释。例如，在英国的法律中，对合同中订有固定赔偿金额条款，按其情况分为两种性质：一种是作为预定损害赔偿金额(liquidated damage)，是指双方当事人在订立合同时，根据估计可能发生违约所造成的损害，事先在合同中规定赔偿的百分比；另一种是作为"罚款"，是指当事人为了保证合同的履约，对违约一方征收的罚金。对上述性质的区分是根据当事人在合同中表示的意思由法官来确定的。按照英国法院的主张：如属预定的损害赔偿，不管损失金额的大小，均按合同规定的固定金额判付；反之，如属"罚金"，对合同规定的固定金额不予承认，而根据受损方提出损失金额的证明另行确定。

(2) 罚金金额不宜过高。罚金金额一般不超过合同金额的5%。我国《合同法》规定"约定的违约金低于造成的损失的，当事人可以请求人民法院或者仲裁机构予以增加；约定的违约金过分高于造成的损失的，当事人可以请求人民法院或者仲裁机构予以适当减少"。

违约金的约定并不是毫无限制的自由约定，而要受到国家法律的正当干预。这种干预是通过法院或仲裁机构适当减少或者增加的方法来实施的。违约一方支付违约金并不当然免除继续履行义务，受害方要求履行合同，而违约方有继续履行能力的，必须继续履行。

课堂测评

测评要素	表现要求	已达要求	未达要求
知识点	能掌握索赔的含义		
技能点	能初步认识索赔条款的内容		
任务内容整体认识程度	能概述索赔条款制定的意义		
与职业实践相联系的程度	能描述索赔条款的作用		
其他	能描述与其他课程、职业活动等的联系		

9.3 不可抗力与仲裁条款

提示：完成本项任务，你将认识不可抗力与仲裁条款。

职业行动：在国际贸易中，进出口双方在履行合同过程中，会出现一些不能预见、不可避免、不能克服的自然、社会现象客观情况，在弄清事实的基础上，可以免责；根据书面协议，可以将争议提交双方所同意的第三者予以裁决，以解决双方的贸易纠纷。

9.3.1 不可抗力条款

不可抗力(force majeure)是法律术语，一项免责条款，解释为一种人们不能预见、不可避免、不能克服的自然、社会现象、客观情况。

重要概念 9-4

不可抗力

不可抗力又称人力不可抗拒，它是指在货物买卖合同签订以后，不是由于订约者任何一方当事人的过失或疏忽，而是由于发生了当事人既不能预见，又无法事先采取预防措施的意外事故，以致不能履行或不能如期履行合同，遭受意外事故的一方可以免除履行合同的责任或延期履行合同。

1. 不可抗力的解释

在国际贸易中，不同国家的法律、法规对不可抗力都有自己的规定。

(1) 英美法系的解释。在英美法系中有"合同落空"原则的规定，其意思是说合同签订以后，不是由于当事人双方自身过失，而是由于事后发生了双方意想不到的根本性的不同情况，致使订约目的受到挫折，据此而未履行的合同义务，当事人得以免除责任。

(2) 大陆法系的解释。在大陆法系国家的法律中有"情势变迁"或"契约失效"原则的规定，这是指不属于当事人的原因而发生了预想不到的变化，致使合同不可能再履行或对原来的法律效力需作相应的变更。不过，法院对于以此原则为理由请求免除履约责任的要求是很严格的。

(3) 我国法律的解释。我国相关法律认为，不可抗力是指不能预见、不能避免并不能克服的客观情况。

(4)《公约》的解释。《公约》认为，不可抗力是指非当事人所能控制，而且没有理由预期其在订立合同时所能考虑到或能避免或克服它或它的后果而使其不能履行合同义务的障碍。据此，不可抗力是指在合同成立以后所发生的，不是由于当事人一方的故意或过失所造成的，对其发生及造成的后果是当事人不能预见、不能控制、不能避免并不能克服的。

综上所述，在国际贸易中尽管不同法律对不可抗力的确切含义在解释上并不统一，叫法也不一致，但其精神原则大体相同。即构成不可抗力必须满足以下条件：意外事故必须发生在合同签订以后；不是因为合同当事人双方自身的过失或疏忽而导致的；意外事故是当事人双方所不能控制、无法预见、无能为力的。

2. 不可抗力的认定

世界各国几乎都在合同法上承认不可抗力，但是都没有确切定义不可抗力的外延。总体来说，不可抗力的范围，至少应包含以下两类事件。

（1）自然原因导致的事件。通常是指雷电、暴风雨、雪、地震、山崩、森林自然起火等纯粹与人类活动无关的自然事件。

（2）社会原因导致的事件。通常是指当事人在签约后，有关政府颁布了新的法律、法规、行政措施，规定原来签订的合同不能履行，或履行原合同变成了非法行为，因而导致了当事人不得不放弃履行原有合同，如政府禁令等；社会上出现了罢工、骚乱、战争等偶然发生的事件当事人难以履行合同；物价或货值因某种特殊原因暴涨或暴跌，因而严重影响原有合同的执行。

需要注意的是，并非所有自然原因和社会原因引发的事件都属于不可抗力事件，如汇率变动、市场价格波动等正常的贸易风险、船期变更、消极怠工、工厂倒闭等就不属于不可抗力事件。

课堂讨论：签订合同后出口货物价格国际市场价格暴涨，构成不可抗力吗？

3. 不可抗力的后果

不可抗力事故所引起的后果有两种：一种是解除合同；另一种是延期履行合同。什么情况下解除合同，什么情况下延期履行合同，要看所发生的事故的原因、性质、规模及对履行合同所产生的影响程度而定，并明确地规定在合同中。因不可抗力不能履行合同的，根据不可抗力的影响，违约方可部分或全部免除责任。

4. 不可抗力的处理

一般各国都认为，因不可抗力致使合同完全不能履约时，合同归于消亡，可解除双方的履约责任。卖方免除交付货物的责任，买方免除交款的责任。买方若已先行付款或已支付部分价金或定金，卖方应退还买方。部分履行合同，买方应就其所接受的部分支付价金，免除其余部分的价金。延迟履约的，买方仍应按原合同支付价金，不得减少。因为这种迟延不是卖方的过错引起的，也是买方同意接受的。

实务借鉴 9-2

他们的要求合理吗

我公司于2013年5月以CIF纽约条件与美国某公司订立了200套家具的出口合同，合同规定2013年12月交货。11月底，我企业商品仓库发生雷击火灾，致使一半左右的出口家具烧毁。我企业以发生不可抗力为由，要求免除交货责任，美方不同意，坚持我方按时交货。我方无奈经多方努力,于2014年1月初交货,美方要求索赔。试问:①我方要求免除交货责任的要求是否合理,为什么?②美方的索赔要求是否合理,为什么?

【评析】 ①我方要求不合理,理由如下。我企业出口商品仓库遇不可抗力导致一半的出口家具烧毁,但不可抗力并没有严重到我方不能履行合同的程度,所以我方不能要求免除全部交货责任,但可以延期履行交货。②美方的索赔要求不合理,理由如下。中方遇不可抗力事件后,虽经多方努力仍造成逾期交货,对此,中方不负责任,根据不可抗力条款,中方可以免责。

5. 合同中的不可抗力条款

我国对外贸易合同中,不可抗力条款规定有如下三种情形。

(1) 概括式规定。在合同中不具体规定哪些事故属于不可抗力,而只是笼统地规定"由于不可抗力的原因",至于具体内容和范围并未具体说明。这种方法含义模糊,解释伸缩性大,难以作为解释问题的依据,不宜采用。

例 9-2 由于不可抗力的原因,致使卖方不能全部或部分装运或延迟装运合同货物,卖方对于这种不能装运或延迟装运本合同货物不负有责任。但卖方须用电报或电传通知买方,并须在10天内,以航空挂号信件向买方提交由中国国际经济贸易促进委员会出具的证明此类事件的证明书。

If the shipment of the contracted goods was prevented or delayed in whole or in part due to Force Majeure, the Seller should not be liable for non-shipment or late shipment of the goods of this contract. However, the Seller shall notify the Buyer by cable or telex and furnish the letter within 10 days by registered airmail with a certificate issued by the China Council for the Promotion of International Trade attesting such event or events.

(2) 列举式规定。在合同中详细列明不可抗力的范围,虽然具体明确,但难以一览无余,且可能出现遗漏情况,这样仍可能发生争执,因此,也不是最好的方法。

例 9-3 由于战争、地震、水灾、暴风雨、雪灾等原因,致使卖方不能全部或部分装运或延迟装运合同货物,卖方对于这种不能装运或延迟装运本合同货物不负有责任。但卖方须用电报或电传通知买方,并须在10天内,以航空挂号信件向买方提交由中国国际经济贸易促进委员会出具的证明此类事件的证明书。

If the shipment of the contracted goods was prevented or delayed in whole or in part by reason of war, earthquake, flood, storm, heavy snow, the Seller should not be liable for non-shipment or late shipment of the goods of this contract. However, the Seller shall notify the Buyer by cable or telex and furnish the letter within 10 days by registered airmail with a certificate issued by the China Council for the Promotion of International Trade attesting such event or events.

(3) 综合式规定。合同中列明可能发生的不可抗力事故的同时，又加上“其他不可抗力的原因”的文句，这样就为双方当事人共同确定未列明的意外事故是否构成不可抗力提供了依据。因此，这种规定方法既具体明确，又有一定的灵活性，比较科学实用，在我国进出口合同中多采用这一种。

例 9-4 由于战争、地震或其他不可抗力的原因致使卖方对本合同项下的货物不能装运或迟延装运，卖方对此不负任何责任。但卖方应立即通知买方并于10天内以航空挂号函件寄给买方由中国国际经济贸易促进委员会出具的证明发生此类事件的证明书。

If the shipment of the contracted goods was prevented or delayed in whole or in part by reason of war, earthquake or other causes of Force Majeure, the Seller should not be liable. However, the Seller shall notify the Buyer immediately and furnish the letter within 10 days by registered airmail with a certificate issued by the China Council for the Promotion of International Trade attesting such event or events.

6. 不可抗力的通知与证明

(1) 不可抗力的通知。应明确规定发生不可抗力后通知对方的期限和方式，发生不可抗力时，遭受不可抗力的一方应及时通知另一方，使对方及时采取一些相应措施，如查明不可抗力的事实真相，对履行合同的影响程度等。

(2) 证明文件及出具文件的机构。不可抗力条款是一种免责条款，只有确实发生不可抗力，当事人一方方可免责。因此，发生不可抗力时，一方面，当事人一方要查明事实的真相；另一方面，也要遭遇不可抗力后一方提供有效的证明文件，遭受损失的一方自己查明事实真相可能十分困难，这时，有关机构的证明就非常重要。在我国，可通过中国国际贸易促进委员会出具。

重要信息 9-5

援引不可抗力条款注意事项

(1) 不可抗力范围一定要明确具体，同时又有一定的灵活性。内容不得和相关国家法律法规相抵触。关于不可抗力的出证机构，在中国，一般由中国国际贸易促进委员会(中国国际商会)出具；如由对方提供时，则大多数由当地的商会或登记注册的公证机构出具。另一方当事人收到不可抗力的通知及证明文件后，无论同意与否，都应及时回复。

(2) 任何一方发生不可抗力事件之后，必须及时通知另一方，并在合理时间内提供必要的证明文件，以减轻可能给另一方造成的损失。按《联合国国际货物销售合同公约》，如果当事人一方未及时通知而给对方造成损害的，仍应负赔偿责任。

(3) 收到不可抗力的通知及证明文件后，无论同意与否，都应及时回复。

(4) 最好在不可抗力条款中明确规定具体的通知和提交证明文件的期限与方式。

9.3.2 仲裁条款

在国际贸易中，发生贸易纠纷一般都是先进行友好协商，协商不成，再提交仲裁或提请仲裁机构进行调解。只有某些案件由于合同中未订立仲裁条款，在发生争议后双方又不能达成仲裁协议时，才通过诉讼方式解决。

重要概念 9-5

仲　　裁

仲裁是指买卖双方在纠纷发生之前或发生之后，签订书面协议，自愿将纠纷提交双方所同意的第三者予以裁决，以解决纠纷的一种方式。仲裁的裁决是终局的，对双方都具有约束力，双方必须遵照执行。

1. 仲裁机构

仲裁机构是指受理案件并作出裁决的机构。在国际上，仲裁机构有两种：一种是临时仲裁机构；另一种是常设仲裁机构。

（1）临时仲裁机构。临时仲裁机构是指由争议双方共同指定的仲裁员自行组织成临时仲裁庭。临时仲裁庭是为审理某一具体案件而组成的，案件审理完毕，仲裁庭即告自动解散。如采用临时仲裁，仲裁协议需就指定仲裁员的办法、人数、规则等问题作出明确规定。

（2）常设仲裁机构。常设仲裁机构是指根据一国的法律或者有关规定设立的、有固定名称、地址、仲裁员和仲裁规则的仲裁机构。仲裁规则规定进行仲裁的程序和具体做法，包括如何申请仲裁、如何答辩、反申请、如何指定仲裁员、如何审理、如何作出裁决及裁决的效力等。一般地说，双方当事人约定由哪个常设仲裁机构仲裁，就应按照该机构的仲裁规则予以仲裁，若当事人另有约定且仲裁委员会同意的，从其约定。

重要信息 9-6

国际主要商事仲裁机构

世界上很多国家和一些国际性、区域性组织都设有从事国际商事仲裁的常设机构，这些机构一般是民间组织。主要国际商事仲裁机构有设在法国巴黎国际商会总部的国际商会仲裁院、设在瑞典斯德哥尔摩的斯德哥尔摩商会仲裁院、设在瑞士苏黎世的苏黎世商会仲裁院、设在美国纽约的美国仲裁协会和香港国际仲裁中心等。

2. 仲裁协议

仲裁协议(arbitration agreement)是指当事人在合同中订明的仲裁条款，或者以其他形式达成的提交仲裁的书面协议。仲裁协议是仲裁机构受理仲裁事宜的重要依据。我国《仲裁法》规定，没有仲裁协议，当事人一方申请仲裁的，仲裁机构不予受理。仲裁协议有书面形式和口头形式之分。在我国，解决国际贸易争议的仲裁协议必须是书面的。以书面形式订立仲裁协议，也已为许多国家的立法、仲裁规则及一些国际公约所规定。

书面仲裁协议的形式主要有以下三种。

(1) 合同中的仲裁条款。合同中的仲裁条款是指双方当事人在签订合同时订立的、表示同意将可能发生的争议提交仲裁裁决的内容。

(2) 提交仲裁的协议。提交仲裁的协议是后订立的，表示同意将已经发生的争议提交仲裁裁决的协议。这种协议可以采用协议书的形式，也可以通过双方的往来函件、电报或电传来表示。

(3) 援引式仲裁协议。援引式仲裁协议是指由双方当事人在争议发生之前或争议发生之后，通过援引方式达成的仲裁协议，即当事人一般不直接拟定协议的具体内容，而只是同意有关争议按照某公约(或双边条约、多边条约、标准合同)中的仲裁条款所述内容进行仲裁。

重要信息 9-7

仲裁协议的作用

按照我国和多数国家仲裁法的规定，仲裁协议的作用主要有以下三方面。

(1) 约束双方当事人解决争议的行为。仲裁协议表明双方当事人在发生争议时自愿以仲裁方式解决，而不得向法院起诉。

(2) 授予仲裁机构对仲裁案件的管辖权。任何仲裁机构都无权受理没有仲裁协议的案件，这是仲裁的基本原则。

(3) 排除法院对于争议案件的管辖权。世界上大多数国家的法律都规定，仲裁协议对签约的当事人具有约束力，都承认仲裁协议具有排除法院司法管辖权的作用，法院不得受理就同一争议事项提出诉讼的案件。

3. 合同中的仲裁条款

国际买卖合同中的仲裁条款是指双方当事人在其签订的合同中约定将日后可能发生的争议提交仲裁的条款，通常包括仲裁范围、仲裁地点、仲裁机构、仲裁程序与规则及仲裁裁决的效力等内容。

(1) 仲裁范围。仲裁范围是指当事人提交仲裁解决的争议范围，也是仲裁庭依法管辖的范围。如果发生争议超出所规定范围，仲裁庭则无权受理，所作裁决也不具有法律效力。所以，在仲裁协议中一定要明确是将有关合同一切争议事项都提交仲裁，还是仅将某几项争议提交仲裁。

(2) 仲裁地点。在什么地点进行仲裁是买卖双方十分关心的问题，因而也是仲裁条款中一项重要的内容。在商定此项条款时，买卖双方一般都愿意在本国仲裁，这样做，一方面是因为当事人对其本国的仲裁机构和有关程序规则比较了解，且没有语言障碍，还可以节省费用；另一方面是因为仲裁地点与仲裁所使用的程序法，甚至与买卖合同所适用的实体法都有着密切的关系。我国进出口贸易合同的仲裁条款中关于仲裁地点的规定，一般采用下述三种方法之一：①首先力争规定在我国仲裁；②如若争取不到在我国仲裁，可以选择在被诉方所在国仲裁；③规定在双方同意的第三国仲裁。

课堂讨论：为什么贸易当事人都倾向于选择本国的仲裁机构?

(3) 仲裁机构。如前所述,仲裁机构可以是常设仲裁机构,也可以是临时仲裁机构。选用哪种仲裁机构,取决于双方当事人的共同意愿。常设机构因其组织稳定、制度健全、人员齐备及选用方便,有利于仲裁的顺利进行,从而被国际上大多数仲裁争议案件所选用。选用常设仲裁机构时,应考虑其信誉、仲裁规则的内容、费用水平及所用语言等因素。如果仲裁地点无常设仲裁机构,或者当事人双方为解决特定争议,而愿意指定仲裁员专审争议案件时,当事人可选用临时仲裁庭予以仲裁。

(4) 仲裁程序与规则。仲裁程序与规则是指进行仲裁的程序和具体做法,包括如何提交仲裁申请,如何进行答辩,如何指定仲裁员,如何组成仲裁庭,如何进行仲裁审理,如何作出裁决及如何交纳仲裁费等。这样做的目的是为当事人和仲裁员提供一套仲裁时的行为准则,以便在仲裁时有所遵循。仲裁程序如图 9-2 所示。

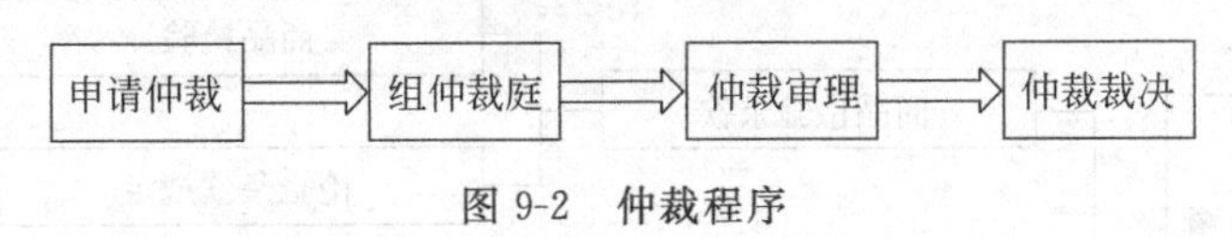

图 9-2　仲裁程序

仲裁规则与仲裁机构有着密切的关系。一般情况下,合同的仲裁条款中规定在哪个仲裁机构进行仲裁,就应该遵守哪个机构制定的仲裁规则。但也有不少国家允许当事人选用仲裁地点以外的其他国家仲裁机构的仲裁规则,但以不违反仲裁地国家仲裁法中的强制性规定为前提。临时仲裁机构所适用的仲裁规则由双方当事人自行约定。

(5) 仲裁效力。仲裁效力是指仲裁机构对争议案件审理后所作的裁决对双方当事人是否有终局性的约束力,以及能否向法院上诉,要求变更裁决。

包括我国在内的绝大多数国家都规定,仲裁裁决具有终局效力,对双方当事人均具约束力,任何一方都不得向法院起诉要求变更。也有少数国家允许不服裁决的当事人向法院上诉,但法院一般只审查程序,不审查实体,即只审查仲裁裁决在法律手续上是否完备,而不审查裁决是否正确。只有在发现仲裁员未按仲裁程序规则审理案件时,法院才可以撤销裁决。仲裁裁决作出之后,如果败诉方拒不履行仲裁裁决,而仲裁机构又不具有强制执行的权利,胜诉方则可以向法院提出申请,要求强制执行。

(6) 仲裁费用。仲裁费用一般由败诉方承担,但也有的规定由仲裁庭酌情决定。

(7) 仲裁条款的表述。对仲裁条款全部六个方面内容的(文句结构)表达如下;"凡因执行本合同所发生的或与本合同有关的一切争议,双方应通过友好协商办法解决,如果协商不能解决,应提交××国××地××仲裁机构,并根据其仲裁程序规则进行仲裁。仲裁裁决是终局的,对双方都具有约束力,仲裁费用由败诉方负担。"

上述格式中关于"××国××地××仲裁机构"一句,有三种不同的填写方法:①如确实在我国仲裁,则写作"应提交中国国际经济贸易仲裁委员会仲裁",仲裁地点可选定"在北京",或"在上海",或"在深圳"。②如确定在被告国仲裁的,则写作"应提交××国(被告国名称)××地××仲裁机构"。③若选定在第三国仲裁,则写作"应提交××国(第三国名称)××地××仲裁机构。"

课 堂 测 评

测 评 要 素	表 现 要 求	已达要求	未达要求
知识点	能掌握不可抗力与仲裁的含义		
技能点	能初步认识不可抗力与仲裁条款的内容		
任务内容整体认识程度	能概述不可抗力与仲裁条款制定的意义		
与职业实践相联系的程度	能描述不可抗力与仲裁条款的作用		
其他	能描述与其他课程、职业活动等的联系		

任务9小结

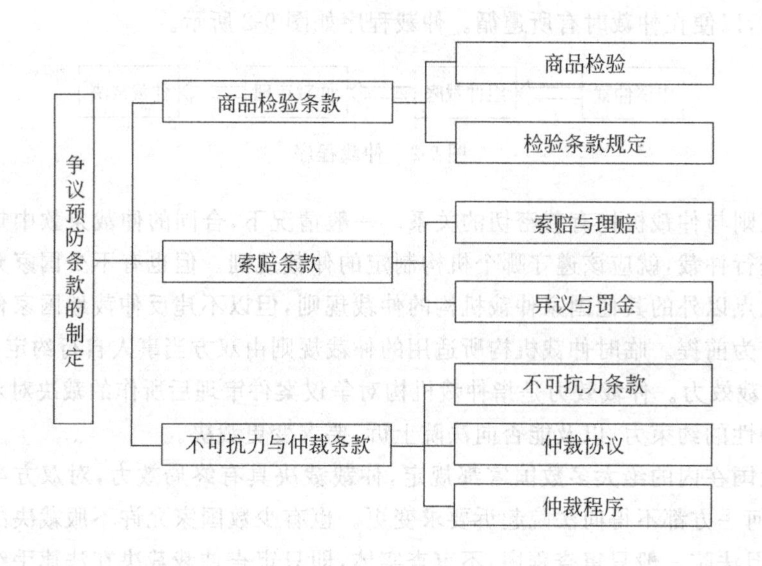

教学做一体化训练

一、重点概念

商品检验　法定、检验　公证检验　索赔　理赔　不可抗力　仲裁

二、课后演练

（一）选择题

1. 根据我国《商检法》，我国商检机构在进出口商品检验方面的基本任务有（　　）。
   A. 实施法定检验
   B. 办理检验鉴定业务
   C. 对进出口商品的检验工作实施监督管理

D. 检查货物报关手续是否完善

2. 某年9月，我国某外贸公司与外商签订一份农产品出口合同，规定当年10月至12月交货，后因10月份以后价格猛涨，外贸公司因高亏不能出口，经查8月份产地曾发生严重水灾，货源受损。因此，(　　)。

A. 我方可以利用不可抗力条款，免除责任

B. 我方不能利用不可抗力条款，免除责任

C. 只要本省贸促会能出具不可抗力证书，我方可以免除责任

D. 我方可以利用不可抗力条款，减少承担的责任

3. 仲裁协议是仲裁机构受理争议案件的法律依据，因此(　　)。

A. 仲裁协议必须在争议发生之前达成

B. 仲裁协议只能在争议发生之后达成

C. 仲裁协议既可以在争议发生之前达成，也可以在发生争议之后达成

D. 仲裁协议不能独立于合同外

4. 解决国际贸易争议的途径很多，其中对双方当事人相对不利的一种是(　　)。

A. 友好协商　　B. 调解　　C. 仲裁　　D. 诉讼

5. 关于违约的形式方面，《联合国国际货物销售合同公约》将违约划分为(　　)。

A. 不履行债务和延迟履行债务

B. 轻微的违约和重大的违约

C. 根本性违约和非根本性违约

D. 违反要件和违反担保

6. 罚金的数额通常取决于(　　)。

A. 违约时间的长短　　B. 违约事件的严重程度

C. 违约事件的起因　　D. 当时当地的政策

7. 下列属于不可抗力事件范围的有(　　)。

A. 火灾　　B. 战争　　C. 能源危机引起的石油价格暴涨

D. 政府禁令　　E. 罢工

(二) 判断题

1. 商检证书有多种作用，它是仲裁机构受理案件的依据之一。(　　)

2. 在出口国检验一般以到岸质量、重量为准。(　　)

3. 违约金是指合同当事人一方未履行合同而向另一方支付约定的金额。(　　)

4. 违约方支付违约金后，就可不再履行合同义务。(　　)

5. 如违约金过分低于或高于实际造成的损失，当事人可以请求人民法院或仲裁机构予以增减。(　　)

6. 买方的索赔期限实际上也就是买方行使对货物进行复验权利的有效期限。(　　)

7. 汇率变动和物价上升可以导致争议发生。(　　)

8. 我国常设的仲裁机构是商务部。(　　)

9. 合同双方的仲裁结果是终局性的。 ( )

10. 当不可抗力发生时，事故方可以完全不履行合同。 ( )

（三）简答题

1. 商品检验证书的作用主要是什么？
2. 国际贸易活动中，索赔有哪些情形？
3. 国际货物买卖合同中的不可抗力条款主要规定什么？
4. 仲裁协议有哪几种形式，其作用分别是什么？
5. 仲裁条款的主要内容是什么？

（四）案例分析

1. 签订商检条款与品质条款不当致损案。

2016 年年初，我国某外贸公司与德国签订了出口半漂布合同，根据中德贸易协定规定，凡我方从对方进口货物，均按德方标准进行验收，我方出口到对方的货物则按我国标准进行验收。但是这批出口半漂布合同的品质条款规定“交货品质为一等品”，未说明一等品的含义。合同还规定：“每 100 米允许 10 个疵点，每个疵点无偿让码 10 厘米。”同时，还列出了近 20 个疵点的名称。由于合同品质规定实际是要求我方供应“0 分布”，与我国标准完全不符，我方半漂布出口后就遭到德方索赔，德方对我方 500 多万米出口半漂布几乎都判为二等品和等外品。德方有关人员也承认，这个合同的品质要求实际上是做不到的，但是既然已经签订了合同，就要赔偿。最后，我方向德方理赔了相当金额后才了结此案。

问题：

(1) 合同中明确检验标准的意义有哪些？

(2) 检验条款怎样规定才可以避免这种情形的发生？

2. 检验标准规定不当致损案。

2016 年 10 月，我国某公司从美国某公司进口一批美国东部黄松，计 6942 立方英尺，价值数百万美元，目的港上海。原合同规定“按美国西部标准检验”。但是在开信用证前，美国公司提出另一个标准即美国东部标准也可作为验收标准。最后，我国某公司同意修改合同检验条款，将“按美国西部标准检验”改为“按美国西部标准或东部标准检验”，并开出了信用证。货抵上海港后，上海进出口商品检验局按我国进口黄松通用的美国西部标准检验，检验结果共短少材积 3948 立方英尺，短少率达 57%，价值 100 多万美元。进口黄松大量短少的主要原因是美国西部标准与美国东部标准计算材积的方法是完全不同的，两种标准计算材积之差达 40% 以上。美商正是钻了这个空子，使我国某公司遭受重大损失。

问题：

(1) 合同中引用国外检验标准之前应做哪些准备工作？

(2) 修改检验条款应注意什么？

3. 如此索赔，错在何方。

我方向某国出口一批冷冻食品，到货后买方在合同规定的索赔有效期内向我方提出品质索赔，索赔额达10万元人民币(约占合同总金额的半数以上)。买方附来的证件有：法定商品检验证，注明该项商品有变质现象(表面呈乌黑色)，但未注明货物的详细批号，也未注明变质货物的数量或比例。官方化验机构根据当地某食品零售商店送验的食品而作出变质证明。我方未经详细研究就函复对方，既未承认也未否认品质问题，只是要求对方减少索赔金额，对方不应允，双方函电往来1年没有结果，对方遂派代表来我方当面交涉，并称如得不到解决，将提交仲裁。

问题：对此索赔我方应不应受理？试问双方各有什么漏洞？

4. 是否构成不可抗力事件。

2016年5月，广州伞厂与意大利客户签订了雨伞出口合同。买方开来的信用证规定，8月份装运交货，不料7月初，该伞厂仓库失火，成品、半成品全部烧毁，以致无法交货。

问题：广州伞厂可否援引不可抗力条款要求免交货物？

同步实训

中国原产地证是证明我国出口货物生产和制造在中国的证明文件，是出口产品进入国际贸易领域的“经济国籍”和“护照”。我国目前所签发的原产地证已成为国际贸易中的一个重要环节，货物进口国据此对进口货物给予不同的关税待遇和决定限制与否。商检出具中国原产地证是依据我国《原产地规则》规定而出具的。出口企业申请办理此证同普惠制产地证的申办程序相同，在当地办理企业注册登记后才有资格申请签证。

【实训目标】 认识原产地证。

【组织实施】 学生分组，在网络上收集原产地证的相关内容。

【操作提示】 先熟悉我国原产地证的签发机关及有关规定，并说明原产地证在国际贸易活动中的实际意义。

【成果检测】 完成活动项目任务，各组分别展示，学生讨论，教师进行评价。

学生自我总结

通过完成“任务9　争议预防条款的制定”，我能够作如下总结。

一、主要知识

完成本任务涉及的主要知识点： 1. 2.

二、主要技能

完成本任务的主要技能：
1.
2.

三、主要原理

争议预防条款在国际贸易合同中的地位：
1.
2.

四、相关知识与技能

本任务的完成过程：
1. 商品检验的主要作用：
2. 索赔与理赔条款的主要内容：
3. 不可抗力条款的意义：

五、成果检验

完成本任务的成果：
1. 完成本任务的意义：
2. 学到的经验：
3. 自悟的经验：
4. 我认为，争议解决主要的意义：

任务 10 国际贸易合同的签订

学习目标

1. 知识目标

- 能认识交易磋商流程。
- 能认识询盘、发盘的含义。
- 能认识还盘、接受的含义。

2. 能力目标

- 能进行询盘与发盘操作。
- 能进行还盘与接受操作。
- 能认识国际贸易合同磋商的意义。

情境导入

经过国际贸易合同条款内容的逐一认知,你应该能够在汇总、整合条款内容的基础上,根据给定贸易条件,开始学习国际贸易合同的磋商订立。国际贸易合同的磋商一般包括询盘、发盘、还盘、接受四个步骤,每一步骤都有特定的内容与要求。你应该积极掌握进出口贸易活动的基本技能,学会进出口贸易磋商中的询盘、发盘、还盘、接受等专业技巧。能够认识交易磋商的好坏不仅直接关系将来买卖双方之间的权利、义务和经济利益,也是买卖合同签订的基础和做好交易的关键所在。

学习任务

根据国际贸易职业活动顺序,"国际贸易合同的签订"这一任务又可以分解为以下子任务。

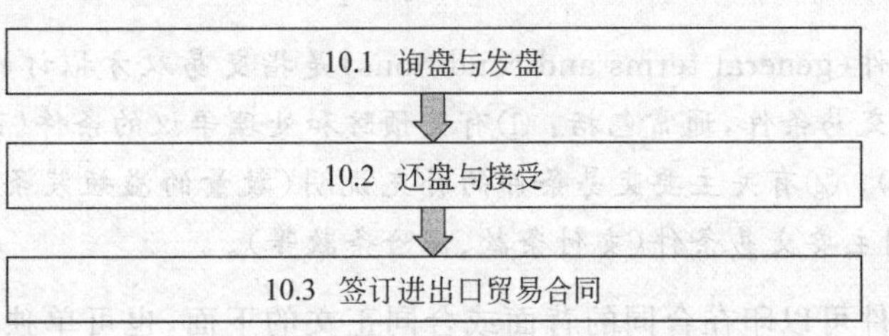

课前故事

我们的第十个故事从成语"一诺千金"讲起。秦末有个叫季布的人,一向说话算数,信誉非常高,许多人都同他建立起了深厚的友情。当时甚至流传着这样的谚语:"得黄金百斤,不如得季布一诺。"这就是成语"一诺千金"的由来。后来,他得罪了汉高祖刘邦,被悬赏捉拿。他旧日的朋友不仅不被重金所惑,而且冒着灭九族的危险来保护他,使他免遭祸殃。一个人诚实有信,自然得道多助,能获得大家的尊重和友谊。反过来,如果贪图一时的安逸或小便宜,而失信于朋友,表面上是得到了"实惠"。但为了这点实惠也毁了自己的声誉,而声誉相比于物质更重要得多。所以,失信无异于失去了西瓜捡芝麻,得不偿失。

国际贸易合同订立过程中,双方的诚信非常重要。的确,买卖是一本大书,这本书里面不仅有低买高卖的生意原则,还有着感情的溪流和人性的光辉。诚信、理性和人性,共同构建了贸易世界的斑斓色彩。

交易磋商(business negotiation)是指交易双方通过直接洽谈或函电的形式,并通过一定程度就买卖的商品及其交易条件进行协商,最后达成协议的过程。交易磋商通常称为谈判。在国际贸易中,这是一个十分重要的环节。交易磋商的过程就是合同成立的过程,磋商是合同的根据,合同是磋商的结果。交易磋商工作的好坏,直接影响合同的签订及以后的履行,关系到双方的经济利益,必须认真做好这项工作。

交易磋商的内容包括进出口合同所有条款,即合同的标的(货物的品名、品质、数量、包装)、价格与支付条款、交货条件(运输、保险)、预防与解决争议的条款(检验、索赔、不可抗力和仲裁)等,可以分为主要交易条件和一般交易条件。

重要概念 10-1

主要交易条件

主要交易条件(major trade terms and conditions)包括货物的品名、品质、数量、包装、价格、交货和支付条件等内容(七项条件是买卖合同不可缺少的交易条件,双方必须经过磋商并取得一致)。

在实践中,为简化磋商内容,提高磋商的效率,降低磋商成本,往往在进行正式磋商之前,先就一般交易条件与对方达成一致。

重要概念 10-2

一般交易条件

一般交易条件(general terms and conditions)是指交易双方拟订的对每笔交易都适用的一套共性的交易条件,通常包括:①有关预防和处理争议的条件(商品的检验、索赔、不可抗力和仲裁);②有关主要交易条件的补充说明(数量的溢短装条款、品质机动幅度条款等);③个别主要交易条件(支付条款、保险条款等)。

一般交易条件可以印在合同的背面或合同正文的下面,也可单独印制成文,提供给可能的客户使用。一般交易条件的法律效力同其他交易条件一样,也是合同的一个组成部分。

交易磋商的程序可概括为四个环节:询盘、发盘、还盘和接受。其中发盘和接受是必不可少的两个基本环节,是达成交易所必需的法律步骤。

10.1 询盘与发盘

提示:完成本任务,你将认识询盘与发盘工作。

职业行动:经过市场调研,你发现目前国内高档水晶饰品有较大市场机会,同时,经同学介绍奥地利克拉根夫一家水晶饰品贸易公司也有与你进一步洽商的意向。如果经理将这项业务交由你负责,请你与对方进行交易磋商,应该怎样办呢?

交易磋商中,首先会涉及报价,有经验的洽商人员首先会在报价前进行充分的准备,选择适当的价格术语,利用合同里的付款方式、交货期、装运条款、保险条款等要件与对方讨价还价,也可以凭借自己的综合优势,在报价中掌握主动。

这一系列工作将通过交易磋商程序展开,首先进行的是询盘和发盘。询盘可以由买方发出,也可以由卖方发出。业务中怎样询盘?请进行以下操作步骤。

10.1.1 询盘

在业务中,询盘内容有繁有简,可以询问价格,也可询问其他交易条件,只是探寻买或卖的可能性。有的是了解市场信息、有的是确实想成交,意图不一样,询盘的方式也不同。

重要概念 10-3

询　盘

在进出口交易磋商中,询盘(inquiry)是指欲进口或出口某项商品的交易一方向交易的另一方询问该项商品的有关交易条件是什么或怎么样。通俗地讲,就是问对方愿以什么样的条件买进或卖出该项商品。询盘的内容可涉及商品价格、规格、品质、数量、包装、装运及索取样品等,而多数只是询问价格。所以,业务上常把询盘称作询价。

1. 询盘方式

(1) 一般询价。一般询价不一定立即进行具体交易,属于试探虚实的性质,为了解市场行情、对方的心理预期,以便作出对应性的措施。具体操作:请对方寄送样品、产品目录、规格型号图样、说明书、报价单等;探寻某项商品的品质、价格、数量、交货期等。

(2) 具体询价。跟我们日常生活中一些简单交易事项一样,如果你打算购买某件商品,你会详细询问该商品的相关信息。具体询盘就是指一方已经打算购买某项商品,请对方就这一商品报价。报价的内容也相对完整、确切。

2. 询盘函电

询盘函电的书写以简洁、清楚和切题为原则，一般包括说明意欲购买的商品和邀请对方发盘两个部分即可。询盘的书面方式除包括书信、电报、电传、电子邮件等外，还常用一种询价单(inquiry sheet)进行询盘。

(1) 电报、电传询盘函电。电报、电传询盘由于传递速度快，在业务中采用较多，其文字一般从陈述所感兴趣的商品开始，简洁明了、开门见山，通常使用下列术语。

Please advise...	请告……
Please offer...	请发盘……
Please quote...	请报价……
Interested in..., please...	对……感兴趣，请报盘……

例 10-1 Interested in northeast soybean, please telex CIF Hague lowest price.（对东北大豆有兴趣，请电告 CIF 海牙最低价。）

PLEASE QUOTE LOWEST PRICE CIF SINGAPORE FOR 1000 PCS FLYING PIGEON BRAND BICYCLES JUNE SHIPMENT CABLE PROMPTLY.（请报 1000 辆飞鸽牌自行车成本加运保费至新加坡最低价，6 月装运，尽速电告。）

(2) 电子邮件、书信询盘函电。书写电子邮件、书信询盘函电时，除了要说明询问的内容(如各项交易条件，索取商品目录、价格单、样品等)外，一般还带有礼貌性的语言及对交易内容的宣传，以达到吸引对方发盘的目的。

业务中需要注意的是，询盘函的质量往往反映写信人的业务素质和可靠程度的高低，从而影响被询盘人对交易条件的各种考虑。而且，如果询盘信丢三落四，该问的问，问了的又没问清楚，就可能耽误时间，错过商机，影响公司形象，造成无形的损失。

例 10-2 第一次询价函的书写。

Dear Sirs,

We learn from Thomas H. Pannier of New York that you are producing hand-made gloves in a variety of artificial leathers. There is a ready demand here for gloves of high quality at moderate prices.

Will you please send us a copy of your glove catalogue, with details of your prices and terms of payment. We should find it most helpful if you could also supply samples of these gloves.

提示：从纽约的托马斯·H. 彭涅公司处，敬悉贵公司生产各类手工人造皮革手套，本地区对中等价格的高品质手套一向有稳定的需求。

请惠寄贵公司的手套目录一份，详述有关价目与付款条件。希望贵公司顺便惠赐样品。

例 10-3 具体询价函的书写。

Dear Sirs,

We are glad to learn from your letter of March 20 that, as exporters of Korea Silk Piece Goods, you intend to establish direct business connections with us which happens to be our desire.

At present, we are interested in Crepe Georgette and please let us have your latest CIFC 3% Lagos together with your terms of payment and state whether you would be able to effect delivery within one month after receiving our order.

In order to acquaint us with the material and workmanship of your products, we shall be pleased if you could send us your catalogues, sample books and all necessary information on Crape Georgette.

Should your price be found competitive and delivery date is acceptable, we intend to place a substantial order.

Your early reply will be highly appreciated.

Yours faithfully

提示：从你方3月20日来信中欣悉贵公司是韩国绸缎出口商，有意与我公司建立直接的贸易关系，这恰好与我们的愿望一致。

目前我们对乔其纱感兴趣，请给我们最新的成本保险加运费含佣金3%的拉各斯报价及你方的支付条件，并说明你方能否在收到订单后一个月内完成交货。

为使我方对你们的产品和工艺情况有所了解，如能寄给我们有关乔其纱的目录册、样本和一切必要资料，将不胜感激。

倘若你方价格具有竞争力且交货期可接受，我们有意向你方大批量订购。

如蒙早日答复将不胜感激。

(3) 建立业务联系与询盘函合二为一的书写。在现实业务中，也可以把建立业务联系的书信和询盘函写成一份，发给对方，达到既务虚又务实的目的。这类询盘信的内容主要包括下列要点：①说明写信原因；②提出询盘的要求(指出感兴趣的商品，索要目录册等)或暗示交易的重要条件(如询问价格、交货期或支付条件等)；③结束语。

例 10-4 建立业务关系的书信和询盘函合二为一。

Dear Sirs,

On the recommendation of Chaka Chamber of Commerce, we have learned that you are manufacturers of sports wear. Now interested in importing various kinds of sports wear.

If the quality and the price of the goods come up to our expectation and delivery date is acceptable, we intend to let you have our regular orders. With this in mind, we think it would be helpful if you can supply us some illustrated catalogues and your latest price lists.

Your early reply will be highly appreciated.

Yours faithfully

10.1.2 发盘

发出询盘，希望及时得到回复。收到询盘后，如何回复，这是每一位进出口从业人员都应该重视的问题。因为这关系到能不能抓住这个客户、能不能发展这个客户。业务磋商活动中,询盘之后,可以进行发盘(offer),也可以直接发盘。

重要概念 10-4

发　盘

在业务中,发盘是指交易的一方向另一方提出购买或出售某种商品的各项交易条件,并表示愿意按这些条件与对方达成交易、订立合同的行为。发盘也称报价、发价、报盘,法律上称为"要约",可用口头或书面方式表示。由于发盘人的角色不同,发盘可分为两种:一是卖方发盘,或称"售货发盘"(selling offer);二是买方发盘,或称"购货发盘"(buying offer),也称"递盘"。大多数的发盘是由卖方发出的。

1. 构成发盘的条件

根据各国法律规定,构成一项有效的发盘必须具备以下四个条件。

(1) 表明发盘人受发盘约束并愿意订约的意思。发盘人必须表明:其发盘一旦被受盘人接受,就承担与受盘人按发盘条件订立合同的责任。在有效期内,一般不得反悔或更改发盘条件。但如果发盘只是订立合同的建议,如果根本没有"承受约束"的意思,就不能被认为是一项有效发盘。例如,在发盘函电中有"仅供参考""以……确认为准"等语句的,都不是一项发盘,只是邀请对方发盘。

(2) 向一个或一个以上的特定人发出。即发盘必须指定受盘人,可以是一个人也可以是多个人,但必须向具体的公司或个人提出。受盘人不指定,只能视为发盘的邀请。如出口商为了招揽订户而向国外一些客户寄发的商品目录、报价表或刊登的商品广告等,都不是发盘。

(3) 发盘内容必须十分确定。根据《公约》规定,一项订约建议只要列明三大要素:货物品名、质量或数量、价格三项条件,即被认为其内容"十分确定",而构成一项有效发盘。需要注意的是,关于构成一项发盘究竟应该包括哪些内容,各国法律解释不尽一致。我国的实际业务中,为了避免发生争议,在对外发盘时,应明示或暗示至少七项主要交易条件,即货物的品名、品质、数量、包装、价格、交货时间和支付条件。

例 10-5　德国出口商向我国某进口商报货号 11106 商品 1000 打,每打 CIF 上海 15 美元,每 6 打一纸箱,10/11 月装船,限 9 月 1 日复到。问:德国出口商的发盘是不是一项有效的发盘?

提示:根据《公约》规定,德国出口商的发盘是一项有效的发盘。因为它符合发盘的内容必须十分确定的构成条件,它含有明确的商品名称、数量、价格和交货期限等。

(4) 将发盘传达到受盘人。发盘只有到达受盘人时才生效。大多数国家的法律和《公约》都是这样规定的。因为发盘是一种意思的表示,受盘人只有收到发盘后才能决定是否予以接受。发盘在传递过程中遗失,或受盘人通过其他途径了解到发盘内容,在未收到发盘的情况下,主动作出接受的表示,合同是不成立的。这种情况只能看作是双方的交叉发盘。

2. 发盘的有效期

在通常情况下，发盘都具体规定一个有效期，作为对方表示接受的时间限制，超过发盘规定的时限，发盘人即不受约束。不明确规定有效期的发盘，可以理解为在“合理时间”内有效。但是，关于“合理时间”，国际上并无统一规定，所以容易引起纠纷。采用函电成交时，发盘人一般都明确规定发盘的有效期，其规定有以下几种做法。

(1) 规定最迟接受的期限。例如，“Offer subject reply fifteenth our time”(发盘限15日复到，我方时间为准)。

(2) 规定一段接受的期限。例如，“Offer valid five days”(发盘5天有效)。规定一段接受的期限，必须明确“一段时间”的起止问题。如发盘函电通过信函寄出，以邮局收寄时间起算。

3. 发盘的生效、撤回与撤销

(1) 发盘的生效。公约规定发盘在“到达受盘人时生效”。公约的这一规定，对发盘人来讲具有非常重要的意义。这种意义主要表现在发盘的撤回和撤销上。

(2) 发盘的撤回。撤回发盘是指发盘人在发盘送达受盘人之前将其撤回，以阻止其生效。根据《公约》的规定，一项发盘(包括注明不可撤销的发盘)，只要在其尚未生效以前，都是可以修改或撤回的。因此，如果出现了以下情况：发盘内容有错误，市场汇率出现较大变动，市场情况出现较大起伏等，发盘人可以用更迅速的通信方式，将发盘的撤回或更改通知赶在受盘人收到该发盘之前或同时送达受盘人，则发盘即可撤回或修改。

(3) 发盘的撤销。撤销发盘是指发盘已送达受盘人，即发盘生效之后将其取消，解除其效力的行为。《公约》第十六条规定，在发盘已送达受盘人，即发盘已经生效，但受盘人尚未表示接受的这一段时间内，只要发盘人及时将撤销通知送达受盘人，仍可将其发盘撤销，而一旦受盘人发出接受通知，则发盘人无权撤销该发盘。

此外，《公约》还规定，并不是所有的发盘都可撤销。下列两种情况下的发盘，一旦生效，不得撤销：①在发盘中规定了有效期，或以其他方式表示该发盘是不可能撤销的；②受盘人有理由信赖该发盘是不可撤销的，并本着对该发盘的信赖采取了行动。

实务借鉴 10-1

这个发盘能撤销吗

买方发盘要求卖方凭其提供的规格、颜色生产供应圣诞礼品，除列明品质、数量、价格、付款、交货期等必要条件外，规定有效期1个月，以便卖方能有足够时间决定是否能按所提条件供货。卖方收到发盘后，立即组织设计，进行生产设备添置的成本核算。两周后，突然接到买方通知，由于资金原因，决定不再订购该项礼品，并撤销发盘。此时，卖方已因设计、探询生产设备、核算成本等付出了大量费用。接到买方撤盘通知后，卖方被迫停止尚未完成的设计与成本核算等工作。你认为该怎样处理此事？

【评析】 根据《公约》规定，订立合同之前，如果撤销通知于受盘人发出接受通知之前送达受盘人，发盘可以撤销。但下列情况下，发盘不得撤销：发盘写明接受发盘的期限或以其他方式表示发盘是不可撤销的；或被发盘人有理由信赖该项发盘是不可撤销的，而且被发盘人已本着对该项发盘的信赖行事。据此，买方的发盘不能任意撤销，因为它是一项有效的发盘，规定了1个月的有效期限，卖方有理由信赖买方发出的是一项不可撤销的发盘，且已按此发盘行事。卖方如认为按买方发盘达成交易有利可图，可以拒绝买方撤销发盘，并在限期内表示接受订立合同；如买方坚持撤销发盘，卖方则可以按实际支出的费用加上预期可获利润，向买方提出损害赔偿要求。

4. 发盘的终止

对于发盘在什么情况下失去效力的问题，《公约》第十七条规定，一项发盘，即使是不可撤销的，于拒绝通知送达时终止。这就是说，当受盘人认为自己不能接受发盘中提出的条件，并已将拒绝通知送到发盘人手中时，原发盘即失去效力，发盘人也就不再受其约束。例如，受盘人在答复发盘人的电报中写道："贵方价格太高，歉难接受。"这就是明确的拒绝。如果受盘人拒绝后又反悔，重新表示接受，除非发盘人表示同意，否则合同不能成立。

在国际贸易惯例中，以下情形也会造成发盘失效：①过期。在发盘规定的有效期内，未接到受盘人的表示，因有效期已过而失效。②拒绝。受盘人表示对发盘不接受，不管有效期是否已过，该发盘均失效。③撤回。原发盘在合法的情况下被撤回，该发盘失效。④法律实施。原发盘因某种原因，根据法律的实施失效。发盘人死亡或由于政府当局突然实行进出口管制，宣布该商品禁止进出口，发盘失效。

5. 发盘函电

出口商可以直接向客户发盘，也可以在收到客户的询盘后发盘，前者要考虑发盘的准确性和吸引力，后者要注重针对性。但无论如何，其内容必须明确无误，无含混之词，其语气则需诚恳、委婉，并且有说服力，以赢得客户信任，最终取得订单。一般而言，发盘函应表述清楚以下意思：对客户的询盘表示感谢，可顺便再介绍一下产品的优点；明确答复对方在来信中所询问的事项，准确阐明各项交易条件（品名规格、价格、数量、包装、付款方式、装运、保险等），以供对方考虑；声明此项发盘的有效期及其他约束条件和事项；鼓励对方尽早订货，并保证供货满意。

发盘函除了内容"十分确定"外，由于发盘具有法律约束力，所以要求在写发盘函之前，一定要对所列事宜进行细致核对，以免出错，给公司和自己带来不必要的损失。

例 10-6 进口商发盘函。

Gentlemen,

We have received your sample with thanks. If you can accept our price ＄18.00 per dozen CIF Dalian, please send us your Performa invoice and we shall be ready to place an order for 1 000 dozen of fancy shell buttons with you.

There is no question about our getting the necessary import licence from our authorities. After the said license is approved, we shall establish an irrevocable letter of credit in your favor.

We hope that this will be the first of many order we will be placing with you.

先生：

收到你方样品，谢谢。如果你方能接受每打18美元CIF大连，请寄给我方形式发票，我们准备向你方订购花式贝壳纽扣1000打。

我们从当局获取必要的进口许可证是毫无问题的。所说的许可证一经批准，我们即开立以你方为受益人的不可撤销信用证，我们希望这一订单将是以后一系列订单的第一笔。

课堂测评

测评要素	表现要求	已达要求	未达要求
知识点	能掌握询盘与发盘的含义		
技能点	能初步询盘与发盘的内容与规则		
任务内容整体认识程度	能概述询盘与发盘的意义		
与职业实践相联系的程度	能描述询盘与发盘的作用		
其他	能描述与其他课程、职业活动等的联系		

10.2 还盘与接受

提示：完成本任务，你将认识还盘与接受工作。

职业行动：当你在收到一项发盘后，经过比价与价格核算，发现对其中的某些内容不能完全同意，于是，针对发盘提出不同的要求。这种口头或书面的要求一经提出，原来的发盘即刻失效，磋商要在还盘的基础上重新开始。如果完全同意，则进入接受环节。请进入进出口磋商还盘与接受的操作中。

经过比价与价格核算之后，我们对国外贸易伙伴的答复有两种可能：一是毫无保留地接受；二是虽然表示接受，但有添加、限制或其他更改的答复，即构成还盘。

还盘是交易双方在互利互惠的基础上，经过反复磋商，达成交易的一个环节。有时一笔交易的达成要经过多次还盘和反还盘的过程。

10.2.1 还盘

受盘人在接到发盘后，经过比价与价格核算，不能完全同意发盘的内容，为了进一步磋商交易，对发盘提出了修改意见。这就类似我们通常所说的“还价”。

重要概念 10-5

还　　盘

还盘(counter offer)是受盘人对发盘中的交易条件不完全同意而提出修改或变更的

表示。在法律上叫反要约。还盘实际上是受盘人以发盘人的地位发出的一个新盘，原发盘人成为新盘的受盘人。

1. 还盘的性质

还盘在法律性质上与要约相同，对发出还盘方也具有约束力，即一旦对方表示接受，则负有与对方成立合同的义务。

一笔交易可以不经过还盘而达成，也就是说如果同意对方发盘条件，不经过还盘程序，直接就可以接受，订立合同。所以，和询盘一样，还盘是进出口贸易磋商过程中一个可以省略的环节。有的交易虽经多次还盘，最终可能也未达成交易。

还盘是对原发盘的拒绝，一项还盘等于是受盘人向原发盘人作出的一项新的发盘。在进口业务中，一经还盘，原发盘即失去效力，发盘人不再受其约束；即使在发盘的有效期内，对发盘人也不再具有法律的约束力。《公约》第十九条第一款规定："对发盘表示接受但载有添加、限制或其他更改的答复，即为拒绝该项发盘并构成还盘。"

2. 还盘函电

(1) 用词谨慎准确，表达清楚明白。还盘函电的拟订要以全面的分析和正确的判断为基础，据理力争，做到思路清晰且说服力强。

(2) 确认报盘已经收到并致谢意。通常，要在信函的开始就告知对方报盘收悉，并对对方来函致以礼节性的谢意，特别要注明所收报盘的日期或涉及的内容，以使对方对来函的基本内容或目的一目了然。

(3) 表明对发盘的态度。在还盘函电中，首先要清楚地说明对该发盘的态度，即在哪些条件上不能接受，希望对方作出修改。对双方已经同意的条件，则无须在还盘中再重复列出。其次，要向对方陈述要求其变更交易条件的理由，最大限度地说服对方作出让步，接受还盘的条件。

(4) 提出自己的条件。在对发盘中的某一或某些交易条件表示不能接受以后，一方会提出希望对方作出让步的要求，通常还要列出自己认为合适的条件，从而构成一项新发盘。最后，进口商有必要进一步表达对达成交易的渴望，以激励对方接受己方的条件，签订合同。

例 10-7 还盘函书写。

Dear Sirs,

Thank you for your letter about the offer for bicycles. Although we appreciate the quality of your bicycles, the price is too high to be acceptable. According to the Sales Confirmation No. 055SP-865, you will find that we ordered 1 500 bicycles with same brand as per the terms and conditions stipulated in that Sales Confirmation, but the price was 10% lower than your present price. Since we placed the last order, price for raw materials has been decreased considerable. Retailing price for your bicycles here has also been reduced by 5%. Accepting your present price will mean great loss to us, let alone profit. We would like to place repeat orders with you if you could reduce your price at least by 15%. Otherwise, we have to shift to the other suppliers for our similar request.

We hope you take our suggestion into serious consideration and give us your reply as soon as possible.

Yours truly

先生：

谢谢你们对自行车报价的来信。

我们虽然赞赏你们自行车的质量，但价格太高不能接受。请参阅055SP-865号销售确认书，按此销售书我方订购了相同品牌的自行车1500辆，但价格比你方现报价格低10%。自从上次订购以来，原材料价格下降很多，你们这里自行车的零售价也下跌了5%。接受你方现时的报价意味着我们将有巨大亏损，更不用谈利润了。但是，如果你们至少降价15%，我们仍愿意向你方续订。否则，我们只能转向其他供应者提出类似需求。

我们希望你们认真考虑我方建议，并及早答复。

10.2.2 接受

接受(Acceptance)的实质是对发盘(或还盘)表示同意。这种同意，通常应以某种方式向发盘人(或还盘人)表示出来。它与发盘一样，接受一经作出，也就承担了与对方订立合同的法律责任。在进口业务中，交易双方进行反复磋商就是为了能够最终取得一致，达成合同。因此，接受是交易磋商和合同订立的必需环节。

重要概念 10-6

接　受

在进口交易磋商中，一方认为国外来盘或还盘后的各项交易条件较为合理，就可及时向对方表示接受。接受在法律上称为承诺，它是指受盘人在发盘规定的时限内，以声明或行为表示同意发盘(或还盘)提出的各项条件。

1. 构成接受的条件

对发盘(或还盘)的接受应是无条件的，有条件的接受相当于还盘。一方的发盘(或还盘)经另一方接受，双方的合同关系即告成立。根据《公约》规定，一项有效的接受应该这样来操作。

(1) 由特定的受盘人作出接受。发盘是向特定人提出的，因此，只有特定的受盘人才能对发盘作出接受。由第三者所作出的接受是无效的接受，不具有法律效力，只能作为一项新的发盘，必须由原发盘人予以确认，合同才能成立。

(2) 接受必须表示出来。接受必须由受盘人以一定的方式表示出来。即接受可以采取口头或书面的声明表示出来，也可以用行为表示出来。

(3) 在发盘有效期内将接受送达发盘人。《公约》明确规定，接受送达发盘人时生效。发盘中通常都会载明有效期，受盘人必须在发盘规定的有效期内(若发盘未规定具体有效期，则在“合理时间”内)作出接受的表示并送达发盘人，这样才具有法律效力。

(4) 接受的内容必须与发盘完全相符。接受内容应当与发盘内容完全相符，不提出任何更改、添加或限制的意见，也无任何保留条件，否则该项接受无法律效力，只能构成一项还盘。但是，《公约》对载有添加、限制或变更发盘条件的接受，又有实质性和非实质性变更之分。如对发盘中商品价格、质量、数量、支付条件、交货地点和时间、赔偿责任范围及争端解决办法的更改，均视为对原发盘的实质性变更，此类接受均无法律效力；如果增加或变更的条件不属于上述内容的变更之列，则视为非实质性变更，不影响接受的法律效力，除非发盘人毫不迟延地以口头或书面方式表示反对。例如，发盘中写明“用完好麻袋包装”，受盘人表示接受，但要求“用新麻袋包装”，这属于非实质性变更发盘的条件，接受有效，除非原发盘人及时表示反对，否则合同成立。

实务借鉴 10-2

这份合同成立吗

我国A公司于2017年6月15日收到美国B公司发盘：“现有纯棉女式半袖T恤衫15 000件，每件FOB纽约11.8美元，不可撤销信用证支付，11月前可供货。”6月20日，我国A公司回电：“接受你方报盘。交货期提前至9月底。”问：双方的合同是否成立？为什么？

【评析】 双方的合同不成立。因为我国A公司的接受中对交货时间进行了修改，构成了实质性变更，所以该接受实际是一项还盘，合同不成立。我方可与美国B公司进行进一步磋商。

在接受时如果对发盘的内容作了变更，则只有在符合以下两项条件时，该项接受才被认为有效，合同才能成立：接受中对发盘所做的变更并非实质性的变更；发盘人对此项非实质性的变更没有及时提出任何异议。

实务借鉴 10-3

用行动表示接受

德国某机械制造公司2017年10月10日向我国河北某进出口公司发盘：“双立牌机床90台，每台10 000美元CIF天津，即期信用证支付，12月装运，限20日复到我方为有效。”我国进出口公司没有用口头或书面表示接受，但在11月15日根据发盘内容开立了以德国这家公司为受益人的信用证，这时德国公司发现发盘有误，11月21日以未收到我国进出口公司接受通知，合同无法成立为理由退回信用证。想一想，德国公司的做法对吗？我国公司应如何处理？

【评析】 德国公司的做法是不对的。在国际贸易中，交易双方一方发盘，另一方表示接受，合同关系即告成立。按照国际贸易惯例，接受可以用声明的形式表示，也可以用某种行动表示。如采用与发运货物或支付价款有关的行为来表示同意，则无须向发盘人发出通知，接受于该项行为作出时生效，但该项行为必须在发盘的有效期内作出。我国进出口公司在11月15日开立以德国公司为受益人的信用证的行为应视为一项有效的接受，所以，德国公司的做法是不对的。

我国进出口公司应出示相关证据，要求德国公司接受信用证，履行合同。如果德国公司不履行合同，我国进出口公司在催告无效的情况下，可以以撤销合同和提出索赔的手段来保护自己的合法权益。

2. 接受的生效

接受是一种法律行为，这种行为何时生效，各国法律有不同的规定。对于书面形式的发盘，《公约》采纳的是"到达生效"的原则，在第十八条中明确规定"接受发盘于表示同意的通知送达发盘人时生效"。如果双方以口头方式进行磋商，受盘人如果同意对方的口头发盘，应马上表示同意，接受也随即生效。但如果发盘人有相反的规定，或双方另有约定则不在此限。此外，对于以行为表示接受，《公约》规定，接受于该项行为作出时生效，但该项行为必须在规定的期限内作出。也有的国家坚持书面声明生效，有的甚至坚持书面合同签字时生效。

课堂讨论：为什么说发盘和接受是每笔交易必不可少的两个环节？

3. 逾期接受

接受通知到达发盘人的时间已过了发盘规定的有效期，或者发盘没有规定时限，已超过了合理时间，则该项接受称逾期接受(late acceptance)。逾期接受又称迟到的接受，按各国法律规定，逾期接受不是有效的接受。

《公约》规定，只要发盘人毫不迟延地用口头或书面方式通知受盘人，认为该项逾期的接受可以有效，愿意承受逾期接受的约束，合同仍可于接受通知送达发盘人时成立。如果发盘人对逾期的接受表示拒绝或不立即向发盘人发出上述通知，则该项逾期的接受无效，合同不能成立。

例 10-8 我外贸公司与一外商洽谈一笔进口交易。外方5月10日的电报发盘中规定，5月15日复到有效。我方于5月17日才向外方发出"接受"复电，请问外方可以如何处理？

提示：如果外方有意与我方签订合同，可以毫不迟疑地向我方作出确认，这样，这项逾期接受依然具有法律效力，双方依然可以达成协议。如果外方已无意与我方合作，可以置之不理，则该接受因逾期而不具有法律效力，不能达成协议。

4. 接受的撤回或修改

《公约》第二十二条规定："如果撤回通知于接受原发盘应生效之前或同时送达发盘人，接受可以撤回。"由于接受在送达发盘人时才产生法律效力，所以，撤回或修改接受的通知，只要先于原接受通知或与原接受通知同时送达发盘人，则接受可以撤回或修改。如接受已送达发盘人，则接受生效，合同即告成立，就不得撤回接受或修改其内容，因为这样做无异于撤销或修改合同。

课堂讨论：接受能够撤销吗？为什么？

5. 接受函电

接受常用的表述是："接受(accept)""同意(agree)""确认(confirm)"等。在实际业务中，通常的做法是受盘人以较简单的语句表示接受，而不一一重复列出双方协商一致的有关交易条件。但是，金额较大或磋商环节较多的交易，受盘人在表示接受时一般要将最后商定的各项交易条件复述一遍，以避免产生差错与误解。

接受可以简单地表示，如"接受你方××月××日的实盘"；也可以较详细地表示。较详细地表示接受的函电内容主要有以下几点：说明写信原因，感谢对方所作的让步或其他；明确表示确认交易的达成；附合同或销售确认书请对方会签；激励性结束语。

例 10-9 书写接受信函。

Dear Sirs,

We appreciate your immediate response dated June 25 to our request for a 10% reduction in price and through your full cooperation we have been able to confirm the following order with you at your revised price:

"Sixty metric tons of Bitter Apricot Kernels at $2160.00 Per metric ton FOB Dalian for shipment in August."

Enclosed please find our Purchase Confirmation No. 201310569 in duplicate. Please sign and return one copy for our records as soon as possible.

We are arranging for the establishments of the relative letter of credit with the Bank of China, Sweden, and shall let you know by fax as soon as it is opened.

As we are in urgent need of the goods, we find it necessary to stress the importance of making punctual shipment within the validity of the L/C, any delay in shipment would be harmful to our future business.

Yours faithfully

先生：

感谢你方6月25日来信对我要求降价10%的迅速答复，由于你的大力合作，我们现确认按你方修改的价格与你达成交易如下：

60公吨苦杏仁，每公吨2160美元FOB大连，装运期为8月份。随函附上我方第201310569号购货确认书一式两份，请查收。请尽快签名并退回一份以供我方存档。

我们正安排由瑞典的中国银行开立相关的信用证，一经开出即传真通知你方。

由于我们急需此货，我们认为有必要重申在信用证有效期内按时装运的重要性，装运方面的任何延误都将给我们以后的交易带来损失。

课堂测评

测评要素	表现要求	已达要求	未达要求
知识点	能掌握还盘与接受的含义		

续表

测 评 要 素	表 现 要 求	已达要求	未达要求
技能点	能初步认识还盘与接受的内容		
任务内容整体认识程度	能概述还盘与接受的地位		
与职业实践相联系的程度	能描述还盘与接受的作用		
其他	能描述与其他课程、职业活动等的联系		

10.3 签订进出口贸易合同

提示：完成本任务，你将认识进出口贸易合同的内容。

职业行动：当你在收到一项发盘后，经过比价与价格核算，发现对其中的某些内容不能完全同意，于是，针对发盘提出不同的要求。这种口头或书面的要求一经提出，原来的发盘即刻失效，磋商要在还盘的基础上重新开始。如果完全同意，则进入接受环节。

10.3.1 合同的成立

发盘经过对方有效接受，合同即告成立。但是合同是否具有法律效力，还要看其是否具备一定的条件，不具法律效力的合同是不受法律保护的。因此，合同有效成立所具备的条件是业务人员必须了解和掌握的。

1. 构成有效合同的条件

一份合法有效的合同必须具备以下条件。

(1) 当事人必须在自愿和真实的基础上达成协议。买卖合同必须是双方自愿的，任何一方都不得把自己的意志强加给对方，不得采取欺诈或胁迫的手段。《中华人民共和国合同法》第四章规定：“当事人依法享有自愿订立合同的权利，任何单位和个人不得非法干预。”第五十四条第二款规定：“一方以欺诈、胁迫的手段或者乘人之危，使对方在违背真实意思的情况下订立的合同，受损害方有权请求人民法院或者仲裁机构变更或者撤销。”

(2) 当事人应具有相应的行为能力。双方当事人应属于法律规定的完全民事行为能力人。一般的要求是：作为自然人，应当是成年人，神智正常者，且应有固定的住所。作为法人，应当是已经依法注册成立的合法组织，有关业务应当属于其法定经营范围之内，负责交易洽商与签约者应当是法人的法定代表人或其授权人。

(3) 合同的标的和内容都必须合法。合同的标的是交易双方买卖行为的客体，也就是说，双方买卖的商品必须符合双方国家法律的规定，这个合同才是有效的。

课堂讨论：为什么合同的标的必须是合法的？

(4) 合同必须是互为有偿的，即有对价和约因。国际货物买卖合同是双务合同，是钱货互换的交易,一方提供货物,另一方支付钱款。如果一方不按规定交货,或另一方不按合同规定支付钱款,都要承担赔偿对方损失的责任。

(5) 合同的形式必须符合法律规定的要求。《公约》对国际货物买卖合同的形式,原则上不加以限制。无论采用书面方式还是口头方式,均不影响合同的效力。我国作为《公约》的缔约国,在加入《公约》时曾就合同形式问题提出保留,这意味着我国进出口贸易合同必须采用书面形式。

2. 签订书面合同的意义

买卖双方经过磋商,一方的发盘被另一方有效接受,交易达成,合同即告成立。但在实际业务中,按照一般的习惯做法,买卖双方达成协议后,还要签署书面合同将双方的权利义务加以明确。

(1) 签订书面合同是合同成立的证据。这对以口头协商达成的交易尤其重要。按照法律的要求,凡是合同必须提供其成立的证据,以说明合同关系的存在,且双方当事人一旦发生争议,提交仲裁或诉讼,如果是口头协议,"空口无凭",不能提供充足证据,则很难得到法律的保护。因此,进出口贸易中一般要求签订书面合同,尽管有些国家的合同法并不否认口头合同的效力。

(2) 签订书面合同是履行合同的依据。国际货物买卖合同的履行涉及面广,环节复杂,若仅有口头协议,将会使履行合同变得十分困难。即便是通过函电达成的协议,如不将分散于函电中的协议条款集中到一份文件上,也会给履行合同带来麻烦。因此,在实际业务中,双方一般都要求将各自的权利与义务用文字规定下来,作为履行合同的依据。

(3) 签订书面合同是合同生效的条件。一般情况下,合同的生效是以接受的生效为条件的,但有些国家的法律则规定,书面合同才是合同生效的条件。

3. 合同的修改和终止

合同一经订立,就成为具有法律效力的文件,对双方都有约束力。我国《合同法》第八条规定:"依法成立的合同,对当事人具有法律约束力。当事人应当按照约定履行自己的义务,不得擅自变更或者解除合同。"

但在实际业务中,合同签订之后,有时一方或双方当事人发现需要对合同的某些内容加以修改或补充,在此情况下,必须经过双方协商同意,才能对合同进行修改。

实务借鉴 10-4

合同成立吗

我 A 公司于 2017 年 7 月 16 日收到法国巴黎 B 公司发盘:"铁 500 公吨,每吨 545 美元 CFR 中国口岸,8 月份装运,即期信用证支付,限 20 日复到有效。"我方于 17 日复电:"若单价为 500 美元 CFR 中国口岸可接受 500 公吨铁,履约中如有争议在中国仲裁。"法国 B 公司复电:"市场坚挺,价格不能减,仲裁条件可接受,速复。"此时马口铁价格确实趋涨。我方于19日复电:“接受你16日发盘,信用证已由中国银行开立,请确认。”但法商未确认并退回信用证,试问:合同是否成立?

【评析】 合同不能成立。理由是:B公司16日发盘经A公司17日还盘已失效。

10.3.2 合同的形式

根据我国法律规定,对外贸易合同必须采用书面形式。书面合同既可以是有一定格式的文件,也可以以信件、电报、电传文件作为书面合同的形式。

常见书面形式有正式合同(contract)、确认书(confirmation)、协议书(agreement)、备忘录(memorandum)、订单(order)、委托订购单(indent)等。目前,我国主要使用正式合同和确认书两种,它们分别适应不同的需要而被采用。

1. 正式合同

在签订正式合同时,不仅要对商品的质量、数量、包装、价格、保险、运输及支付加以明确规定,而且对检验条款、不可抗力条款、仲裁条款都详尽列明,明确地划分双方的权利和义务。根据合同起草人的不同,可分为售货合同(sales contract)和购货合同(purchase contract)。我国很多外贸企业会以固定格式印刷(有的制成表格),成交后,由业务员按双方谈定的交易条件逐项填写并经有权人签字,然后寄交对方审核签字。正式合同一般用于大宗、贵重商品或成交金额较大、交易条件较为复杂的贸易活动。使用的文字为第三人称语气。

2. 确认书

确认书也称为简式合同。一般而言,确认书只规定一些主要条款,诸如质量、数量、包装、价格、支付等,而对检验、不可抗力、仲裁条款加以省略。确认书使用的文字为第一人称语气。这种确认书一般用于一些成交金额不大、批次较多的轻工日用品、小土特产品,或已有包销、代理等长期协议的交易。根据起草人的不同,可分为售货确认书(sales confirmation)和购货确认书(purchase confirmation)。

10.3.3 合同的内容

书面合同的内容一般由约首、正文、约尾三部分组成。

1. 约首

约首(head)是指合同的序言部分,其中包括合同的名称、编号、签约日期、地点、签约双方当事人的名称和地址(要求写明全称)。此外,在合同序言部分常常写明双方订合同的意愿和执行合同的保证。

(1) 合同名称。合同名称说明合同的形式,一般位于合同的首行正中位置,如合同

(contract)或确认书(confirmation)。

(2) 合同编号。我国许多外贸公司内部自行规定了合同的编号规则,主要是为了方便管理与查找。如由公司名称字母加上年份,再加业务类型等一连串数字组成。

(3) 签约日期。合同签约日期就是合同的生效时间,同时,这一时间也影响争议解决适用的法律。

(4) 签约地点。签约地点即指合同成立的地点,也就是完成合同订立程序的地点。这一地点关系到案件的管辖,在合同中非常重要。

(5) 签约双方当事人的名称和地址。这部分内容要求写全称,如公司全称、地址和联系方式。

2. 正文

正文(body)是合同的主体部分,具体规定了买卖双方各自的权利和义务,一般通称为合同条款。如品名条款、品质条款、数量条款、价格条款、包装条款、装运条款、支付条款及商检、索赔、仲裁和不可抗力条款等。

3. 约尾

约尾(tail)是合同的结尾部分,一般列明合同的法律适用、合同份数、使用的文字及其效力、双方签字与生效时间等内容。

(1) 法律适用。由于合同当事人往往分处不同国家或地区,合同中应明确规定适用哪一国的法律,或适用哪种国际贸易条约或惯例。

(2) 合同份数。一般指合同正本的份数。通常情况下是一式两份,双方各执一份。涉及需要审批或内部管理的,可以订立多份正本。

(3) 使用的文字及效力。国际贸易合同一般有多种文字起草,为了避免对不同文字理解出现歧义,应明确规定最终解释以哪种文字为准。

(4) 双方签字与生效时间。当事人双方通常由法人或授权代表签字,加盖双方法人单位公章或合同专用章后,合同即告生效。

课堂测评

测评要素	表现要求	已达要求	未达要求
知识点	能掌握外贸合同的含义		
技能点	能初步认识外贸合同的内容		
任务内容整体认识程度	能概述订立合同的意义		
与职业实践相联系的程度	能描述订立合同的实践意义		
其他	能描述与其他课程、职业活动等的联系		

任务10小结

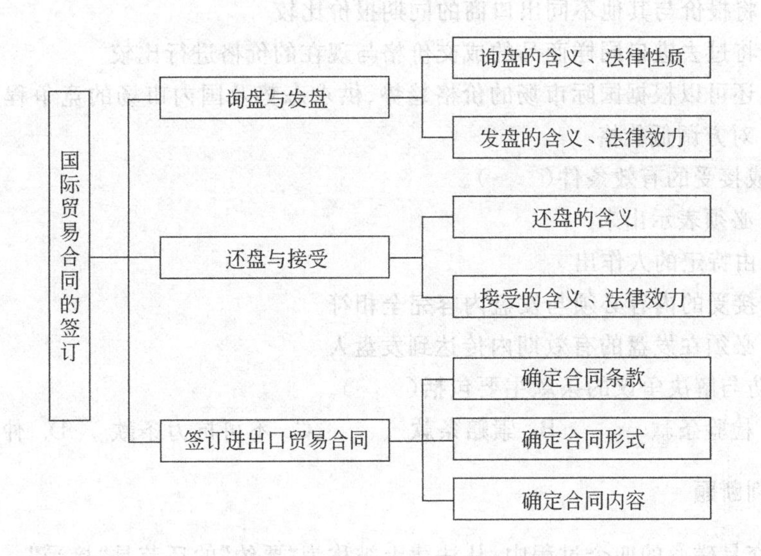

教学做一体化训练

一、重点概念

主要交易条件　一般交易条件　询盘　发盘　还盘　接受

二、课后演练

(一) 选择题

1. 交易磋商过程中,可以省略的环节有(　　)。
   A. 询盘　　B. 发盘　　C. 还盘　　D. 接受
2. 在交易磋商中,有条件的接受是(　　)。
   A. 还盘的一种形式　　B. 接受的一种形式
   C. 发盘的一种形式　　D. 发盘的邀请
3. 邀请发盘可有不同形式,其中最常见的是(　　)。
   A. 报盘　　B. 递盘　　C. 询盘　　D. 发盘
4. 根据《公约》规定,合同成立的时间是(　　)。
   A. 接受生效的时间　　B. 交易双方签订书面合同的时间
   C. 合同获得国家批准时　　D. 当发盘送达受盘人时
5. 在解决国际货物买卖合同产生的纠纷时,采用哪国的法律标准,起决定作用的是(　　)。
   A. 买方　　B. 卖方

C. 合同双方当事人　　　　　　　　　　D. 合同的订约地点

6. 一个成功的还盘应该是(　　)。

A. 既能够维护自身利益,又能使对方接受

B. 将报价与其他不同出口商的同期报价比较

C. 将过去进口同样商品的成交价格与现在的价格进行比较

D. 还可以根据国际市场的价格趋势、供求态势及国内市场的竞争程度等来说服对方调低价格

7. 构成接受的有效条件(　　)。

A. 必须表示出来

B. 由特定的人作出

C. 接受的内容必须与发盘内容完全相符

D. 必须在发盘的有效期内传达到发盘人

8. 预防与解决争议的条款主要包括(　　)。

A. 检验条款　　B. 索赔条款　　C. 不可抗力条款　　D. 仲裁条款

(二)判断题

1. 在交易磋商的四个过程中,从法律上被称为“要约”的环节是“接受”。　　(　　)

2. 由买方发出的发盘一般被称为递盘。　　(　　)

3. 询盘是交易磋商中一个必不可少的环节。　　(　　)

4. 由于各种原因,导致受盘人的接受通知有时迟于发盘人规定的有效期送达,这在法律上称为无效的接受。　　(　　)

5. 发盘生效于发盘方发出发盘时。　　(　　)

6. 一般询价不一定立即进行具体交易,属于试探虚实的性质,为了了解市场行情和对方的心理预期,以便作出对应性的措施。　　(　　)

7. 发盘人可以用更迅速的通信方式,将发盘的撤回或更改通知赶在受盘人收到该发盘之前或同时送达受盘人,则发盘即可撤回或修改。　　(　　)

(三)简答题

1. 交易磋商的程序主要包括哪些方面?

2. 构成发盘有效的条件有哪些?

3. 构成接受的条件有哪些?

4. 什么是迟到的接受?

5. 接受为什么不能撤销?

6. 合同有效成立的条件有哪些?

(四)案例分析

1. 我某外贸企业向国外采购某商品,不久接到外商3月20日的发盘,有效期至3月26日,我方于3月22日电复:“如能把单价降低5美元,我方可以接受。”对方没有反应。

后因用货部门要货心切，又鉴于该商品行情看涨，我方随即于 3 月 26 日又去电表示同意对方 3 月 20 日发盘所提各项条件。试分析此项交易能否达成？

2. A 在 2 月 17 日上午用航空信寄出一份实盘给 B，A 在发盘通知中注有"不可撤销"的字样，规定受盘人 B 在 2 月 25 日前答复有效；但 A 又于 2 月 17 日下午用电报发出撤盘通知，该通知于 2 月 18 日上午送达 B 处：B 于 2 月 19 日才收到 A 空邮寄来的实盘．由于 B 考虑到发盘的价格对他十分有利，于是立即用电报发出接受通知，事后双方对合同是否成立问题发生纠纷，问 A 与 B 之间的合同能否成立？

3. 中国某出口公司 A 出售一批农产品于 7 月 17 日向荷兰某公司 B 发出实盘如下："报××产品 300 公吨，即期装船，不可撤销即期信用证付款，每公吨 USD 900 CIF 鹿特丹，7 月 25 日前电复有效。"受盘人 B 于 7 月 22 日复电如下："你 7 月 17 日发盘，我方接受该产品 300 公吨，即期装船。不可撤销即期信用证付款，每公吨 USD 900 CIF 鹿特丹，除通常的装运单据以外，要求提供产地证、植物检疫证明书，适合海洋运输的良好包装。"发盘人 A 于 7 月 25 日复电如下："你 22 日电收悉，十分抱歉，出于世界市场价格变化，收到你接受电报以前，我方货物已另行出售。"双方对于合同是否成立发生激烈的争论，问该项合同能否有效成立？从中可吸取哪些教训？

同步实训

杭州得佳丽时装有限公司

HANG ZHOU DEJIALI FASHION CO.，LTD.

合同

CONTRACT

TEL：0086-571-65432188　　Contract No.：GHC-J0130926

FAX：0086-571-65432199　　Date：2013.9.20

杭州得佳丽时装有限公司（买方）同意按照下列条款从 CHUNQI CO.，LTD.（JAPAN）（卖方）订购以下商品，经双方磋商达成如下协议。

HANG ZHOU DEJIALI FASHION CO.，LTD.（Buyers）have today agreed to buy and CHUNQI CO.，LTD.（JAPAN）（Sellers）have agreed to sell under mentioned goods subject to terms as stipulate hereunder.

(1) 货物名称及规格 Description and Specification	(2) 数量 Quantity	(3) 单价 Unit Price	金额 Amount
面料名称：70%涤、30%棉色织面料 面料规格：30/2×30/2 68×54 面料门幅：58/59 色号：16　面料号：9810	8920M	USD 3.00/M CIF Yokhama	USD 26 760.00
(4) 合计 Total	8920M	USD 26760.00	

(5) 装运期：2013 年 10 月。

Time of Shipment：OCT. 2013.

(6) 装运口岸至目的地由　横滨　至　上海　　不许分批与转船。

Loading port & Destination form Yokohama to ShangHai with transsshipment and partial prohibited.

(7) 保险：由卖方按发票总额的 110%投保。

Insurance：To be affected by the Sellers at 110% of total invoice value covering.

(8) 付款条件：买方必须于 2013 年 9 月 30 日之前开来即期信用证给卖方，信用证必须具有在装运完成后直到第 15 天仍有在日本议付的有效期。

Terms of Payment：By Letter of credit to be available by sight draft to reach the sellers before 30/9/2013. And to remain valid for negotiation in China until the 15th day after the date of shipment.

(9) 包装：塑料包装、外套纸箱。

Packing：By Plastics in Carton.

(10) 数量及总值均有 5%的增减，由卖方决定。

With 5% more or less both in amount and quantity allowed at the sellers' option.

备注：本合同其他条款请看背面。Other clauses of this Contract are overleaf.

买方　THE BUYERS(签章)　　　　卖方　THE SELLERS(签章)

HANG ZHOU DEJIALI FASHION CO. ,LTD.　CHUNQI CO. ,LTD. (JAPAN)

【实训目标】 认识进出口合同内容。

【实训过程】 学生分组，认真研读合同内容，按照约首、正文、约尾三部分进行分析，并说明其主要意思。

【操作提示】 先熟悉合同内容，再按照合同内容要求分析。

【成果检测】 完成活动项目任务，各组分别展示，学生讨论，教师进行评价。

学生自我总结

通过完成"任务 10　国际贸易合同的签订"，我能够作如下总结。

一、主要知识

完成本任务涉及的主要知识点： 1. 2.

二、主要技能

完成本任务的主要技能：
1.
2.

三、主要工作

我认为，交易磋商阶段的主要工作：
1.
2.

四、相关知识与技能

1. 发盘工作的要领：
2. 接受工作的要领：
3. 合同条款确定的要领：

五、成果检验

1. 完成本任务的意义：
2. 学到的经验：
3. 自悟的经验：
4. 我认为，国际贸易合同订立应注意的事项：

任务11 国际贸易合同的履行

学习目标

1. 知识目标

- 能认识出口合同履行的内容。
- 能认识进口合同履行的内容。
- 能认识业务善后事宜的内容。

2. 能力目标

- 能认识出口合同履行的程序。
- 能认识进口合同履行的程序。
- 能认识业务善后事宜的操作。

情境导入

进出口贸易是国(地区)与国(地区)之间的商品或劳务交易,跨越的空间大、时间长,涉及的环节多,且影响履行的因素很多,为了提高履约率,在外贸公司内部必须加强同有关部门的协作与配合,力求把各项工作做到精确细致,尽量避免出现脱节情况,做到环环扣紧,井然有序。你应该积极掌握进出口贸易合同履行的基本内容,学会进出口贸易合同履行中的专业技巧。能够认识到进出口贸易合同能否履行不仅直接关系将来买卖双方的经济利益,也是公司形象与长久客户关系维护的关键所在。

学习任务

根据国际贸易职业活动顺序,"国际贸易合同的履行"这一任务又可以分解为以下子任务。

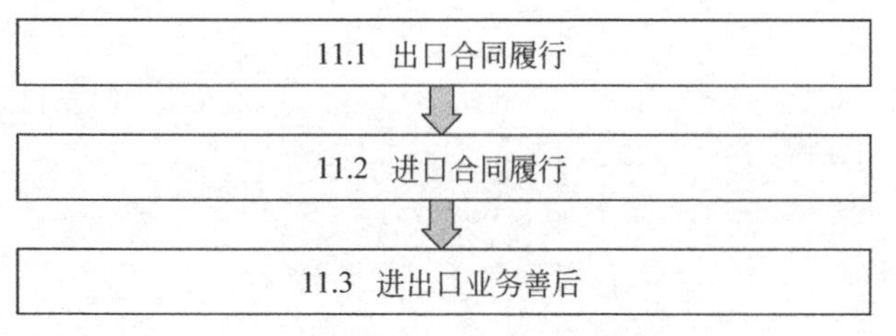

课前故事

我们的第十一个故事从善于经商的犹太人讲起。一个犹太人为了维持生计,准备把家里仅有的一头牛和一只鸡卖掉。去集市的路上要过一条河,犹太人划着船准备到对岸去。就在船走到河中央的时候,突然起了风浪,船马上就要翻了。犹太人在毫无办法的情况下只能向上帝祷告祈求,"上帝啊!您如果能让我平安过河,我将把卖牛的钱全捐给教会"!祈求马上灵验了,犹太人平安地过了河。

这样,犹太人将面临一个选择,卖牛的钱是捐还是不捐?最终,犹太人信守了诺言。一头牛的市价是1000元,一只鸡的市价是15元。如果犹太人按常规,他只能剩下卖鸡的15元。犹太人决定牛只卖10元,但有个条件,须一起买价值1000元的鸡。因为总价要比市场价低5元,所以犹太人很快就卖出去了。犹太人捐出了卖牛的10元,拿着剩余的1000元钱回家了。

合同可以带来财富,也可以带来致命的风险。合同履行过程中,风险的防范至关重要!

11.1 出口合同履行

提示:完成本任务,你将了解出口合同履行的内容。

学习行动:作为卖方,你对合同的履行将是双方有效合作的第一步,你开始着手备货,并按照合同规定的时间,集积货物。与此同时,还必须核查收汇、运输、保险相关情况,在制作相关单证的基础上,完成出口义务。

出口合同的履行是指出口方按照合同的规定,履行交货等一系列义务直到收回货款的整个过程。我国企业出口贸易大多采用CIF与CFR条件成交,并按信用证支付方式收款。履行出口合同,环节较多,手续比较繁杂。为了提高履约率,出口企业必须力求把各项工作做到精确细致,通盘考虑,密切配合,尽量避免出现脱节现象。下面以CIF术语和不可撤销议付信用证为例,进行合同履行程序介绍,如图11-1所示。

出口合同履行的程序一般包括备货、催证、审证、改证、租船、订舱、报关、报验、保险、装船、制单、结汇等工作环节。在这些工作环节中,以货(备货)、证(催证、审证和改证)、船(租船、订舱)、款(制单、结汇)四个环节的工作最为重要。

11.1.1 备货和报验

1. 备货

备货是在订立合同之后,卖方根据合同约定,准备好应交货物的过程,并做好出口货物的申请、报验和领证工作。出口备货工作的内容主要包括按合同和信用证的要求,向生产、加工或仓储部门组织货源和催交货物,核实货物的加工、整理、包装和刷唛情况,对应交的货物进行验收和清点。

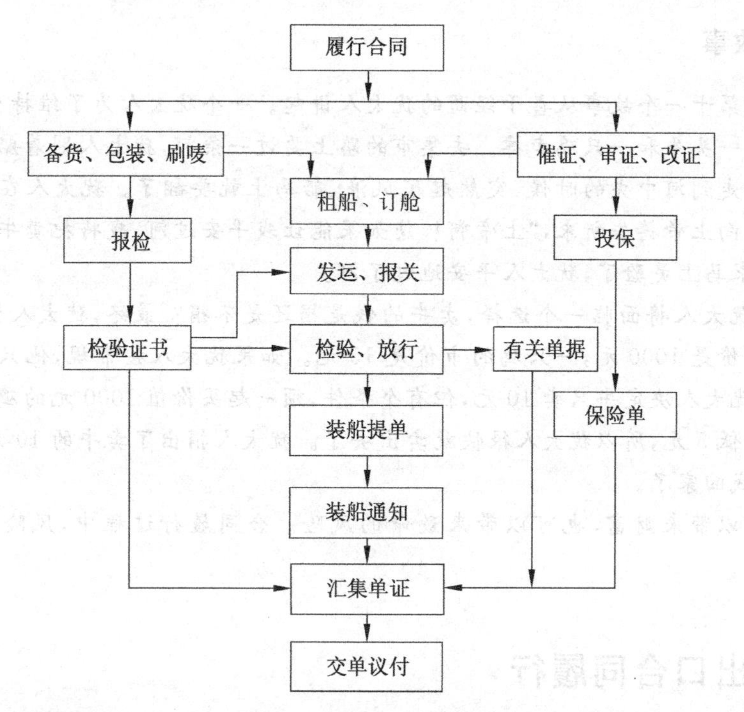

图 11-1　出口合同履行程序

(1) 备货时间要严格按约定的装运期限安排货物备妥的时间,必须适应出口合同与信用证规定的交货期和装运期限。为防止船等货或货等船的情况发生,应结合船期将拟装运的货物备妥,并应适当留有余地。

(2) 货物的品质、规格必须与合同约定相符。货物品质是进出口货物买卖合同的主要交易条件,故卖方必须按合同品质条款的规定备货。否则,买方有权拒收货物,提出索赔,甚至撤销合同。

(3) 货物数量必须与合同和信用证规定一致。按约定数量交货,是卖方的重要义务。为确保按合同规定的数量交货,在备货过程中,如发现货物数量不符合合同需要,应及时采取有效措施予以补足。此外,还要注意合同规定采用何种度量衡制度和计量方法。

(4) 货物的包装、唛头必须符合合同、信用证规定和运输要求。在备货过程中,对货物的内、外包装和装潢,均须认真进行核对和检查,如发现包装不良或有破损情况,应及时进行修整或更换包装,以利于取得清洁提单和顺利收汇。

(5) 所备货物必须符合法律的要求。《联合国国际货物销售合同公约》第四十一条规定,卖方所交货物,必须是第三方不能提出任何权利或要求的货物。我国《合同法》第一百三十二条也规定,卖方出售的货物,应当属于卖方所有或者卖方有权处分。

课堂讨论:所备货物必须符合法律的要求是指什么要求?为什么?

2. 报验

为保证所备货物符合合同约定的质量和数量及相关法律规定,针对不同的出口货物进行检验，也是备货工作的重要内容。

凡属国家规定或合同约定由中国进出口商品检验检疫局检验的商品，货物备齐后，应申请检验，只有取得合格的检验证书，海关才准予放行。凡属法定检验的出口货物，必须根据国家有关进出口商品检验检疫方面的法规，在规定的时间和地点，持出口合同、信用证副本、发票、装箱单等有关单证向检验检疫机构报验，经检验检疫合格后，由检验检疫机构发给检验证书。出口方应在检验证书规定的有效期限内将货物装运出口。如果超过有效期装运出口，应向检验检疫机构申请展期，由检验检疫机构复验合格后，才能出口。

11.1.2　催证、审证和改证

在凭信用证付款的交易中，落实信用证是履行出口合同的重要环节。它通常包括催证、审证和改证等内容。

1. 催证

催证是指以某种通信方式催促买方尽快办理开证手续，以便卖方履行交货义务。在按信用证付款条件成交时，买方有义务根据合同规定按时开立信用证。尤其是大宗交易或按买方要求而特制的商品交易，买方及时开证更为必要；否则，卖方无法及时安排生产和组织货源。

课堂讨论：卖方交货与买方开证有哪些关系？

2. 审证

在实际业务中，由于各种原因，往往会出现买方开立的信用证条款与合同规定不符，或在信用证中加列一些实际上是无法满足信用证付款条件的"软条款"等情况。这些情况可能是买方的疏忽，也可能是故意欺诈。一旦卖方接受这些信用证条款，就有可能造成很大的损失。因此，审核信用证是一项很重要的工作，出口企业和有关银行应依据合同共同对来证进行认真的核对和审查。

就银行而言，要侧重审核信用证的真实性和开证行的政治背景、资信能力、付款责任及索汇路线等方面的内容。卖方则应着重审核信用证内容与买卖合同是否一致。但为了安全起见，卖方也应尽可能地对信用证内容进行全面审核或复核性审查。在审证时，应着重注意下列事项。

(1) 开证行与保兑行的资信情况。开证行和保兑行的资信对能否及时安全地收到货款关系重大，应认真审查。

(2) 信用证的性质和开证行对付款的责任。要注意审查信用证是否为不可撤销的信用证、信用证是否生效、信用证本身对开证行的付款责任是否加列了"限制性"条款或其他"保留"条件。

(3) 信用证金额及其采用的货币。信用证金额应与合同金额一致。如合同订有溢短装条款，则信用证金额还应包括溢短装部分的金额。来证采用的货币应与合同规定的货币一致。

(4) 政治性、政策性审查。在我国对外政策的指导下,对不同国家和不同地区的来证从政治上、政策上进行审查,如来证国家同我国有无经济贸易往来关系、来证内容是否符合政府间的支付协定等。

(5) 有关货物描述的内容。来证中对有关品名、数量或重量、规格、包装和单价等项内容的描述是否与合同的规定相符,有无附加特殊条款,应结合合同规定内容认真对照。

(6) 贸易术语的审核。信用证中应载明所使用的贸易术语,并与买卖合同的规定一致。

(7) 信用证装运条款。主要审核有关装运期、信用证有效期和到期地点的规定。一切信用证都必须规定一个交单付款、承兑或议付的到期日,未规定到期日的信用证不能使用。通常信用证中规定的到期日是指受益人最迟向出口地银行交单议付的日期。如信用证规定的是在国外交单的到期日,由于寄单有延误的风险,一般应提请修改。否则,就必须提前交单,以防逾期。装运期必须与合同规定一致,如来证太晚,无法按期装运,应及时申请国外买方延展装运期限。同时,信用证有效期与装运期应有一定的合理间隔,以便在装运货物后有足够的时间办理制单结汇工作。信用证有效期与装运期规定在同一天的,称为“双到期”。应当指出,“双到期”是不合理的。受益人是否就此提出修改,应视具体情况而定。

(8) 审核单据。信用证项下的付款是以提供符合规定的单据为条件。对要求单据的审查非常重要。对来证要求提供的单据种类、份数及填制方法等,要仔细审查,如发现有不适当的规定和要求,应及时作出处理。

实务借鉴 11-1

开证行能拒付吗

我某外贸公司以CIF汉堡与外商成交出口一批货物,投保了一切险及战争险。合同中的支付条款只简单填写“信用证方式支付”。国外来证条款中有如下文句“该证项下的款项在货到鹿特丹后由我行支付”。受益人在审证时未发现,因此未请对方修改删除。我方在交单结汇时,银行也未提出异议。不幸60%货物在运输途中被大火烧毁,船到目的港后开证行拒付全部货款。对此,应如何处理?为什么?

【评析】 本案例可能有两种不同的解释。①开证行不能拒付。因为信用证规定的条件只是说明付款的时间;货到港后,只要单证相符,开证行就应该付款。②开证行有权拒付。因为信用证加列的条款是开证行提出的前提条件,货物中途受损,未能满足信用证中的条件。因此,在实际工作中,必须严格审证,以免造成被动和损失。

3. 改证

在审证过程中如发现信用证内容与合同规定不符,应区别问题的性质,分别同有关部门研究,妥善处理。一般来说,如发现有不能接受的条款,应及时提请开证申请人修改。直到收到银行修改通知书后，才能办理发货，绝不能凭进口方的通知办事。在同一信用证上如有多处需要修改的，应当一次性提出。对信用证中可改可不改的，或经过适当努力可以办到而并不造成损失的，则可酌情处理。对通知行转来的修改通知书内容，如经审核不能接受的，应及时表示拒绝。如一份修改通知书中包括多项内容，只能全部接受或全部拒绝，不能只接受其中一部分，而拒绝另一部分。

11.1.3 装运、报关和投保

1. 装运

装运工作包括租船、订舱、发运等。按 CIF 或 CFR 条件成交时，卖方应及时办理租船订舱工作。如系大宗货物，需要办理租船手续；如系一般杂货，则需洽订舱位。在办理国际货运的实际业务中，除运输工具承运人外，还有专门为船舶与货运服务的船舶代理公司、货运代理公司、储运公司、报关经纪行、卡车运输公司和其他的运输与物流管理公司等，为办理货运提供了多种选择的便利。

2. 报关

报关是指货物通过关境前向海关办理申报手续。目前，我国出口企业在办理报关时，可以自行办理报关手续，也可以通过专业的报关经纪行或国际货运代理公司来办理。无论是自行报关，还是由报关行来办理，都必须填写出口货物报关单，必要时，还需提供出口合同副本、发票、装箱单或重量单、商品检验证书及其他有关证件，向海关申报出口。

3. 投保

买卖双方如按 CIF 价格成交，卖方在装船前，须及时向保险公司办理投保手续，填制投保单。出口商品的投保手续一般是逐笔办理。投保人投保时，应将货物名称、保额、运输路线、运输工具、开航日期、投保险别等一一列明。保险公司接受投保后，即签发保险单或保险凭证。货物装运完毕，应及时向对方发出装船通知，目的是使买方了解装运情况，并做好收货付款的准备。

11.1.4 制单结汇

出口货物装运之后，出口商即应按信用证要求缮制单据，并在信用证规定的交单有效期内，向有关银行办理议付、结汇手续。出口商填写“出口结汇申请书”，开具发票，连同整套货运单据送交当地银行办理结汇手续。

1. 出口结汇方式

我国出口商通过银行办理信用证项下出口结汇的做法，包括收妥结汇、定期结汇和买单结汇三种方式。

(1) 收妥结汇。收妥结汇是指议付行收到出口商的出口单据后，经审查无误，将单据寄交国外付款行索取货款的结汇做法。这种方式下，议付行都是待收到付款行的货款后，才按当日外汇牌价，按照出口商的指示，将货款折成人民币拨入出口商的账户。

(2) 定期结汇。定期结汇是指议付行根据向国外付款行索偿所需时间，与出口商商定，预先确定一个固定的结汇期限，该期限到期后，无论是否已经收到国外付款行的货款，都主动将票款金额折成人民币拨交出口商。

(3) 买单结汇。买单结汇又称出口押汇，是指议付行在审单无误的情况下，按信用证条款贴现受益人(出口商)的汇票或者以一定的折扣买入信用证项下的货运单据，从票面金额中扣除从议付日到估计收到票款之日的利息，将余款按议付日外汇牌价折成人民币拨交出口商。议付行向受益人垫付资金、买入跟单汇票后，即成为汇票持有人，可凭票向付款行索取票款。银行之所以作出口押汇，是为了给出口商提供资金融通的便利，这有利于加速出口商的资金周转。

2. 结汇所需单证

在办理议付结汇时，通常需要提交以下一些单据。

(1) 汇票(draft)。一般开具一式两份，只要其中一份讨讫，则另一份即自动失效。

(2) 发票(commercial invoice)。商业发票简称发票，是卖方开立的载有货物的品名、数量、价格等内容的清单，是买卖双方凭以交接货物和结算货款的主要单证，也是办理进出口后，纳税不可缺少的单证之一。

实务借鉴 11-2

不符点是小问题吗

2013 年 4 月，广交会上我公司 A 与科威特 B 签订合同，购买 A 公司的玻璃餐具。A 公司按照合同与信用证规定在 6 月份按期出了货，并向银行交单议付，审核过程发现 2 个不符点：发票上品名错误、“提货人”一栏缺科威特国名。A 公司业务员认为这两个是极小的不符点，根本不影响提货。结果很快就接到由议付行转来的拒付通知。

【评析】 不符点没有大小之分，在本案中，A 公司在事先知道单据存在不符点的情况下仍然出单，存在潜在的风险。A 公司认为十分微小的不符点却恰恰成了银行拒付的正当理由。因此，在已知不符点的情况下，最好将其修改。

(3) 海关发票(customs invoice)。在国际贸易中，有些进口国家要求国外出口商按进口国海关规定的格式填写海关发票，以作为估价完税，或征收差别待遇关税，或征收反倾销税的依据。

(4) 领事发票(consular invoice)。有些进口国要求国外出口商必须向该国海关提供该国领事签证的发票，其作用与海关发票基本相似，各国领事签发领事发票时，均需收取一定的领事签证费。

(5) 厂商发票(manufacturer's invoice)。厂商发票是出口厂商所出具的以本国货币计算价格，用来证明出口国国内市场的出厂价格的发票，其作用是供进口国海关估价，核税及征收反倾销税之用，如国外来证要求提供厂商发票，应参照海关发票有关国内价格的填写办法处理。

(6) 装箱单和重量单(packing list & weight list)。装箱单又称为花色码单,列明每批货物的逐件花色搭配;重量单则列明每件货物的毛重和净重。装箱单和重量单是用来补充商业发票内容的不足的,便于国外买方在货物到达目的港时供海关检查和核对货物。

(7) 提单(bill of lading)。提单是各种单据中最重要的单据,各船公司所负责制的提单格式各不相同但其内容大同小异,其中包括承运人、托运人、收货人、通知人的名称,船名,装卸港名称,有关货物和运费的记载及签发提单的日期,地点及份数等。

(8) 保险单(insurance policy)。按 CIF 条件成交时,出口商应代为投保并提供保险单,保险单的内容应与有关单证的内容衔接。例如,保险险别与保险金额,应与信用证的规定相符;保险单上的船名、装运港目的港、大约开航日期及有关货物的记载,应与提单内容相符;保险单的签发日期不得晚于提单日期,保险单上的金额一般应相当于发票金额加一成的金额等。

(9) 检验证书(inspection certificate)。各种检验证书分别用以证明货物的品质、数量、重量和卫生条件。在我国,这类证书一般由检验检疫机构出具,如合同或信用证无特别规定,也可以依据不同情况,由进出口公司或生产企业出具。但应注意,证书的名称及所列项目或检验结果,应与合同及信用证规定相同。

(10) 产地证明书(certificate of origin)。有些不使用海关发票或领事发票的国家,要求出口商提供产地证明书,以便确定以进口货物应征收的税率,产地证明书一般由出口地的公证行或工商团体签发,在我国,通常由中国进出口商品检验局或中国贸促会签发。

(11) 普惠制单据(generalized system of preferences documents)。新西兰、日本、加拿大等 20 多个国家给我国以普惠制待遇,凡向这些国家出口的货物,须提供普惠制单据,作为对方国家海关减免关税的依据,对各种普惠制单据内容的填写,应符合各个项目的要求,不能填错,否则,就有可能丧失享受普惠制待遇的机会。

重要信息 11-1

结汇单据制作要求

缮制结汇单据时,要求做到以下几点。

(1) 正确。单据内容必须正确,既要符合信用证的要求,又要能真实反映货物的实际情况,且各单据的内容不能相互矛盾。

(2) 完整。单据份数应符合信用证的规定,不能短少,单据本身的内容应当完备,不能出现项目短缺情况。

(3) 及时。制单应及时,以免错过交单日期或信用证有效期。

(4) 简明。单据内容应按信用证要求和国际惯例填写,力求简明,切勿加列不必要的内容。

(5) 整洁。单据的布局要美观大方,缮写或打印的字迹要清楚醒目,不宜轻易列改,尤其对金额、件数和重量等，更不宜改动。

课堂测评

测评要素	表现要求	已达要求	未达要求
知识点	能掌握出口合同履行的内容		
技能点	能初步认识出口合同履行的程序		
任务内容整体认识程度	能概述出口合同履行的意义		
与职业实践相联系的程度	能描述出口合同履行的技术细节		
其他	能描述与其他课程、职业活动等的联系		

11.2 进口合同履行

提示：完成本任务，你将了解进口合同履行的内容。

学习行动：作为买方，开立信用证是你履行合同的第一步，紧接着，按照合同规定，你开始着手办理租船、接运货物、保险、报关等。与此同时，还必须核查货物单证、接收货物，在此基础上，提货并交与客户。

进口合同的履行主要是指进口方支付货款和收取货物的过程。我国进口货物大多数是按 FOB 条件并采用信用证付款方式成交。此条件下，进口方履行合同的一般程序包括开立信用证、租船订舱、接运货物、办理货运保险、审单付款、报关提货、验收与拨交货物和办理索赔等，如图 11-2 所示。

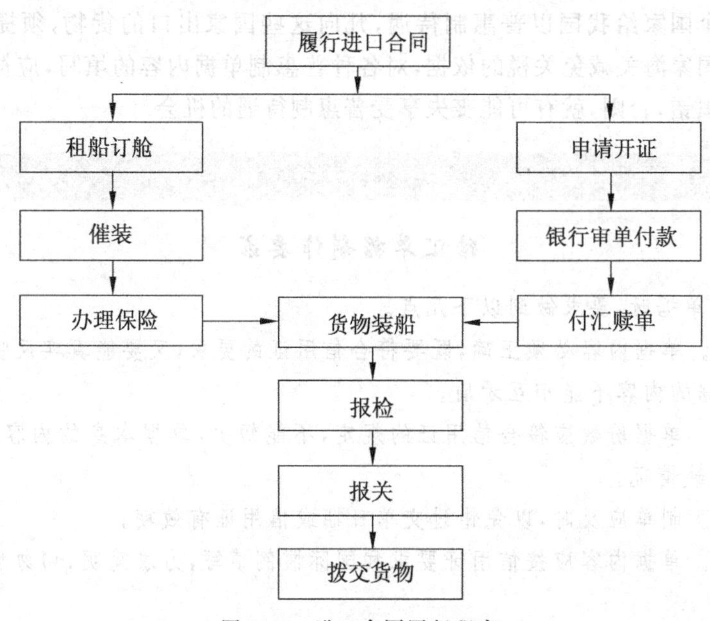

图 11-2 进口合同履行程序

11.2.1 开立信用证和租船接货

买方开立信用证是进出口合同履行的前提条件，因此，签订进口合同后，应按合同规定办理开证手续。

1. 开立信用证

买方向银行办理开证手续时，必须按合同内容填写开证申请书，银行则按开证申请书内容开立信用证。信用证内容是以合同为依据开立的，它与合同内容应当一致。

信用证的开证时间，应按合同规定办理。如合同规定在卖方确定交货期后开证，买方则应在接到卖方上述通知后开证；如合同规定在卖方领到出口许可证或支付履约保证金后开证，则买方应在收到卖方已领到许可证的通知或银行转知保证金已收到后开证。

对方收到信用证后，提出修改的要求，而又能为我方所接受，则应及时向银行办理改证手续。最常见的修改内容有延展装运期、信用证有效期、变更装运港等。

2. 租船接货

进口货物按FOB贸易术语成交时，由买方安排运输，负责租船订舱。一般程序是，买方在接到卖方的备货通知后，填写进口订舱联系单，连同合同副本送外运公司，委托其安排船只和舱位，订立运输合同。

目前，我国大部分进口货物是委托中国对外贸易运输公司、中国租船公司或其他运输代理机构代办运输，也有直接向中国远洋运输公司或其他办理国际货物的实际承运人办理托运手续。办妥后要及时将船期、船名、航次通知国外出口方，以便对方及时备货并准备装船。同时，为了防止船、货脱节的情况发生，买方应及时催促卖方做好备货装船工作，特别是对于数量大或重要的进口货物，更要抓紧催促卖方按时装船发货，必要时，可请驻外机构就地协助了解和督促卖方履约，或派员前往出口地点检验督促，以利于接运工作的顺利进行。

课堂讨论：为什么说FOB进口合同中，卖方的货妥通知、买方的派船通知和卖方的装船通知特别重要？

11.2.2 投保、付款和报关

1. 办理投保

凡由买方办理保险的进口货物，接到卖方的装运通知后，应及时将船名、提单号、开航日期、装运港、目的港及货物的名称和数量等内容通知有关保险公司，按预约保险合同规定对货物承担自动承保的责任。在买方没有与保险公司签订预约保险合同的情况下，进口货物就得逐笔投保。应当注意的是，买方接到卖方的发货通知后就应立即向保险公司办理投保手续，否则，若货物在投保前的运输途中发生损失，保险公司不负赔偿责任。

2. 审单付款

货物装船后，卖方即凭提单等有关单据向当地银行议付货款。议付行寄来单据后，经银行审核无误即通知买方付款赎单。如经银行配合审单发现单证不符或单单不符，应及时进行处理。

3. 办理进口报关

买方付款赎单后，货物运抵目的港，即应及时向海关办理申请手续。经海关查验有关单据、证件和货物并在提单上签章放行后，即可凭以提货。关于这一环节的工作，主要包括下列事项。

(1) 进口货物的申报。进口货物抵达目的港后，收货人或其代理人应向海关交验有关单证，办理进口货物申报手续。未经海关准予注册登记的单位和未经海关考核认可的人员，不得直接向海关办理报关手续。收货人或其代理人向海关申报时，应填写进口货物报关单，并向海关提供各种有效的单据，如提货单、装货单或运单、发票、装箱单、进口货物许可证及海关认为必须交的其他有关证件。超过法定申报时限(指自运输工具进境之日起 14 天内)未向海关申报的，由海关按日征收进口货物 CIF(或 CIP)价格的 0.05% 的滞报金。超过 3 个月未向海关申报的，由海关提取变卖，所得货款在扣除运输、装卸、储存等费用和税款后，余款自变卖之日起 1 年内，经收货人申请可予以发还。

(2) 接受海关查验货物。进口货物一般都要接受海关查验，以确定申报进口的货物是否与报关单证所列明的一致。查验货物应在海关指定的时间和场所进行。验关时，收货人或其代理人应当到场。特殊情况下，由报关人申请，经海关同意，也可由海关派员到收货人的仓库、场地查验。

(3) 缴纳关税。海关按照《中华人民共和国海关进口税则》的规定，对进口货物计征进口税。货物在进口环节由海关征收(包括代征)的税种有：关税、产品税、增值税、工商统一税及地方附加税、盐税、进口调节税等。其中，进口关税是货物在进口时由海关征收的一个基本税种。进口关税的计算是以 CIF 价格为基数计算。如果是 FOB 价格进口，还要加上国外运费和保险费。其公式为

$$进口关税税额=CIF价格\times关税税率$$

11.2.3 提货和索赔

1. 提货

进口货物的报关、纳税等手续办完后，即可在报关口岸按规定提取货物或拨交货物。如用货单位在卸货口岸附近，则就近拨交货物；如用货单位不在卸货地区，则委托货运代理将货物转运内地，并拨交给用货单位。在货物拨交后，外贸公司再与用货单位进行结算。如用货单位在验收货物中发现问题，应及时请当地检验检疫机构出具检验证明，以便在有效索赔期内对外索赔。

2. 索赔

在履行进口合同过程中，若因卖方未按期交货，或货到后发现品质、数量和包装等方面有问题，致使买方遭受损失，可向有关责任方提出索赔。对此，买方必须注意：①在查明原因、分清责任的基础上确定索赔对象；②提供索赔证据；③掌握索赔期限在买卖合同中，一般都规定了索赔期限，如向卖方索赔，则应在约定期限内提出；④索赔金额应适当确定，除包括受损商品价值外，还应加上有关费用（如检验费等）。

重要信息 11-2

进口索赔的对象

进口索赔根据造成损失原因的不同，对象也不同。

(1) 向卖方索赔。凡属下列情况者，均须向卖方索赔：原装数量不足；货物品质、规格与合同规定不符，包装不良致使货物受损；未按期交货或拒不交货等。

(2) 向承运人索赔。凡属下列情况者，均须向承运人索赔：到货数量少于运输单据所载数量；运输单据是清洁的，而货物有残缺情况，并且属于承运人过失所致。

(3) 向保险公司索赔。由于发生属于保险公司承保范围的损失或灭失，或属于承运人的过失造成货物残损、遗失，而承运人不予赔偿或赔偿金额不足抵补损失的，只要属于保险公司承担责任范围以内的，都可向保险公司索赔。

课堂测评

测评要素	表现要求	已达要求	未达要求
知识点	能掌握进口合同履行的内容		
技能点	能初步认识进口合同履行的程序		
任务内容整体认识程度	能概述进口合同履行的意义		
与职业实践相联系的程度	能描述进口合同履行的技术细节		
其他	能描述与其他课程、职业活动等的联系		

11.3 进出口业务善后

提示：完成本任务，你将了解进出口合同履行的内容。

学习行动：作为进出口业务活动的参与者，还应该了解业务活动的后续工作。特别是作为卖方，还须熟悉货物贸易外汇收支信息申报与出口退税工作。在此基础上，对本次业务活动进行总结。

11.3.1 外汇收支申报

从事货物贸易的进出口企业，应遵守《中华人民共和国外汇管理条例》及 2012 年

8月1日起实施的《货物贸易外汇管理指引》《货物贸易外汇管理指引实施细则》、自2014年1月1日起施行的《国务院关于修改〈国际收支统计申报办法〉的决定》等文件的规定。对从境外、境内保税监管区域收回的出口货款，向境外、境内保税监管区域支付的进口货款，从离岸账户、境外机构境内账户收回的出口货款，向离岸账户、境外机构境内账户支付的进口货款，深加工结转项下境内收付款，转口贸易项下收付款，以及其他与贸易相关的收付款，企业应该按国家外汇管理局的相关规定办理货物贸易外汇收支信息申报并接受其监督管理。

如果出口的产品属于出口退税范围内的商品，企业完成收汇后可凭相关凭证申请退税。

重要概念 11-1

货物贸易外汇收支信息申报

货物贸易外汇收支信息申报是指为了推进贸易便利化，促进涉外经济发展，国家外汇管理部门要求企业收集相关凭证，并按规定及时进行贸易外汇收支信息申报，以便对其贸易外汇收支的真实性、合法性以及企业提交的贸易进出口交易单证的真实性及其与贸易外汇收支的一致性进行合理审查的外汇管理措施。

1. 熟悉国家外汇管理规定

为大力推进贸易便利化，进一步改进货物贸易外汇服务和管理，国家外汇管理局、海关总署、国家税务总局决定，自2012年8月1日起在全国实施货物贸易外汇管理制度改革，并相应调整出口报关流程，优化升级出口收汇与出口退税信息共享机制。

自2012年8月1日起，取消实行多年的进出口收付汇核销制度，国家外汇管理局分支局(以下简称外汇局)对企业的贸易外汇管理方式由现场逐笔核销改变为非现场总量核查。外汇局通过货物贸易外汇监测系统，全面采集企业货物进出口和贸易外汇收支逐笔数据，定期比对、评估企业货物流与资金流总体匹配情况，便利合规企业贸易外汇收支；对存在异常的企业进行重点监测，必要时实施现场核查。基于外汇局监测的需要，企业必须配合做好以下工作。

2. 办理贸易外汇收支企业名录登记

企业依法取得对外贸易经营权后，需持《货物贸易外汇收支企业名录登记申请书》、法定代表人签字并加盖企业公章的《货物贸易外汇收支业务办理确认书》(以下简称《确认书》)及下列资料有效原件及加盖企业公章的复印件，到所在地外汇局办理"贸易外汇收支企业名录"登记手续：①《企业法人营业执照》或《企业营业执照》副本；②《中华人民共和国组织机构代码证》；③《对外贸易经营者备案登记表》，依法不需要办理备案登记的可提交《中华人民共和国外商投资企业批准证书》或《中华人民共和国台、港、澳投资企业批准证书》等；④外汇局要求提供的其他资料。

外汇局审核有关资料无误后为其办理名录登记手续。完成名录登记后，外汇局为企业办理监测系统网上业务开户。外汇局通过监测系统向金融机构发布全国企业名录信息。

从事对外贸易的保税监管区域企业在按照保税监管区域外汇管理有关规定办理外汇登记手续时，应当签署《确认书》。区内企业在取得相关外汇登记证明并签署《确认书》后自动列入名录。

3. 开立出口收入待核查账户

金融机构在为企业开立出口收入待核查账户(以下简称待核查账户)时，应通过外汇账户信息交互平台，查询该企业是否已在开户地外汇局进行基本信息登记；基本信息已登记的，金融机构可直接为其开立待核查账户。金融机构为企业开户后，应于次日按照外汇账户管理信息系统报送数据的要求将相关数据及时报送外汇局。金融机构在为企业办理外汇资金入账时，应先将企业货物贸易外汇收入划入待核查账户。货物贸易项下人民币收入不进入待核查账户，可直接划入企业的人民币账户。

4. 货物贸易外汇收支信息申报

企业应当按照"谁出口谁收汇、谁进口谁付汇"的原则办理贸易外汇收支业务。代理进口、出口业务应当由代理方付汇、收汇。

企业应当根据贸易方式、结算方式及资金来源或流向，凭相关单证在金融机构办理贸易外汇收支，并按规定进行贸易外汇收支信息申报。企业通过"国际收支网上申报系统(企业版)"完成申报的，可不填写相关纸质申报单证。

贸易收支信息申报凭证包括《境外汇款申请书》《对外付款/承兑通知书》《境内汇款申请书》《境内付款/承兑通知书》《涉外收入申报单》和《境内收入申报单》等。

11.3.2 出口退税

出口产品退税制度是一个国家税收的重要组成部分。出口退税主要是通过退还出口货物的国内已纳税款来平衡国内产品的税收负担，使本国产品以不含税成本进入国际市场，与国外产品在同等条件下进行竞争，从而增强竞争能力，扩大出口创汇。出口产品退(免)税是退还出口产品在国内生产和流通环节实际缴纳的增值税、消费税。

重要概念 11-2

出口退税

出口退税又称"出口货物退税"，是指对出口货物退还国内生产、流通环节已经缴纳的商品税。出口退税是国际贸易中通常采用的并为世界各国普遍接受的税收制度，对出口货物实行出口退税是由商品税的本质决定的，商品税为间接税，其税负容易转嫁而由最终消费者负担。

出口退税的范围包括必须是属于增值税、消费税征税范围的货物；必须报关离境，对出口到出口加工区货物也视同报关离境；必须在财务上做销售处理的货物；必须是已经收汇的货物。

1. 办理出口退税登记

(1) 申请办理出口退税登记的条件。

① 必须经营出口产品业务,这是企业申办出口退税登记最基本的条件。

② 必须持有工商行政管理部门核发的营业执照,营业执照是企业得以从事合法经营,其经营行为受国家法律保护的证明。

③ 必须是实行独立经济核算的企业单位,具有法人地位,有完整的会计工作体系,独立编制财务收支计划和资金平衡表,并在银行开设独立账户,可以对外办理购销业务和货款结算。

凡不同时具备上述条件的企业单位,一般不予以办理出口企业退税登记。

(2) 登记程序包括以下步骤。

① 申请出口退税登记。出口企业在办理《对外贸易经营者备案登记表》后 30 日内,或者未取得进出口经营权的生产企业代理出口在发生首笔出口业务之日起 30 日内,必须到所在地主管退税的税务机关办理出口货物退(免)税认定手续,纳入出口退税管理。需携带企业出口经营批件(复印件)和工商营业执照(副本),到当地主管退税业务的税务机关办理退税登记,领取《出口企业退税登记表》。

② 受理退税登记。退税机关审核出口企业提交的《出口企业退税登记表》及相关文件,受理登记后,由退税机关填写相关内容。如退税公式及方法、申报方式等作出明确规定。

③ 核发《出口企业退税登记证》。目前,企业分 A、B、C、D、E、F 类,在出口货物退税申报系统企业类型都录"F"。自首笔出口业务发生之日起 12 个月以后,可将企业类型由 F 改为 C。

2. 申报出口退税

(1) 核对海关电子信息。出口企业收到海关签退的出口货物报关单后,通过"电子口岸"核对海关报关单电子信息。如发现商品代码、出口数量等与纸质报关单不一致,由出口企业提出申请,退税机关向海关发函核实有关情况后按规定处理。

(2) 备妥出口退税单证。出口企业根据内部业务分工,协调各部门备妥相关单证,并指定专人进行单证的审核,发现问题及时处理。

(3) 出口货物退税申报。出口货物报关单上一般有出口日期、申报日期、填制日期、放行日期四个日期,企业确定出口货物的申报日期以报关单右上角海关签发的验讫放行日期为准。一般为该放行日期 90 天内收齐退税单据并办理申报手续。逾期未报的,主管部门不再受理该批货物的退税申请。

3. 定期审核、审批出口退税

主管出口退税的部门收到经商务主管部门稽核的退税申请资料后,根据审核结果将出口退税资金划转出口企业。

4. 出口退税单证

外贸企业申报出口退税所需单证如下。

(1) 报关单。报关单是指货物进口或出口时进出口企业向海关办理申报手续,以便海关凭此查验和验放而填具的单据。

(2) 出口销售发票。出口销售发票是出口企业根据与出口购货方签订的销售合同填开的单证,是外商购货的主要凭证,也是出口企业财会部门凭此记账作为出口产品销售收入的依据。

(3) 进货发票。提供进货发票主要是为了确定出口产品的供货单位、产品名称、计量单位、数量,是否是生产企业的销售价格,以便划分和计算确定其进货费用等。

(4) 属于生产企业直接出口或委托出口自制产品,凡以到岸价 CIF 结算的,还应附送出口货物运单和出口保险单。

(5) 有进料加工复出口产品业务的企业,还应向税务机关报送进口料、件的合同编号、日期、进口料件名称、数量、复出口产品名称,进料成本金额和实纳各种税的金额等。

(6) 产品征税证明。

(7) 货物贸易外汇收支信息申报凭证。

课堂测评

测 评 要 素	表 现 要 求	已达要求	未达要求
知识点	能掌握进出口业务善后的内容		
技能点	能初步认识业务善后的程序		
任务内容整体认识程度	能概述进出口业务善后的意义		
与职业实践相联系的程度	能描述进出口业务善后的细节		
其他	能描述与其他课程、职业活动等的联系		

任务11小结

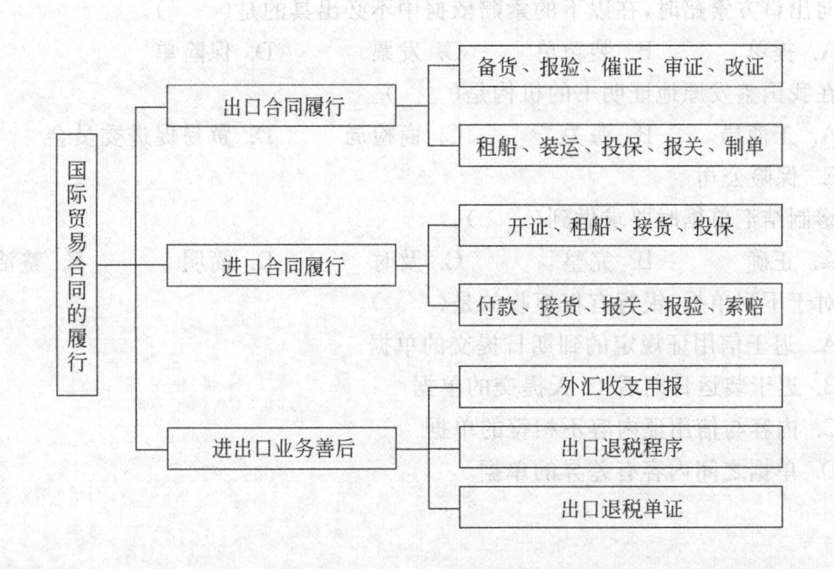

教学做一体化训练

一、重点概念

商业发票　货物贸易外汇收支信息申报　出口退税

二、课后演练

(一) 选择题

1. 出口公司收到银行转来的信用证后,侧重审核(　　)。

A. 信用证内容与合同是否一致

B. 信用证的真实性

C. 开证行的政治背景

D. 开证行的资信能力

2. 信用证的基础是买卖合同,当信用证与买卖合同不一致时,受益人应要求(　　)。

A. 开证行修改　　B. 开证申请人修改

C. 通知行修改　　D. 议付行修改

3. 如果信用证未规定交单期限,则认为在运输单据签发日期后(　　)天内向银行交单有效,但不能迟于信用证有效期。

A. 7　　B. 15　　C. 21　　D. 30

4. 在出口结汇时,由出口商签发的,作为结算货款和报关纳税依据的核心单据是(　　)。

A. 海运提单　　B. 商业汇票　　C. 商业发票　　D. 海关发票

5. 进口货物的质量与合同规定不符,则进口方应向(　　)提出索赔。

A. 卖方　　B. 承运人　　C. 保险公司　　D. 银行

6. 向出口方索赔时,在以下的索赔依据中不必出具的是(　　)。

A. 提单　　B. 装箱单　　C. 发票　　D. 保险单

7. 在我国签发原地证明书的机构是(　　)。

A. 工商局　　B. 海关　　C. 商检局　　D. 贸易促进委员会

E. 保险公司

8. 缮制结汇单据时要求做到(　　)。

A. 正确　　B. 完整　　C. 及时　　D. 简明　　E. 整洁

9. 对于下列单据,银行有权拒收的是(　　)。

A. 迟于信用证规定的到期日提交的单据

B. 迟于装运日期后 15 天提交的单据

C. 内容与信用证内容不相符的单据

D. 单据之间内容有差异的单据

（二）判断题

1. 在出口业务中，卖方履行合同的基本义务是向买方提交符合合同规定的货物。（ ）

2. 在我国的出口业务中，普遍使用以FOB价格术语和以信用证作为支付方式。（ ）

3. 结汇单证的制作是一项非常重要的工作，事关贸易效益的实现。（ ）

4. 在出口业务中，卖方履行合同的基本义务是向买方提交符合合同规定的货物。（ ）

5. 如果信用证修改通知中将装运期和提单的内容进行了修改，那么出口方可以接受装运期部分的修改，而拒绝接受提单内容的修改。（ ）

6. 双到期的信用证受益人不能接受。（ ）

7. 根据*UCP 600*的规定，若受益人对于开证行的修改表示接受之前，原信用证的条款对于受益人仍然有效。（ ）

8. 2012年8月，我国外汇核销政策发生了变化。（ ）

9. 出口退税作为一项补贴，世界贸易组织坚决予以制止，不许成员国运用。（ ）

10. 退税加大了进出口企业的经济负担。（ ）

（三）简答题

1. 什么是收妥结汇？
2. 什么是押汇？
3. 进口索赔的对象有哪些？
4. 什么是备货？在备货过程中应注意哪些问题？
5. 在FOB合同下，买方履行合同的一般程序包括哪些？
6. 在CIF合同下，卖方履行合同的一般程序包括哪些？
7. 外贸企业申报出口退税需要哪些单证？

（四）案例分析

1. 信用证可以这样修改吗？

我国A公司向加拿大B公司以CIF术语出口一批粮食，合同规定5月份装运。B公司于5月10日开来不可撤销信用证。此证按*UCP 600*办理，来证规定，装运期不得晚于5月15日。此时我方已来不及办理租船订舱，立即要求B公司将装运期延至6月15日。随后B公司来电称：同意展延船期，有效期也顺延一个月。我A公司于6月10日装船，提单签发日6月10日，并于6月14日将全套单据交银行办理议付。

问题：我国A公司能否顺利结汇？为什么？

2. 不同违约情况下的索赔问题。

某国公司以CIF大阪出口食品1000箱，即期信用证付款，货物装运后，凭已装船清洁提单和已投保一切险及战争险的保险单，向银行收妥货款，货到目的港后经进口人复验发现下列情况：该批货物共有10个批号，抽查20箱，发现其中2个批号涉及200箱内含沙门细菌超过进口国的标准;收货人只实收998箱,短少2箱。有15箱货物外表情况良好,但箱内货物共短少60千克。

问题:进口人应分别向谁索赔,并说明理由。

3. 对方未按时交货的处理方法。

我某服装公司从韩国某厂商进口该厂生产的北人牌服装5000套,交货期为2013年12月底,该厂无存货。8月份,工厂准备生产,因资金一时困难,未购进生产服装必需的新的流水线,9月份工厂工人开始要求增加工资,随后罢工达2个月。按该厂的生产能力,在余下的时间里显然不能生产5000套服装。

问题:韩方不能按时完成交货应负什么责任?我方应如何处理合同?

同步实训

进出口贸易活动中,单证从业人员制作和提交的单据应做到与信用证要求"严格符合"(instrictly compliance with),这项要求主要体现为四个方面,即单单一致、单证一致、表面一致、一致原则的灵活处理(银行"四不管")。

【实训目标】 制单要求的理解。

【组织实施】 根据上述单证要求内容,讨论分析单证制作要领,并试举一例,如发票。

【操作提示】 学生分组,从网络上查找制单要求,然后根据制作要求总结归纳缮制单据的要领。

【成果检测】 完成活动项目任务,各组分别展示,学生讨论,教师进行评价。

学生自我总结

通过完成"任务11　国际贸易合同的履行",我能够作如下总结。

一、主要知识

完成本任务涉及的主要知识点:
1.
2.

二、主要技能

完成本任务的主要技能:
1.
2.

三、主要原理

合同履行对于国际贸易活动的意义主要：
1.
2.

四、相关知识与技能

本任务的完成过程：
1. 出口合同履行的工作：
2. 进口合同履行的工作：
3. 业务善后的主要工作：

五、成果检验

完成本任务的成果：
1. 完成本任务的意义：
2. 学到的经验：
3. 自悟的经验：
4. 我认为，买卖双方信息沟通对于合同履行的意义：

参考文献

[1] 赵铁.国际贸易原理与实务[M].大连：东北财经大学出版社,2005.
[2] 赵铁.进出口贸易实务[M].北京：清华大学出版社,2008.
[3] 赵铁.怎样搞外销[M].北京：经济科学出版社,2009.
[4] 赵铁.国际贸易实务[M].北京：北京交通大学出版社,2010.
[5] 陈建华.国际贸易实务[M].大连：大连理工大学出版社,2011.
[6] 张亚芬.国家贸易实务[M].北京：北京师范大学出版社,2011.
[7] 朱庆华.国际贸易实务[M].北京：经济科学出版社,2011.
[8] 邵渭洪,等.进出口贸易实务操作[M].上海：上海财经大学出版社,2007.
[9] 张燕芳.国际贸易实务[M].北京：人民邮电出版社,2013.
[10] 董贵胜.国际贸易理论与实务[M].北京：中国传媒大学出版社,2008.
[11] 莫沙.国际贸易实务[M].3版.大连：东北财经大学出版社,2017.
[12] 黎孝先.国际贸易实务[M].6版.北京：对外经济贸易大学出版社,2016.